이야기가 흐르는

대한민국
소도시
기행 I

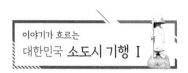

이야기가 흐르는
대한민국 **소도시 기행** Ⅰ

초   판 1쇄 인쇄 2020년 8월 17일
초   판 1쇄 펴냄 2020년 8월 25일

지은이 양현승 · 조희웅 · 조흥욱
펴낸이 유정식

책임편집 유정식
편집/표지디자인 김효진

펴낸곳 나무자전거
출판등록 2009년 8월 4일 제 25100-2009-000024호
주소   서울 노원구 덕릉로 789, 2층
전화   02-6326-8574
팩스   02-6499-2499
전자우편 namucycle@gmail.com

이 도서의 국립중앙도서관 출판예정도서목록(CIP)은 서지정보유통지원시스템 홈페이지(http://seoji.nl.go.kr)와 국
가자료종합목록 구축시스템(http://kolis-net.nl.go.kr)에서 이용하실 수 있습니다. (CIP제어번호 : CIP2020031785)

이야기가 흐르는

대한민국
소도시 기행 I

양현승 · 조희웅 · 조흥욱 공저

나무자전거

돌멩이의 이야기를 보고 들꽃의 웃음을 듣다

내가 먼저 그에게 말을 건넨 건 아니었다. 밤늦은 귀갓길 거나하게 일상에 취해 집 앞 어두운 골목길로 접어들다가 내 발부리에 채여 그가 시궁창으로 떼구루루 굴러 떨어졌다. 그리고 그를 다시 만난 건 취중 꿈길이었다. 고향은 남한강 상류 물 맑은 동강 여울목이란다. 그도 산수경석(山水景石)을 좋아하는 사람의 손에 들려 널따란 거실의 향나무 좌대에 앉아 아침저녁으로 먼지 닦아주는 수석(壽石)이 되고 싶어 했단다. 그러나 운수 사납게 골재채취업자의 포클레인에 뿌리 채 뽑혀 화물차에 실려 공사장으로 실려 가다가 차가 덜커덩거리는 바람에 튕겨져 나와 이사람저사람 발부리에 채여 굴러다니다가, 마지막으로 오늘 저녁 나의 발부리에 채여 하수구에 처박히는 신세가 되었다고 했다. 보아주는 이 없어도 한 번은 꽃이고 싶다고 했다. 키 작은 꽃으로라도 푸른 하늘을 우러르며 해맑은 웃음으로 살아가고 싶다고 했다. 시인의 영감(靈感)을 말하고자 한 것은 아니다. 사물인식 태도에 대한 것은 더더욱 아니다. 모두가 함께 살아가는 우리나라 우리 땅의 이야기판을 벌려보자는 것이다.

검색의 시대에 사색의 빌미가 되고픈 바람으로 의기투합하다

넘치는 정보의 홍수시대. 지하철 한 좌석에 앉은 일곱 명 중, 일곱 명 모두가 핸드폰을 손에 들고 무언가 열심히 보고 있다. 각각 시간의 지루함을 달래기 위해,

혹은 유익한 정보를 찾기 위해서 일 것이다. 번뜩이는 눈동자와 재빠른 손놀림. 정보 검색으로 느낄 수 있는 마음의 위안은 '갈증을 없앤다고 소금물을 마시는 것'은 아닐까. 여행을 위해선 여행정보에 대한 검색이 우선 필요하다. 그리고 거기에 여행지에서의 감상과 사색이 더해진다면 어떨까. 시대와 세태를 말함이 아니고 지금 우리 문화의 편편상에 대해 수년 전 국민대학에서 고전문학을 전공하는 스승과 제자들이 모여 만든 '이야기문학연구회'에서 나눈 담소다. 돌멩이가 들려주는 이야기와 발아래 작은 풀꽃이 이야기로 피어남을 느낀다면, 곧 우리네 삶이 한 편의 구수한 스토리가 되고 행복이 아닐까.

여행은 재미를 씨줄로 의미를 날줄로 엮어내는 빛깔 고운 추억의 비단

여행을 좋아하지 않는 사람은 없다. 왜냐고 묻는다면 지루하고 따분하거나 숨막히는 현실에서 잠시라도 벗어나고픈 마음을, 그 다음은 새로운 세상에 대한 기대와 설렘일까. 여행에서 재미만 느낀다면, 그 재미는 시간의 물레질 속에 엉켰다가 아스라한 추억으로, 망각으로 휘발되고 증발된다. 마지막 남은 한 마디, '나도 거기에 가 보았다.'로 위안을 삼는다면. 우리가 모든 곳을 다 가볼 수는 없듯이, 혹여 그곳을 가보지 않은 독자들도, 마치 가본 것처럼 재미있게 읽을 수 있다면. 그리고 그 재미에 의미를 부여한다면, 여행의 향기는 오래도록 몸과 마음에 배어 있다가 삶의 슬기와 지혜를 뿜어내는 향낭(香囊)이 되지 않을까. 재미와 의미는 어떻게 여행(독서)의 날줄이 되고 씨줄이 되어 빛깔 고운 추억의 비단이 될까. 사실(事實, 실제 있었던 일)에서 사실(史實, 역사가 되고)로, 다시 사실(史實)에서 사실(寫實, 있는 그대로의 기록)로 엮어내기 까지 필자들에게 4년여의 시간이 필요했다.

고전문학 전공자들이 풀어가는 내 나라 내 땅의 곰삭은 이야기실타래

우선 필자들이 잘 알고 있고 재밌게 풀어갈 수 있는 지역 한두 군데씩을 선정하였다. 그러나 돌쩌귀가 녹 슬은 연구실 문을 밀치고 나와, 논리적 서술의 붓대를 감성의 붓대로 바꿔 쥐고, 단단한 껍질을 깨는 일은 결코 쉽지 않았다.

첫 번째 이야기는, 방랑삼천리 하던 김삿갓이 왜 전라도 화순 동복 땅을 종명지로 택했을까를 실마리로 잡고 시작한 <흐르다 멈춘 영혼을 찾아 – 김삿갓 자취를 좇아>(양현승 서술)이다. 조선 최고의 음유시인 김삿갓에 대한 의문과 추측을 이야깃거리로 삼아 긴장의 끈을 팽팽하게 감았다가 또는 느슨하게 풀어가면서 질탕하게 서술하고자 했다.

두 번째 이야기는 경기도 남양주시 진접을 중심으로 골골이 늘어있는 조선 왕실의 능과 묘를 중심으로 한 <남양주시 진접의 용비어천가 – 용들의 길을 따라서>(조희웅 서술)이다. 왕조사의 흥미로운 이야기들이 지역에 뿌리내려 전설이 되고 신화가 되고 민담이 된, 도도히 흐르는 역사의 물굽이 속 돌 틈에 끼인 이끼를 더듬어가며 흥미롭고도 아픈 사연들을 재밌게 풀어보았다.

세 번째 이야기는 강원도 홍천군의 수타사에 보장되어 있는 『월인석보』에 대해서 <천 개의 달빛이 흐르는 곳 – 어림지지의 흔적을 찾아>(조흥욱 서술)라는 제명으로 써내려갔다. 수타사에 『월인석보』가 소장 경위를 주된 이야깃거리로 삼아 세조(世祖)와 정희왕후(貞熹王后)의 어림지지(御臨之地)의 증거를 현장에서 찾아보고자 한 것이다. 세월과 시간의 풍화작용은 사연과 연원의 원형을 만들어내기에 녹록치 않았던 서술이다.

마지막 네 번째 이야기는, 우리나라 세 군데 아리랑(진도아리랑, 밀양아리랑) 중에서 지역적으로 가장 광범위한 분포를 보이고 있는 강원도(정선)아리랑에 담긴 '오래된 미래'를 <한(恨)이면서 흥(興)이어라 – 정선아라리를 듣고 보다>(양현승 서술)의 제명으로 더듬어보았다. 정선 아우라지 강가와 남면 거칠현동 산발치 등 아라리 발상지 중심으로 살피고, 그 이야기를 굽이굽이 한강물을 따라 여행을 좋아하거나 가보지 못한 독자들에게 흘려보내고자 했다.

사실(事實)-사실(史實)-사실(寫實)을 넘나들며

아는 것은 좋아하는 것만 못하고, 좋아하는 것은 즐기는 것만 못하다[지지자불여호지자, 호지자불여락지자(知之者不如好之者, 好之者不如樂之者)] 하였던가. 사실(事實)을 절구통에 넣어 찧고, 다시 사실(史實)을 가는 채로 걸러 사실(寫實)의 떡시루에 훈김이 오르기까지, 채 곰삭지 못한 학자적 현학적 서술이 설익은 채로 설컹설컹 씹힐 것이 우려된다. 그리고 무엇보다도 염려스러운 것은 지역에 거주하며 누구보다도 그 지역을 사랑하고 오랫동안 연구해 온 향토 사학자들에게 사실(事實)과 사실(史實) 면에서 교착이 있을 수 있다는 점에서 양해의 말씀을 드린다. 마지막으로 바쁜 공무 중에도 사진을 비롯하여 여러 자료를 흔쾌히 지원해 주신 각 지역 군청문화계 및 문화원 담당 직원들에게 감사드린다. 코로나19 등 여러 가지 어려운 출판계 상황에서도 흔쾌히 출판을 허락해 준 '나무자전거' 유정식 사장님과 예쁜 편집에 공력을 다해 주신 편집부 여러분들께도 머리 숙여 감사의 말씀을 드린다.

2020년 7월 초복 즈음 북악골에서 저자일동

CONTENTS

경기도 양주/강원도 영월/전라남도 화순
흐르다 멈춘 영혼을 찾아

Table of contents

경기도 남양주시
남양주시 진접의 용비어천가

강원도 홍천
천개의 달빛이 흐르는 곳

강원도 정선
한(恨)이면서 흥(興)이어라

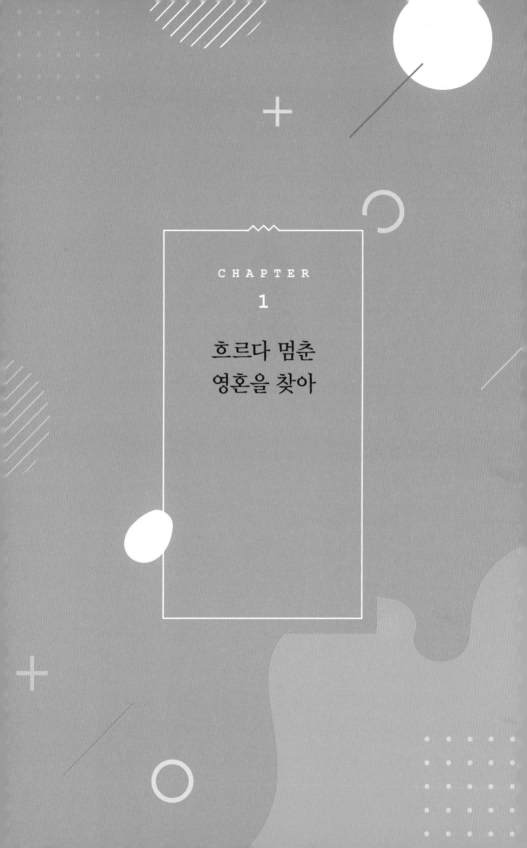

CHAPTER

1

흐르다 멈춘
영혼을 찾아

∿∿∿ Chapter 1

흐르다 멈춘 영혼을 찾아

김삿갓 자취를 좇아(경기도, 강원도, 전라남도)

지난 몇 달은 조금씩 마음의 안달이 심해진 시간이었다. 예전부터 김삿갓 시 몇 편쯤은 알고 있었지만, 왜 김삿갓이 전라도 화순 땅 동복을 세 번씩이나 찾아 갔으며 왜 그곳을 자신의 종명지終命地로 택했을까? 이에 대한 의문, 무엇이 그의 흐르던 영혼을 그곳에 멈추게 했을까 하는 궁금증과 이것에 대한 답을 찾아보리 라고 나름 기대감과 설렘으로 들뜨기도 하는 시간이었다. 그러나 그곳으로 단숨 에 달려간다 한들 의문이 쉽사리 풀리지는 않으리라. 화순에 집중하기 전에 출 생지부터 김삿갓의 행적을 밟아보기로 했다. 먼저 찾아 나선 곳은 김삿갓 출생지 로 알려진 경기도 양주시 회암리다.

김삿갓 출생지

양주시청 문화관광과에 전화를 걸어 김삿갓 출생지로 알아낸 지번은 '경기 도 양주시 회암동 234-2번지'였다. 내비게이션에 지번을 입력하고 안내하는 대로 갔다. 그날 오후는 2년 여 동안 번역하던 원고를 마치고 출판사에 넘긴 탓에 오랜만에 느껴보는 홀가분하고 가벼운 마음이었다. 월인출판사 박성복 사장님과 구 실장님이 김삿갓 출생지를 찾아간다고 하니 흔쾌히 따라나섰다. 새로 뚫린 구리–포천 간 고속도로를 올라타자 순식간에 옥정톨게이트를 빠져나와 회암사지IC에 이르렀다. 그리고 입구에 '김삿갓의 고향 회암동입니다'라고 새겨진 4m는 족히 넘을 만한 커다란 화강암 표석이 고가도로 밑에 세워져 있고, 마을 입구의 다리도 '김삿갓교'라고 검은 오석에 새겨 안내하고 있었다. 나는 바로 찾아왔구나하는 마음에 적이 안심이 되었다. 사실 이 마을 뒤에 인접해 있는 회암사지檜巖寺址는 지금까지 십여 차례 이상 다녀본 곳이라 매우 친숙한 곳이었다. 그러나 회암사지 바로 옆 동네가 김삿갓 출생지라는 사실은 모르고 있었다.

나는 두 분이 회암사지가 처음이라는 말을 듣고 먼저 회암사지 발굴 현장과 위쪽에 자리한 현 회암사에 있는 나옹화상懶翁和尙, 지공선사指空禪師, 무학대사無學

경기도 양주시 회암동 입구에 세워진 김삿갓 출생지를 알리는 표석 위쪽으로 지나가는 고가도로와 왠지 잘 어울리지 않는다.

大師 세 스님의 부도탑을 본 후 김삿갓 출생지를 찾아 나서기로 했다. 천보산天寶山 아래 회암사檜巖寺는 논산의 개태사開泰寺와 함께 고려시대 최대 사찰로 알려진 곳이고, 구들에 한 번 불을 넣으면 100일 간 따뜻하다는 지리산 칠불암七佛庵의 아자형亞字形 승방과 함께, 윗목부터 따뜻해진다는 신비의 구들이 있었다는 절이다. 또한 태조 이성계가 조선 건국의 피비린내와 무상감을 씻기 위해 이곳에 머무르던 무학대사를 찾아 수시로 들렀던 곳으로, 조선왕조 개국드라마 등에서 빠지지 않고 언급되는 곳이다.

당간지주와 한두 개의 석등, 석탑을 제외한 수많은 불당과 주춧돌, 회랑의 초석들은 세월 속에 침전되어 흙속에 묻히고 무상無常의 풀과 숲으로 덮혀 있었다. 그러다가 20여 년 전부터 시작한 발굴로 이제는 완전히 그 풍화의 흔적들이 밖으로 드러난 곳이다. 유적지 전망대에서 바라본 회암사지 발굴현장은 성대했던 시절의 어마어마한 가람 규모를 알 수 있고, 관람객들이 한눈에 볼 수 있게 왼쪽 언덕에 전망대를 만들어놓아 관람객들의 경탄을 돕고 있다. 그리고 옆에는 따로 회암사지박물관을 건립해 발굴한 유물들을 전시하고 있다. 나는 30여 년 전 처음 찾았을 때부터 왠지 한적하고 고즈넉한 폐허가 마음에 끌려 마음이 어지러울 때마다 여러 차례 찾아온 적이 있었다. 예로부터 사찰이 폐사廢寺하게 된 연유로 '빈대가 많아 스님들이 살 수가 없어 절을 떠났기 때문'이라는 이야기가 가장 많다. 속설에 빈대는 20년을 먹지 않아도 산다는 흥미로운 이야기가 있으니, 조선시대 나라님이 숭유억불崇儒抑佛로 치국이념을 바꾸면서 절에 빈대를 풀어 중들을 내쫓았단 말인가?

회암사지를 관람하고 표석의 화살표대로 군부대 긴 담을 끼고 회암동으로 들어가는데, 군인들이 부대 담벼락에 그림을 그리고 있었다. 천천히 바라보니 김삿갓의 행적과 일화를 만화로 재밌게 그리고 있다. 이곳이 김삿갓의 고향임을 홍보도 하고, 길고 밋밋한 부대 담벼락을 걷는 사람들을 위한 심심풀이 눈요깃거리도 되리라고 생각했다. 이곳 회암리는 회암사의 사하촌寺下村으로 발달한 마을이었을지 모른다는 생각이 들었다.

회암동 마을 오른쪽 안길을 따라 올라가 '회암동 234-2번지'를 찾아갔다. 가는 중간중간에 김삿갓의 시를 새긴 목재 시판들이 세워져 있어 길을 바로 가고 있구나하는 생각을 들게 했다. 그리고 내비게이션이 목적지 인근에 왔음을 알렸다. 차에서 내려 김삿갓 출생지라는 표석을 찾았으나 출생지임을 알리는 표석이나 복원된 생가의 모습 등은 전혀 없었다. 다만 '삿갓향기쉼터'라는 입구의 간판이 눈에 들어왔다. '아니 이게 아닌데! 우리가 잘못 찾아왔나?'하는 생각을 하며 일단 문학공원을 구경하기로 했다. 좁다란 문학공원에는 몇 편의 김삿갓 시와 양주시에서 주최한 '김삿갓문학백일장' 입선 작품들이 목재 시판에 새겨 걸려 있었다. 주위를 둘러보니 잡초와 이끼 낀 벤치, 기념상징물들이 널브러져 찾아오는 사람도 거의 없는 듯했다. 나는 순간 실망감을 느꼈다.

양주시 회암동 234-2번지의 '삿갓향기쉼터' 김삿갓문학공원으로 출생지는 아니었다.

삿갓향기쉼터 옆 밭에서 고추밭을 매던 노인께 물어봐도 여기가 김삿갓의 출생지라고 들은 적이 없으며 자기도 모르겠다고 한다. 현장답사를 다니다 보면 이런 일이 종종 있기 때문에 다시 천천히 탐문해보면 무슨 단서가 나오리라 여기고 마을 사람들을 찾았다. 마을 토박이들을 가장 손쉽게 만날 수 있는 곳은 태극기와 새마을기 그리고 대형스피커가 있는 마을회관이다. 나는 태극기와 새마을기가 세워져 있는 마을회관을 찾아갔다. 마을회관 마당에서 경운기를 손질하던 동네 아저씨에게 물어도 모른다고 했다. 이쯤에서 단서를 못 찾으면 대략 난감하다. 천천히 차를 몰아 동네 입구 마을 슈퍼로 갔다. 현대식 편의점도 있지만 그곳은 최근에 들어선 것이고 근무자들은 대부분 외지인이기 때문에 마을의 옛 역사나 유래를 알아내기란 흔치 않는 일이기 때문이다. 비교적 허름한 오래된 동네슈퍼가 그래도 알아낼 가능성이 높다. 아닌 게 아니라 동네슈퍼 아주머니께서 하는 말이, 저 큰길 건너 '금성상회'로 가서 주인할머께 '옥자네 집'을 물으면 알려줄 것이라고 했다. 나는 다시 안도감을 느끼며 길 건너 금성상회로 가서 '옥자네 집'을 알려주십사하고 공손히 말씀을 드렸다. 그랬더니 할머니 한 분이 길옆까지 나오시면서 '공장 옆 골목이라 말로 알려줘도 못 찾을 것'이라고 하면서 손을 들어 알려주었다. 서울 인근이라 옛 시골마을과 길들은 새로 들어찬 공장과 창고들로 옛 모습이 변하고 비좁은 길로 변해 찾기 어려울 것을 감안한 친절한 안내였다.

두 사람이 겨우 비껴 갈 정도로 좁은 길을 지나자 마을 뒤편에 훤하게 트인 밭과 집 한 채가 있는데, 할머니 한 분이 풋마늘을 다듬고 계셨다. 공손하게 인사를 올리며,

"할머니 김삿갓 출생지를 찾아왔는데, 여기가 김삿갓 출생지가 맞나요?"

갑작스러운 물음에 할머니는 햇볕 아래 옷매무새를 바로잡고 일어나면서,

"여기가 김삿갓 출생지가 맞기는 맞는데…."

하면서 말끝을 흐렸다.

어기순 할머니 밭에 있는 김삿갓우물(좌) 이 우물은 김삿갓 증명지인 화순 동복 구암리의 정씨네 우물과 흡사하다. / **김삿갓우물과 향나무(우)** 어기순 할머니 뒤로 숲이 우거진 곳에 김삿갓 생가라 전하는 초가 한 채가 있었다고 한다.(회암동 254-1번지)

"여기가 우리 집이고, 저기 집 뒤편에 일제강점기 때까지만 해도 초가집이 한 채 있었는데, 지금은 허물어져 흔적도 없지만 그 집이 김삿갓집이라고 시아버지한테서 들었지요. 그리고 저기 샘물이 김삿갓우물이고요."

여기가 정말 김삿갓 집터이자 출생지라고 하면, 지금까지 양주시청에서는 무엇을 했는가? 마을 입구에다가는 어마어마하게 큰 표석으로 김삿갓의 고향이라고 자랑(?)해놓고 정작 출생지라고 여겨지는 곳에는 생가복원은 고사하고 아무런 표석도 없으니, 마을 가득 들어찬 공장들 뒤편으로 누구도 찾을 수 없게 방치하고 있단 말인가? 순간 당혹스런 생각이 들었다. 김삿갓 무덤이 있는 강원도 영월에서는 면 이름까지 하동면에서 '김삿갓면'으로 바꾸어 지역 관광 랜드마크로 관광객의 발길을 부르려고 최선을 다 하는 판국에.

"그런데 할머니! 아까 '옥자네 집'을 찾아가라고 하던데, 옥자라는 사람은 누구죠?"

"지금은 시집가서 서울 살고 있는 제 딸 이름이지요."

"그럼 할머니 성함과 할아버지 성함은요?"

"내 이름은 어기순이고 나이는 여든넷, 열여섯에 시집와서 지금까지 여기서 살고 있어요. 제 영감 이름은 임지순인데, 이십 여 년 전에 저 세상으로 갔구요."

"아하! 임지순 할아버님이 부군이셨군요?"

사실 이보다 훨씬 전인 2000년에 양주군과 양주문화원에서 〈임꺽정·김삿갓 양주에서 태어났는가?〉(양주향토자료총서 제3집)라는 주제로 학술조사 발표 대회가 있었다. 그 발표 자료 중에서 '회암동 254–1번지 임지순씨 집 앞이나 뒤로 생각된다.'라고 증언한 임지순씨가 바로 할머니의 부군이셨던 것이다. 어기순 할머니는 바로 콩밭 고랑 사이에 있는 '김삿갓우물'로 우리를 안내했다. 지금도 그 우물을 마시고 있는데, 옛날에는 두레박으로 물을 퍼 올려 먹다가, 지금은 너무 불편

양주 김삿가 생가터

🏯 회암사
🔺 회암사지 공선사부도비
지공선사부도
🔺 무학대사비
🔺 나옹선사 부도및석등
🏛 회암1통 마을회관
● 회암삼거리
🏛 김삿갓 생가터(추정)
🔺 회암사지부도탑
🏯 삿갓향기쉼터
🏛 회암사지
회암사지 당간지주
🏛 회암사지박물관
회암사천
화합로
● 김삿갓교 삼거리
29 세종·포천고속도로
양주옥정신도시 택지개발 중
옥정톨게이트

해서 모터를 설치해서 그 우물을 먹고 있다고 했다. 우물가에는 향나무가 한 그루 서있는데, 할머니가 시집와서 '우물가에는 향나무가 있어야 좋다.'고 해서 자신이 손수 세 그루를 심었는데 두 그루는 죽고, 한 그루만 남아 있다고 했다.

당시 양주군과 양주문화원에서는 여러 차례 전문가들과 학술회의와 답사를 거듭하고도, 출생지를 확정하지 못하고 차일피일 미루다가 유야무야 오늘에 이르게 된 것이 아닌가 여겨진다. 이러다가 이곳마저 코앞까지 닥친 공장지대가 밀고 들어오면 영영 잊히고 사라지는 것이 아닌가 하는 생각이 들자 마음이 답답했다.

김삿갓은 이곳 경기도 양주군 회천면 회암리에서 1807년(순조 7) 3월 13일에 태어났다. 본명은 김병연金炳淵, 자는 성심性深, 호는 난고蘭皐, 별호는 잘 알려진 김삿갓(金笠)이다. 아버지 김안근金安根과 어머니 함평이씨 사이에 삼남 중 둘째 아들로 기이한 운명을 지니고 태어난다. 아니, 기이한 것이 아니라 거미줄에 목을 매달고, 접시 물에 코 박고 죽었다 해도 납득이 안 갈 운명을 지니고 태어난 것일까? 김삿갓의 많은 시 속에서도 자신의 고향이야기를 구체적으로 쓰고 있는 작품은 없다. 그도 그럴 것이 이곳에서 태어나고 5살 때 할아버지 김익순金益淳이 평안도 선천방어사宣川防禦使로 있다가 마침 일어난 홍경래洪景來의 난(1811년, 순조 11) 때에 투항한 죄로 집안은 멸족이 되고, 당시 김삿갓은 그의 형 병하炳河와 함께 노복 김성수金聖洙의 등에 업혀 황해도 곡산谷山으로 피신하고, 동생 병호炳浩는 어머니와 함께 경기도 여주·이천으로 피신했다. 그의 출생지와 어린 시절 집안 내력을 암시하고 있는 유일한 시는 〈난고평생시(蘭皐平生詩)〉다. 이 시에서,

初年自謂得樂地(초년자위득락지) 소년 때는 나도 행복한 가정에서 태어나
漢北知吾生長鄕(한북지오생장향) 한북의 땅은 내가 자라난 그리운 고향일러라.
…

鬚毛稍長命漸奇(수모초장명점기) 자라면서 운명이 차차로 기박해져
灰劫殘門飜海桑(회겁잔문번해상) 멸족의 가문이 되어 상전벽해가 되었네.

이라고 한 구절이 있다. 여기서 '한북漢北'이 유일한 단서가 되고 나머지는 이 지역에 전설처럼 전해지고 있는 셈이다. 지금으로부터 불과 2백 여 년도 못되는 일이다. 그리고 집안이 멸족과 폐족이 된 상황에서 목숨이 경각에 달린 것이니, 부모들은 멀리 떠나 종적을 감추어서라도 가문을 잇고 싶었을 것이다. 종문宗門에서도 집안의 수치로 여겨 자연 멀리한 관계로 잊힐 수밖에 없었다고 하겠다. 그러나 근세 이후 오늘에 이르기까지 김삿갓만큼 세인들의 입에 오르내리고 즐겨 회자되는 시인도 없다고 할 터. 그렇다면, 누군가는 지속적으로 고증하여 세월의 풍화 작용으로 사라지기 전에 생가를 다시 확인하고 표석이라도 세워놓아야 한다. 복원은 못하더라도 표석이라도 세워주기를 바라는 마음이 절실했다. 씁쓸한 마음으로 양주고을 회암리를 떠났다. 그렇지 않다면 저 회암사지처럼 다시 몇 년도 못가서 기억 속에 가라앉고 말 것인데, 그때 가서 누가 망각의 두레박줄로 다시 역사의 흐려진 우물물을 퍼 마실 것인가? '저 우물이 분명 김삿갓우물이며 김삿갓생가터'라고 힘주어 말하는 어기순 할머니의 쟁쟁한 말소리가 귀에 맴돈다. 어기순 할머니께 감사드린다.

김삿갓의 성장지와 무덤을 찾아 – 영월군 김삿갓면 어둔천 계곡

집안이 멸족滅族에서 폐족廢族, 곧 형刑을 받아 죽어서 그 집안이 벼슬을 할 수 없게 되는 폐족으로 한 등급 완화되자, 아버지 김안근과 어머니 함평이씨는 뿔뿔이 흩어졌던 자식들을 모아 경기도 가평으로 잠시 이사했다가 다시 강원도 영월군 영월읍 삼옥리로 이주한 것으로 추정되고 있다. 이 무렵 김삿갓의 아버지는 화병으로, 동생 병호도 병으로 사망한 것으로 보이며, 다시 어머니는 두 아들을 데리고 더 깊은 산골짜기인 영월군 하동면(현 김삿갓면) 와석리 어둔리於屯里로 집을 옮긴다. 화전을 일구어야 먹고 살 수 있는 산골 중에서도 깊은 산골이다.

지난 4월 부처님 오신 날을 맞아 다니던 경북 봉화군 명호면 관창리 만리산萬里山 향적사香寂寺에서 연등을 밝히고 상경 길에 김삿갓무덤을 찾아보기로 했다. 봉화군 명호면에서 춘양면을 거쳐 강원도 영월군 김삿갓면으로 길을 잡았다. 춘양면에서 각화사覺華寺 아랫길 88번 지방도를 따라 서벽과 금정을 지나 우구치재를 넘어 태백 영월 방면으로 북행하였다. 예전에는 비포장도로였던 길이 이제는 말끔하게 포장되어 구불구불한 산길 운전에도 신록을 즐길 만한 여유를 느낄 수 있었다. 이번 김삿갓 무덤은 세 번째 탐방이었다.

예전에는 '(전)김삿갓묘'라고 하여 김삿갓 묘인지 확증이 없었던 관계로 '전傳'자를 붙였던 안내판이 '김삿갓주거지' '김삿갓묘역'으로 바뀌었다. 김삿갓 묘로 가는 계곡은 영화로도 유명해진 1급 청정수에만 산다는 '쉬리'가 서식하는 계곡이다. 계곡을 따라 올라가면

영월군 김삿갓면 김삿갓 묘역 앞의 난고 김삿갓문학관 전시실과 영상실, 일대기실과 자료실 등으로 꾸며져 있다.

몇 개의 미술관과 박물관이 들어서 있다. 예전에는 김삿갓 묘 하나만 있었는데, 김삿갓 묘가 관광지로 조성되면서 많은 예술가들이 김삿갓 묘를 중심으로 몰려들었다. 박물관과 예술인촌, 식당들이 굽이마다 자리 잡아가는 것을 보면, 김삿갓의 명성이 얼마나 큰지 '수양산 그늘이 강동 팔 십리를 간다.'는 말이 실감난다.

김삿갓 묘역 입구로 들어서면 널따란 주차장과 삿갓 모양의 지붕을 한 '난고김삿갓문학관', 그리고 문학조각공원과 시비동산의 시비들이 눈에 띈다. 예전에는 김삿갓 묘 하나만 덩그렇게 있었음을 상기하면 잘도 가꾸고 꾸며놓았구나 하는 느낌을 갖게 한다.

김삿갓 무덤의 봉분 크기나 모양은 일반적인 평범한 산소다. 다른 점이 있다면 앞에 서 있는 한 개의 입석立石인데 불안한 모습으로 약간 기울어 있다. 그리고 옆에 서 있는 김삿갓 무덤임을 알려주는 '詩仙蘭皐金炳淵之墓(시선난고김병연지묘)' 비석은 이곳이 김삿갓 무덤이라는 고증을 거쳐 근년에 세워진 것이다. 무

김삿갓 묘의 자연석 혼유석(魂遊石)과 비석 네모반듯한 화강암 상석이 아닌 투박한 자연석이어서 친근감을 더해준다.

덤 앞 혼유석魂遊石도 잘 다듬은 화강암이 아닌 자연석을 잡석 받침돌 위에 올려 인위적 꾸밈이 전혀 없는 자연스러운 모습이다.

무덤으로 올라가는 평지에는 빼곡하게 수십 개의 시비와 문학비, 김삿갓 문학 상 수상작들의 시비, 그리고 김삿갓 동상과 각종 조각들을 세워 김삿갓 묘역 분위기를 한층 돋우고 있다. 그동안 군청과 군 문화원 등에서 많은 사람들이 정성을 들인 것 같다. 늦봄 철늦게 핀 짙붉은 철쭉이 무덤가에 피어나고, 이름 모를 산새들이 대낮인데도 지저귀니 깊은 산골임을 느끼게 한다.

김삿갓 묘 입구에는 나무로 지은 너와집 형태의 관리동 비슷한 작은 집이 있다. 그곳에는 현대판(?) 김삿갓 노인이 흰 한복을 정갈하게 입고 앉아 탐방객을 반갑게 맞으면서 안내에 열을 올리고 있다. 성함을 물었으나 알려주지 않고, 명함을 건네주는데, '미래의 내비게이션'이라고만 쓰여 있었다. 책꽂이에는 김삿갓에 대한 각종 서적과 시집들을 진열하고 탐방객들에게 김삿갓 이야기를 재미있

어둔천(於屯川) 노루목[獐頸] 입구의 산신각과 표석 노루목이라는 지명은 전라남도 화순군 적벽 4곳 중 '노루목[獐項]적벽'과 이름이 같다.

게 들려준다. 다른 것은 몰라도 호탕한 너털웃음만은 김삿갓 못지않겠다는 생각이 들었다. 묘 입구에는 어둔리 산신당이 있고, 그 앞에는 표석이 서 있다. 언제 세워졌는지 세월의 이끼가 두껍게 덮여 있어 혹시 이 표석이 김삿갓 묘임을 증명하는 것이 아닌가 하는 생각을 들게 한다. 표석에 새겨 있기를,

獐頸城中詩仙棲(장경성중시선서) 노루목에 시선(詩仙)이 깃들어 있으니
於屯灘口地神戍(어둔탄구지신수) 어둔천 입구에서 지신(地神)이 지키도다.

예사롭지 않은 산신각과 표석이다. 여기서 '시선詩仙'은 김삿갓이 분명하고, 김삿갓이 전국적으로 명성을 날리다가, 화순 동복에서 죽고 아들 익균이 이곳으로 이장해 온 후에 세워진 것이 분명하다. 이러한 시선을 어둔천 산신령이 지켜주고 있다고 한다. 김삿갓에 대한 애정 어린 표석이다.

산신각과 표석 앞에서 어둔천 개울을 따라 산길로 2.5km를 올라가면 김삿갓이 살았던 주거지가 복원되어 있다. 산길의 경사는 급하지 않으며 어둔천을 중심으로 이쪽저쪽으로 넘나들며 올라가게 된다. 왼쪽으로 다리를 건너가면 충청북도 단양군 영춘면이고 오른쪽으로 다시 건너오면 강원도 영월군 김삿갓면이다. 몇 발자국으로 두 개의 면面과 두 개의 도道를 넘나드니 내가 축지법縮地法을 쓴 듯, 신선이 된 듯한 묘한 기분이 든다. 두 개 군 넘나들기를 10여 차례 하다 보면 두 어둔천 물길이 나뉘는 막다른 곳에 이른다. 이곳에서 오른쪽으로 200m가량 오르면 김삿갓 주거지가 나온다. 묘한 기대감으로 약간의 오르막길임에도 숨이 차는 지도 몰랐다. 깊은 골짜기라 길옆에는 봄 늦게 피어나기 시작한 새잎과 어린 싹들이 늦은 오후의 햇

강원도 영월군 김삿갓면 아래산길 어둔천 상류에 복원된 김삿갓 주거지(좌) 깊은 산골이나 남향한 좁은 마당에는 늦봄 오후의 따뜻한 햇살이 한가득 고여 있다. / **복원한 김삿갓 집 옆 사당(祠堂) 난고당(蘭皐堂)(우)** 안에는 영정이 걸려 있고 향로 앞에는 둥근 흰 돌이 놓여 있는데 무슨 뜻일까?

빛을 받아 한층 빛나고 있다. 탐방객들 발길도 김삿갓 묘역까지만 들리고, 주거지까지는 올라오지 않아서 뜸하다.

주거지로 오르는 동안 화전을 일굴만한 널따란 평지는 볼 수 없었다. 그렇다면 산나물이나 약초를 캐어 연명했던가? 김삿갓 어머니는 연약한 여자의 몸으로 자식들을 키우기 위해 척박한 산골에서 무엇을 심고 가꾸었을까? 마침 옆 산자락에서 밭을 가꾸는 아주머니를 볼 수 있었다. 실례를 무릅쓰고 지금 키우는 것이 무엇이냐고 물으니 오미자라고 했다. 그렇구나. 약초였다. 산나물을 캐고 약초를 키워 장날이면 머리에 이고 등에 짊어지고 영월읍내 장터에 내다팔아 어린 두 아들을 먹여 살리고, 언젠가는 자식들을 반듯하게 키워 집안을 다시 일으켜 세우리라 굳게 마음먹었을 것이다.

김삿갓 모친은 어린 아들 둘을 데리고 졸지에 멸문지화를 입은 가문의 부끄러운 이름을 숨기고 자식들을 지극정성으로 교육시켰으리라. 그리하여 다시 집안을 일으켜 세우고자 영월군 삼옥리에서 10여 년 간을 살다가, 김삿갓이 20세 되던 해에 이곳 어둔리 깊고 깊은 산골짜기로 찾아든 것이다. 그때 어머니의 심정은 어땠을까? 맹모삼천지교孟母三遷之敎를 떠오르게 하니 가슴이 뭉클하고 숙연해진다. 김삿갓은 이곳으로 이사 오기 전 삼옥리에서 10여 년 동안 시골 서당을 다니면서 이미 상당한 수준의 한문교육을 마쳤을 것이고, 인근 동네에 머리가 명석하기로 이름이 자자했을 것이다. 그랬기 때문에 그 해에 장가도 들고 영월군 백일장 대회에 나가 일필휘지一筆揮之로 1등이 됐을 것이다. 아들 병연의 1등 소식에 너무 기쁜 어머니는 백일장 시제詩題가 무엇인지 물었고, 병연은 득의양양하여 "〈論鄭嘉山忠節死, 嘆金益淳罪通于天(논정가산충절사, 탄김익순죄통우천)〉이니, 곧 '홍경래 난 때 항복하지 않고 충절을 지키다가 죽은 가산군수嘉山郡守 정시鄭蓍를 예찬하고, 항복한 선천방어사宣川防禦使 김익순金益淳의 하늘까지 미치는 죄를 통탄하라'는 것입죠." 라고 대답했을 것이다.

아들 병연으로부터 시제 설명을 들은 어머니는 깜짝 놀라 자지러질 뻔했다. 세상에 어찌 이런 일이 있다는 말인가? 눈에 흙이 들어갈 때까지 숨기고, 더구나 아이들에게는 절대로 감추고자 가슴 속 깊이 묻고 묻어두었던 집안의 비극적 비밀이 어찌 하루아침에 백일하에 드러난단 말인가? 아들 김삿갓이 어렸을 때부터 이 사실을 알고 있었다면 혹여 공부를 포기하고 깊은 산골에서 토끼나 오소리, 너구리나 잡으며 산골 무지렁이로 자랄까봐 숨겨온 조상의 부끄러운 사실을, 그것도 남도 아닌 애지중지 키워온 제 새끼를 통해 드러나니 하늘이 원망스러울 뿐이었다. 항아리 속에 들어가 있어도 사주팔자四柱八字는 피할 수 없다더니. 물속에 들어앉아 있어도 불에 타 죽을 운명이란 말인가? 어머니의 찢어지고 무너지는 가슴은 말할 것 없었으리라. 하물며 조상 무덤에 말뚝을 박고 침을 뱉은 격인 김삿갓은 어디에 머리를 두고 하늘 아래 살아야 하는지 난감하고 비감했으리라. 자신도 모르게 정해진 운명의 주사위가 눈앞에 던져진 것일까? 이 모든 것을 운명이라는 '보이지 않는 손'에 의해 굴러가는 것이라고 치부置簿하기엔 억울하고 원

통하여 기가 찰 노릇이었다. 울고 싶은 데 때려주는 사람도 없고, 무언가 누군가를 원망해야 할 것 같은데 원망과 증오의 대상도 없고, 하늘을 향해 주먹질이라도 해야 할 심정이었다.

사당에 참배하고 머리를 드니, 영정 옆에 걸려 있는 족자 한 점과 향로 앞에 놓인 둥그렇고 하얀 돌덩이가 눈에 들어왔다. '萬事皆有定(만사개유정)이어늘, 浮生空自忙(부생공자망)이라.' 모든 일은 이미 (분수分數가) 정해져 있거늘, 덧없는 인생이 부질없이 스스로 바빠한다. 어렸을 적 할아버지 밑에서 배웠던 『명심보감(明心寶鑑)』〈순명편(順命篇)〉에서 익히 보았던 구절이다. 향로 앞의 둥그런 돌덩이는 무엇을 의미하는가? 어둔천 상골짜기 김삿갓 주거지에서 내려오는 걸음이 가볍지만은 않

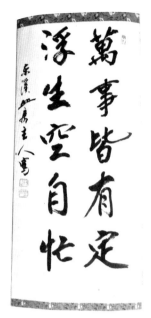

김삿갓 사당에 걸려 있는 족자
'萬事皆有定(만사개유정) 이어늘 浮生空自忙 (부생공자망)이라.' 모든 일은 이미 (분수가)정해져 있거늘, 덧없는 인생이 부질없이 스스로 바빠한다. 마치 김삿갓의 운명을, 아니 지금 우리들 삶의 모습을 집약하고 있는 듯하다.

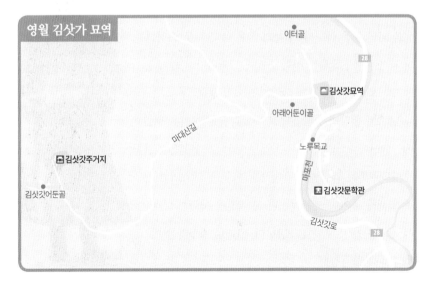

영월 김삿가 묘역

이터골

28

김삿갓묘역

아래어둔이골

마대산길

노루목교

김삿갓주거지

김삿갓문학관

김삿갓어둔골

김삿갓로

28

앉다. 무엇을 보려 허우적허우적 오르막길을 올라왔던가? 내 앞에 던져진 내 운명의 주사위를 보면서도 애써 외면하고 살아가지는 않는가? 분수 밖의 것을 공연히 탐내고 버려야 할 것을 버리지 못하고 무겁게 등에 짊어지고 다니면서 이리 부딪치고 저리 부딪치면서 둥글지 못하고 모나게 살아가고 있는 인생이란. 저기 사당에 놓여 있는 둥근 돌처럼 둥글둥글 살아가란 말인가?

괴나리봇짐에 삿갓 쓰고 죽장망혜로 집을 나서니 가출인가? 출가인가?

조선의 탐승문필가探勝文筆家를 꼽으라면 다섯 사람을 들 수 있으니 이른바 5대 탐승가라 하겠다. 이 세상을 먼저 왔다간 순서대로 들자면, 매월당 김시습(梅月堂金時習, 1435~1493), 교산 허균(蛟山許筠, 1569~1618), 우담 정시한(愚潭丁時翰, 1625~1707), 옥소 권섭(玉所權燮, 1671~1759), 난고 김병연(蘭皐金炳淵, 1807~1863) 순이다. 이들은 조선팔도를 평생 동안 밟고 다니면서 시와 글로써 유랑의 감회를 남긴 사람들이다. 그런데 묘하게도 이들의 삶을 헤집어 보면, 젊은 나이에 피치 못할 우여곡절과 삶의 질곡桎梏을 겪은 사람들이다. 처음부터 산수자연을 사랑해 유랑을 떠난 것은 아니다. 청운의 꿈을 품고 학문에 정진하여 과거에 장원급제한 사람들이다. 그러다가 벼슬에 올랐거나 오르리라고 굳게 다짐하였다가, 정난靖難을 겪거나 당쟁에 휘말리거나 개인적으로 감당키 어려운 변고變故를 당한다. 그리고 씻을 수 없는 아픔을 간직한 채 산천경개山川景槪를 다니면서 유람으로 울분을 다스리고 글로 회포를 풀어낸 사람들이다. 김삿갓을 제외한 나머지 네 사람들이 여기에 해당한다. 그러나 김삿갓은 이들과는 다르다.

성년이 된 김삿갓은 장가도 들고 그동안 갈고닦은 한문으로 영월군 향촌 백일장에서 명예롭게 1등을 하였으나, 제 할아버지를 본의 아니게 심하게 꾸짖어야 하는 기구한 운명을 감당할 길 없어 1차 가출家出로 마음을 달랜다. 이때가 그의 나이 스무 살이다.

曰爾世臣金益淳(왈이세신김익순) 말하노니, 너 대대로 임금을 섬겼던 신하 김익순
　　　　　　　　　　　　　　　　　은 듣거라
鄭公不過卿大夫(정공부과경대부) 정공[鄭蓍, 정시]은 경대부에 불과해도 충으로
　　　　　　　　　　　　　　　　　죽지 않았는가.
　　　　　　　　　　　　　　　…

吾王庭下進退膝(오왕정하진퇴슬) 우리 임금 궁정에서 꿇던 그 무릎으로
背向西域凶賊脆(배향서역흉적취) 등을 돌려 서쪽 흉악한 도적에게 무릎을 꿇었으니
魂飛莫向九泉去(혼비막향구천거) 너의 죽은 혼은 황천에도 못갈 것이니
地下猶存先大王(지하유존선대왕) 지하에는 선대왕들이 있는 까닭이다.
忘君是日又忘親(망군시일우망친) 임금을 버린 날에 조상도 버린 것이니
一死猶輕萬死宜(일사유경만사의) 한 번의 죽음은 가볍고 만 번 죽어야 마땅하리.
　　　　　　　　　　　　　　　…

전문은 18운韻 36구句의 전형적인 과시체科詩體(장옥문체場屋文體 또는 과장문체科場文體라 하여 과문科文에서 요구하는 독특한 문체)로, 김삿갓은 이 시를 필두로 훗날에 과시체를 잘 짓기로 나라 안에서 이가환李家煥, 노진盧稹, 배극소裵克紹 등과 함께 정평이 나게 된다. 그가 지어 백일장에서 당당히 1등을 한 시 〈論鄭嘉山忠節死, 嘆金益淳罪通于天(논정가산충절사, 탄김익순죄통우천)〉의 시작과 끝부분이다. 생각만 해도 끔찍한 내용이다. 이토록 통렬하게 죄를 꾸짖은 김익순이 자신의 할아버지였다니. 죽은 자의 죄를 다스리려고 남의 무덤인 줄 알고 팠는데 알고 보니 자기 조상의 묘를 파서 부관참시剖棺斬屍한 셈이었다. 아버지를 죽이고 어머니와 결혼을 하고, 그 사실을 안 다음 자신의 두 눈을 찌르고 맹인이

되어 평생을 떠돌다가 죽었다는 희랍의 오이디푸스^{Oidipous} 왕의 비극적 이야기에 버금가는 운명이다.

스무 살에 1차 가출하여 몇몇 군데를 유람하다가 스물두 살에 잠시 귀가하였다가 다시 영원히 돌아오지 않을 2차 출가出家의 길을 떠난다. 자신의 성공만을 빌고 빌다가 허리가 꼬부라진 노모와 이골저골 산골짜기를 헤집고 다니면서 산나물 약초를 캐서 노모 봉양과 자식 건사에 뼈만 남은 마누라 장수황씨, 그리고 코흘리개 큰 아들 학균과 젖먹이 둘째 아들 익균을 뒤로 한 채였다. 가족 그 누구도 그를 붙잡으려 하지 않았다. 또 한바탕 돌아다니다가 오겠거니 하는 생각이었으리라. 언제 온다는 기약도 어디를 다녀오겠다는 일정도 없는 것이고, 다만 확실한 것은 그렇게라도 해서 아프고 쓰라린 마음을 달랠 수 있기를 바랄 뿐이었다. 김삿갓 자신도 그런 마음이었을 게고.

이후 10여 년 동안 김삿갓의 행적은 그의 시편들을 통해서 추정해 볼 수 있다. 시에 등장하는 여러 가지 누정樓亭과 지명地名, 배경 등을 종합하면 강원도 금강

영월 난고김삿갓문학관 앞의 동상 헤어지는 합장인가 만남의 인사인가? 흐드러지게 핀 철쭉꽃 위로 인연의 끈을 잡았다 놓았다 했으리라.

산을 거쳐 관동, 관서, 관북 지방은 물론이고 한양이며 황해도, 충청남북도와 전라남북도, 경상남북도와 지리산 일대, 심지어 제주도까지 갔다는 이야기도 있다. 그러나 김삿갓이 제주도에 갔다는 점에 대해서 확인하려 우선 '제주학연구센터'(064-747-6138)로 전화를 했다. 그러나 제주도 지역 구비문학을 수집 연구하고 있다는 좌해경 연구사는 '지금까지 제주도 지역에 김삿갓 관련 시비나 표석 또는 전설 등은 전혀 없다.'고 했다.

확실히 확인되는 것은 22살에 집을 나선 그가 전라남도 화순 동복 땅에 발을 처음 디딘 때가 출가 13년만인 35세(1841년) 때이다.

김삿갓을 만나러 화순(和順)으로, 동복(同福)으로

김삿갓을 만나 술 한 잔 올리려면 김삿갓이 놀았던 화순군 이서면二西面 적벽赤壁과 그가 이승에서의 마지막 촛불을 껐던 종명·초분지終命·初墳地 동복면同福面 구암리龜巖里로 가야한다. 산천경계를 유랑하던 김삿갓이 세 번이나 찾아 온 곳이다. 왜일까? 철새는 머무르면 살지 못하는데, 왜 이곳을 세 번씩이나 찾아오고 마지막에는 종명지로 택했을까? 옛사람들이 죽기 전에 가묘假墓를 만들어 자신이 들어갈 음택陰宅을 미리 정하는 것은 가끔 보았지만, 수구초심首丘初心이라는데, 고향도 아닌 타향에다가 죽을 곳을 정한다는 것은 매우 드문 일이다. 무엇이 그를 이곳으로 끌었을까? 이 의문을 풀어보는 것이 이번 '김삿갓 여행'의 주목적이며, '흐르다 멈춘 영혼'을 만나기 위함이다.

김삿갓이 이곳을 첫 번째로 찾은 것은 35세(1841년) 때로, 행적 추정에 의하면 무등산-중머리재-장불재를 지나면서 정상 천왕봉·지왕봉·인왕봉天·地·仁王峰 삼봉에 올랐고 서석대瑞石臺, 입석대立石臺와 광석대廣石臺 규봉암圭峰菴을 보고 내리막길을 걸어 이서면 도원마을을 지나 적벽으로 내려왔으리라. 규봉암에서 멀리 내려다보이던 적벽을, 직접 다가서서 바라본 적벽의 절경에 감탄과 탄복을 금치 못했을 것이다. 여기에 필자의 추정 경로를 더하자면, 김삿갓은 전라북도를 거쳐 광주로 내려왔을 것으로 여겨진다. 지난 12~13여 년간 금강산을 비롯하여 조선팔도 명승지는 빼놓지 않고 보고 온 그가 적벽에 매료되었던 것은 우리가 보지 못하는 적벽의 또 다른 모습이 있었기 때문이리라. 그는 이때의 무등산과 적벽에 대한 기대와 소감을 짤막한 시구로 쓰고 있다.

無等山高松下在(무등산고송하재) 무등산이 높다더니 소나무 아래 있고
赤壁江深沙上流(적벽강심사상류) 적벽강이 깊다더니 모래 위로 흐르는구나.

첫 만남의 소감치고는 다소 실망스러운 듯한 시편이다. 그러나 이 짧은 시구 속에 천지자연의 이치를 담고 있으니, 세상에 있는 모든 것은 절대적인 것은 아무 것도 없으며 상대적이라는 것이다. 소나무를 머리에 이고 있어야 산이 더욱 높아 보이고, 모래를 깔고 있어야 강물이 더욱 깊고 푸르러 보일 것이니, 가난한

광주시 산수동 잣고개 너머 청옥동 제4수원지(석곡) 수변공원에 세워진 김삿갓문학비 여기서 무등산 중머리재와 장불재를 넘어 화순 적벽으로 갔으리라. 옆에는 시 〈금강산(金剛山)〉이 새겨져 있다.

사람이 있어 부자가 행세하고, 미천한 자가 있어 지위 높은 자가 권세를 부릴 수 있다 하겠으니, 이 세상에 독불장군은 없다는 뜻이리라.

두 번째로 찾은 것은 9년이 지난 44세(1850년) 때이고, 이때 구암리 백인당百忍堂 정치업丁致業씨 사랑채에서 며칠인지는 알 수 없지만 유랑의 피곤을 다스리며 시 한 편을 남겨두고 떠난다. 마지막 세 번째로 찾은 것은 다시 7년이 지난 51세(1857년)인데, 이후로 그는 동복을 떠나지 않고 57세(1863년)에 숨을 거두기까지 적벽을 중심으로 노닐면서 마지막 6년여를 머무르다 한 많은 이 세상을 떠난다. 그의 나그네 인생을 더듬어보면 자주 찾았던 곳이며, 가장 오래 머물렀던 곳이 동복이다. 산 좋고 물 좋고 정자 좋은 곳 드물다 했는데, 산 좋고 물 좋고 정자도 좋고 인정에 인심까지 좋았던 것일까?

무등산은 광주와 화순군, 담양군을 두르고 있다. 무등산의 뒤편인지 앞쪽인지, 무등산 정상 천왕봉(1,1186m)에서 방향으로 따지면 광주는 서북간이고, 화

광주를 품은 명산 무등산 이서 적벽과 동복의 비경을 감추고(?) 있다

순 이서·동복은 동남방이다. 무등산 정상은 전라남도 화순군 이서면ᅳ西面에 속한다. 무등산이 이서 적벽과 동복의 비경을 감추고(?) 있다고 보면 뒤편이라고 하는 것이 더 어울릴 것 같고, 안고 있다면 앞쪽이라 해야 할 것이다. 광주가 광역 대도시임을 감안해 대접해서 말하면 '감추고 있다'고 해도 무방할 것 같다. 호남고속도로 동광주IC에서 외곽순환도로를 타고 지산터널을 지나 화순 방향으로 달리면 된다. 광주에서 화순 이서와 동복으로 가는 길은 세 가지가 있다. 하나는 도보로 무등산 중머리재(중봉, 617m)와 장불재(919m)를 넘어 이서면 도원 부락으로 내려가 적벽으로 가는 산행길이고, 둘째는 담양군 남면에서 들어가는 길이며, 다른 하나는 서남방 너릿재를 넘고 화순읍을 거쳐 가는 길이다.

화순으로 가다보면 광주시와 화순군의 경계인 너릿재터널을 지난다. 무등산 줄기 하나가 서남방으로 달리는 말[馬]의 형상으로 내닫는데, 말허리 안장에 해당하는 산등성이를 넘어가는 고개가 너릿재다. 너릿재는 터널이 만들어지기 전에는 일년에도 몇 번씩 버스가 굴러 사상자가 무수히 발생하던 험한 고개로 '5분 먼저 가려다 50년 먼저 간다'라는 교통안전 문구가 만들어진 곳이다. 그러나 지금은 터널이 뚫리고 4차선 도로가 생기면서 20여 분이면 화순읍으로 들어설 수 있다.

우선 화순읍을 통해 동복으로 가기로 했다. 화순읍에 들어서면 길은 세 갈래로 나뉜다. 서쪽은 남평·나주로 가는 길이고, 서남쪽은 능주·보성, 동남쪽은 벌교·고흥으로 가는 길이다. 동복으로 가려면 벌교·고흥 방향으로 길을 잡아야 한다. 화순읍은 광주와 인접해서인지 도농복합 성격의 읍소재지이다. 일반적으로 한 개 군에 향교鄕校가 하나씩 있음에 비해, 화순군은 화순향교, 능주향교, 동복향교 등 한 개 군에 향교가 세 곳이나 있는 전국적으로도 드문 군이다.

화순읍내로 들어서는데 차가 오가는 회전로타리 한복판에 생뚱맞은 표석이 눈에 띈다. 네거리 한복판에 '자치샘'이라고 쓴 화강암 표석이다. 길 가운데 웬 샘이? 이곳이 옛날에는 시골 샘터였다는 뜻이다. 오래된 느티나무와 늘어진 앵두나무 그

늘 아래 맑은 물이 졸졸 솟아나는 샘터. 이 우물이 바로 고려 중기 유명한 고승이
었던 진각국사 혜심(眞覺國師慧諶, 1178~1234년)의 탄생설화가 고여 있는 곳이
다. 옛날 이곳에 배씨裵氏 부부가 살고 있었다. 늙도록 자식이 없다가 딸 하나를 얻
어 금지옥엽 키웠는데 효성이 지극했다. 아침마다 첫 샘물을 길어 어버이를 봉양
했는데, 한겨울 아침에 배씨 처녀가 우물가에 물동이를 내려놓고 물을 뜨는데 먹
음직스런 오이 하나가 우물에 떠 있었다. 한겨울에 오이라니. 자신도 모르게 오이
를 건져 먹었다. 그 후로 태기가 있어 아들 하나를 낳았다. 부모는 남 눈에 띌 것이
두려워 아이를 얼마 떨어진 숲속에 버리고 왔는데, 다음날 가보니 학 한 마리가 아
이를 품고 있었다. 죽었으리라 생각했던 아이를 학이 품어 살아 있자, 그대로 놔
두면 천벌을 받을 것 같았다. 그래서 안아다가 동구 밖에 뉘어놓고 사람들이 오기
를 기다렸다가, 업둥이로 주워온 것처럼 꾸며 데려다 키워 훌륭한 스님이 되었다
는 이야기다. 혜심에게는 많은 일화와 함께 불교 관련 저술이 전해지며, 특히 대나

화순읍 네거리에 있는 '자치샘' 표석 고려 고승 진각국사 혜심(眞覺國師慧諶)의 탄생설화가 샘솟다가 지금은
말라버리고 표석으로 남아있다.

무를 의인화한 『죽존자전(竹尊者傳)』과 얼음을 의인화한 『빙도자전(氷道者傳)』 등 고려 가전체 작품의 작가로도 널리 알려졌다. 수백 년 동안 고려 고승의 탄생설화가 샘솟다가 지금은 말라버리고 표석으로만 서있다.

화순읍에서 벌교·고흥 방면으로 길을 잡아 동복 구암리 김삿갓 종명지로 향하는데, 다행스럽게도 화순군청 문화관광과 문화재전문위원인 심홍섭 님께서 기꺼이 동행해주었다. 버스로 구암리로 가려면 화순읍내 공용버스정류장에서 사평·동복행 군내버스를 타면 된다. 요금은 2,200원이고 시간은 40분 쯤 소요되는데, 가는 길은 구불구불 산길이다. 인근에는 호남 유일의 탄광인 화순광업소가 있을 정도니 산세가 복잡한 것은 당연하다 하겠다. 40여 분 만에 구암마을 입구에 당도하자, 도로 왼편 냇가에 울창하게 우거진 숲이 보이는데 '연둔리 숲정이'(전라남도기념물 237호)다. 연둔리 숲정이는 1,500년대에 마을이 처음 만들어질 때 하천의 범람을 막기 위해 왕버들, 느티나무, 서어나무, 상수리나무, 팽나무 등을 심어 방재림을 조성한 것으로 많게는 수령 200년이 넘는 나무도 여러 그루가 있다. 구암마을 입구에는 '김삿갓종명지'를 알리는 커다란 표석과 함께 몇 개의 시비가 서있다.

동복 구암리 김삿갓 문학공원과 종명지 정씨네 사랑채, 초분지와 망미대

이곳에서 5백 미터 정도 들을 가로질러 가면 김삿갓 종명·초분지終命·草墳地가 있는 구암마을이다. 멀리 무등산이 바라보이고 남북으로 길고 넓게 펼쳐진 평화로운 들녘은 논농사와 밭농사만으로도 먹고 살기에 충분할 것처럼 보인다.

동복은 어떤 곳인가? 예로부터 논농사와 밭농사는 물론이고, 삼복三福이라 부르는 특산물이 있었다. 동복에서 나는 인삼을 복삼福蔘, 석청을 복청福淸, 은어를 복천어福川魚라고 한다. 이 특산물을 광주로 내다팔기 위해 등짐, 봇짐을 이고지고 무등산 장불재와 중머리재를 넘나들어야 했다. 물산이 풍부하니 일제강점기 때에도 기방과 아리따운 기녀들이 많았으며, 정과 흥이 많다보니 국악인 박

동실(월북)과 박동진 그리고 김초희 등 대표적인 명창을 비롯해 현대 서양화 개척자인 오지호 화백과 아버지의 화맥을 이어간 두 아들 오승우·오승윤 같은 미술인들이 이곳 동복 출신이다. 김삿갓이 이곳을 못내 잊지 못하고 세 번이나 찾아오고 숨을 거둔 것은 사랑했던 기생 '가련'이가 이곳에 있었기 때문이라는 설도 있다. 그렇다면 김삿갓의 〈가련(可憐)〉이라는 시도 이곳에서 씌어졌을 지도 모른다.

'시선난고김병연 김삿갓종명·초분유적지'임을 알리는 구암마을 입구의 표석 이 표석을 보면 흐르다 멈춘 김삿갓의 혼이 다시 찾아오기 쉬울 것 같았다.

심홍섭 선생님의 안내에 따라 구암마을 입구로 들어서자 왼편에 널따란 주차장과 '김삿갓문학공원'이 있고, 길 건너편에는 김삿갓이 마지막 숨을 거둔 정씨네 가옥이 있다. 화순군에서 지난 2005년 문학공원조성 부지와 정씨네 가옥을

구암리 김삿갓문학공원 입구에 세워진 안내 조형물(좌) 구사회 교수와 김대현 교수가 새로 발굴한 김삿갓 시 2편이 새겨져 있다. / **김삿갓 동상과 시비(우)** 나무숲에서는 산새들이 김삿갓 시를 읽느라 지칠 줄 모르고 지저귄다.

매입하여 문학공원을 꾸미고 정씨네 가옥도 수리 복원하였다. 김삿갓문학공원에 들어서자 입구에는 조형물과 김삿갓 동상 그리고 50개의 시비가 단아하고 정성스럽게 조성되어 있다. 시비 하나하나가 시의 내용에 버금가는 예술성과 미감을 살려 조각한 시비들이다. 그런데 김삿갓 동상이 황금빛이다. 무슨 의미일까? 살아서는 변변히 비단옷 한 벌 입어보지 못한 김삿갓에게 죽어서나마 금빛 두루마기와 고의적삼을 입혀 배고프고 외로운 영혼을 달래주고자 함이던가? 천천히 걸음을 옮기며 시비를 하나하나 읽고 싶었다.

벼루 모양 오석에 새긴 김삿갓의 시 〈노음(老吟)〉
'장수는 복이 아니라 욕(辱)을 많이 먹는 것이다'
라는 내용이다.

문학공원 주변 나무숲에는 온갖 새들이 김삿갓 시를 읽느라 지칠 줄 모르고 지저귀고 있다. 서당 개 삼 년이면 풍월을 읊는다더니, 문학공원 숲에 사는 새들도 풍류를 아는 듯싶고, 걸음 바쁜 탐방객들에게 대신 시를 읽어주는 듯했다. 현재 전하는 김삿갓의 시 340여 수 중 시비에 새기기 위해 뽑힌 50편은 어떤 시들일까 궁금했으나 오래 머물 수 없다. 다음에 다시 와서 천천히 즐기기로 하고, 김삿갓이 마지막 숨을 거둔 정씨네 사랑채로 길을 건넜다.

정씨네 집 입구에는 '난고김병연(김삿갓)선생 운명하신 집', '김삿갓 시비', '압해정丁씨 창원군·백인당파百忍堂派 유지비遺址碑', '난고김병연(김삿갓)종명·초분 유적지 안내도' 등 네 개의 표석과 시비가 세워져 있다. 정씨네 가옥은 안채와 사랑채 두 공간으로 나뉘고, 안채로 들어가기 위해서는 중문격인 협문을 통과해야 한다. 안에는 주거공간인 안채와 함께 창고로 쓰이는 건물과 우물, 그리고 한켠에는 집안 사당祠堂이 따로 별채로 세워져 있다. 집안 내에 조상 신위神位를 따로

정씨네 집 앞에 있는 김삿갓 종명지를 알리는 표석(좌) 그는 이곳에서 '저 촛불을 꺼주시오'하며 한평생 걷느라 피곤한 몸을 영원히 뉘였다. / 정씨네 사랑방을 묘사하고 있는 친필 시를 새긴 시비(우) 그는 이곳에서 시를 쓸 붓과 벼루 그리고 술이 있으니 더 이상 구할 것이 없다고 했다.

모시는 사당이 있는 것만 보아도 규모 있고 부유한 집, 재력과 덕망을 갖춘 가문이었음을 한눈에 알 수 있다. 비교적 넓은 공간에 안온한 분위기다.

김삿갓은 첫 번째와 두 번째 방문 때에는 며칠씩 머물렀으며, 세 번째에는 마지막 6년 동안 이곳을 중심으로 전라도 명승지를 순행하였다. 그리고 이곳에서 마지막 숨을 거둔다. 사랑채 방문을 조심스레 열고 들어갔다. 깨끗하고 넓은 구들방이다. 아랫목 벽에는 큼직한 김삿갓 표준영정이 걸려 있고, 앞에는 소탁 위에 단정하게 다기茶器가 놓여 있다. 영정 속 김삿갓의 표정은 머물렀으나 머문 것이 아니고 떠났으나 떠난 것이 아니라는 듯 편안하다.

나는 영정 앞에 나아가 생면부지, 그러나 알 것도 같은, 왠지 친근감이 생기는 김삿갓 영정 앞에 머리를 조아리고 재배再拜를 올렸다. 그리고 내일이나 모레쯤 저기 윗동네 동복현同福縣 주막에서 해질녘에 다시 만나 막걸리 한 잔 올리겠다고 약속하고 문을 닫고 나왔다. 안채로 들어서자 맨 먼저 눈에 띤 것은 우물이었다. 어디선가 본 듯한 우물이다. 아하! 김삿갓이 태어났다던 양주땅 회암리 생가터에서

별채로 따로 떨어진 정씨네 사랑채(좌) 널찍한 툇마루 옆방이 김삿갓이 머물렀던 방으로 안에는 김삿갓 영정이 있다. / **정씨네 사랑방에 걸려 있는 김삿갓 표준영정과 다기(우)** 머물렀다 하여 머문 것이 아니고 떠났으나 떠난 것이 아니라는 듯 표정이 편안하다.

본 김삿갓우물과 흡사했다. 김삿갓은 이곳 정씨네 사랑방에서 정씨네 가족들의 따뜻하고 정성스런 환대 속에 아이들 한문도 가르치며 머물렀다. 하루나 한나절 거리의 인근 옹성산甕城山이며, 적벽의 물염정勿染亭 등 절경에 매료되어 떠나지 않았을 것이다. 이 정씨네 사랑방의 모습을 김삿갓은 다음과 같이 그리고 있다.

半虧書架數卷冊(반휴서가수권책)　반나마 이지러진 서가에는 몇 권의 책이 있고
世世傳傳一個硯(세세전전일개연)　대대로 전해오는 한 개·벼루가 있네.
墨香深醉心自閑(묵향심취심자한)　묵향에 취하면 마음은 절로 한가로우니
微軀此外何所求(미구차외하소구)　자그마한 몸이 이 밖에 또 무엇을 구하리오.

- 性深于同福(성심우동복) 성심이 동복에서 쓰다

마음이 한가로운 것은 비단 묵향에 취해서만은 아니리라. 어린 시절 서당에서 글을 읽었던 아스라한 추억에 잠길 수 있어 좋았을 것이고, 나그네의 몸으로 아침 얻어먹고 점심 걱정, 점심 얻어먹고 저녁밥 걱정, 저녁밥 먹으면 잠자리 걱정을 정씨네

집 사랑방이라면 아니 해도 되니 그 아니 좋았을 터. 불세출의 떠돌이 나그네가 다섯 자, 여섯 치의 사지육신을 편히 누울 수 있는 곳이었다. 이미 전국 각지에 이름이 자자하게 알려진 천하의 유랑객 김삿갓을 붙든 것은 오로지 정씨 집안의 인정 어린 후한 대접이 있었기 때문이리라. 김삿갓이 정씨 집을 지명하여 자신의 친필을 남겨 지금도 정씨네 후손이 원본을 보관하고 있다는 유일한 글이다.

이러한 정씨 가문의 빈접객賓接客의 가풍은 어디서부터 어

후손들에게 '내 집에 오는 손님을 반갑게 맞이하라'고 당부한 정치업(丁致業) 선생의 문집 『백인당집』 중 〈경몽가〉의 '논행신처사조'의 구절

떻게 유래한 것일까? 김삿갓이 정씨 집 사랑방에 머물기 한 세대 전, 압해정씨 창원군 백인당파百忍堂派 파조派祖인 정치업(丁致業, 1692~1768) 선생이 그의 문집 『백인당집(百忍堂集)』에서 자손들에게 경계하는 글로 〈경몽가(警蒙歌)〉를 지어 전하고 있다. 〈경몽가〉 중 '논행신처사(論行身處事)' 조에 이르기를,

「내 집에 오는 손님을 반갑게 맞이하라. 주공(周公) 같은 대성인(大聖人)도 토포악발(吐哺握發 ; 입속의 음식을 뱉고 감던 머리를 움켜쥐고)하셔서 기이대사(起而待士 ; 일어나 선비를 기다림)하시기를 유공불급(惟恐不及 ; 미치지 못할까 두려워함)하였거든, 이 몸이 무엇이라고 오는 손님을 싫어하리오.」

― 필자 현대 역

이러한 유훈을 받들고 김삿갓을 맞이한 사람은 정치업의 손자 정시룡(丁時龍, 1837~1909)이었다. 김삿갓보다는 꼭 30살 아래다. 그러니 조부의 유훈을 받들고 김삿갓에게 한문 공부도 할 겸 극진하고 따뜻하게 대접했으리라. 동복의 인심은 어떤가?『동복읍지(同福邑誌)』에 이르기를,

> 「동복지방 주민은 근검 소박하고 유순하며, 환·난·상(患·難·喪) 시에
> 서로 상부상조하며 예를 어기는 것을 부끄럽게 생각하고, 세시·경절(歲時
> ·慶節)에는 상배(相拜)하며 본업을 귀하게 여기며 출처·안분(出處·安分)
> 을 택할 줄 아는 사람이라.」

라고 하고 있다. 물산이 풍부하고 인정과 인심이 순후하고 예의범절이 정연한 양반의 고장이다. '부윤옥富潤屋이요, 덕윤신德潤身이라'(부유함은 집을 윤택하게 하고, 덕은 몸을 윤택하게 한다)했던가. 한 집안의 음덕陰德이 세인의 입에서 입으로 전하고 마음에서 마음으로 전하면서, '어떻게 살 것인가?'에 대한 울림의 감동을 준다. 고장의 순후한 풍속과 가문의 유훈이 철새 김삿갓을 텃새로 붙잡아 둥지를 틀게 하였으리라. 그리하여 김삿갓은 나그네 인생 35년 중 가장 오랜 6년여를 이곳에 머물며 인근 전라도 지역을 유랑하다가 57세 되던 1863년 3월 29일 한恨 많은 인생을 마감했으리라.

초분유허지(初墳遺墟址)와 와우산(蛙牛山), 망미대(望美臺)

정씨네 사랑채를 나와 다시 심홍섭 선생님을 따라 김삿갓의 초분지初墳地로 향했다. 8월의 뜨거운 햇살 속 강행군이었다. 초분지는 마을 안길을 따라 걸어 들어가다가 오른쪽으로 마을을 빠져 나와 3~4백 미터 쯤 가면, 건너편 산자락 끝 나지막한 동산에 있었다. 초분지가 있는 동산의 이름은 좀 생소한 '똥뫼등'이었다. 원래는 '동(洞)뫼등거리'로 곧 '동네 사람들이 과객의 묘를 썼다'는 뜻이었다.

그러나 아이들의 입에서는 '동냥아치 묏등거리' 또는 걸인을 묻었다는 것을 비하^{卑下}하여 '똥[糞(분)]묏등거리'라고 부르면서 오늘에 이르렀다고 한다.

그런데 초분지로 안내하던 심홍섭 선생이 깜짝 놀란다. 똥묏등 발치에 있던 김 삿갓 초분지 표석이 원래 자리에서 20~30미터 위로 옮겨 묏등 맨 윗자리로 옮겨 졌다는 것이다.

김삿갓은 1863년 고향에 묻히지 않고 정씨네 집안사람들과 구암리 마을 사람들에 의해 타관객지에 몸을 누인 것이다. 꽃상여도 없고 구성진 상두꾼의 상여소리도 없었고, 울며불며 따르는 처자식도 없었다. 그가 마지막 맡고 갔을 풀냄새는 예나 지금이나 같을 것이고, 누운 자리 무성한 잡초는 이승의 무거운 짐을 내려놓기에 안성맞춤으로 가뿐하고 포근했으리라. 산새들 노랫소리와 풀벌레 울음소리를 벗 삼아 식어가는 육신을 이슬에 적셨으리라.

그리고 3년 후 그의 둘째 아들 익균에 의해 강원도 영월군 김삿갓면 김삿갓로 216-22번지 현 묘지로 이장된 것이다. 정씨네 집안사람들은 이장해 가는 아들 익균에게 김삿갓이 운명한 날짜 등을 자세하게 알려 주었기 때문에 오늘날까지 김삿갓의 생몰일시^{生沒日時}가 자세하게 전해지게 된 것이다.

김삿갓 초분지 '똥묏등' 앞에 있는 지명 유래비(좌) 국유지로 극빈자나 무연고 행려사망자가 발생하면 매장하였다. / 김삿갓 초분지 원위치를 가리키고 있는 심홍섭 화순군 문화재전문위원(우) 인근 옹벽공사를 하면서 공사업자들이 임의로 옮긴 것 같다고 하였다.

김삿갓 초분지 똥뫼등을 내려오는 발걸음은 그다지 가볍지 않았다. 똥뫼등은 뜨거운 햇살 아래 산새 소리마저 들리지 않고 한낮의 적막만이 고여 있었다. 김삿갓을 만나겠다고 지금까지 양주땅 회암동 출생지와 강원도 영월 성장지와 무덤을 다녀왔다. 그리고 지금 이곳 구암리 종명지와 초분지에 이르기까지 김삿갓의 발자취를 쫓았으나 김삿갓을 제대로 만나지 못했다는 아쉬움을 느끼며, 어디로 가야 만날 수 있을까 하는 궁금증으로 따가운 햇살 아래 터벅터벅 걷는 발걸음이 무거웠다.

파묘 후 이장해 간 자리에는 '金笠先生初墳遺墟之址(김립선생초분유허지지)' 표석 원 위치에서 위로 옮겨졌고 유골은 갔으나 영혼은 이곳에 머물고 있지 않을까?

구암리를 나서는데 심홍섭 선생님이 들릴 곳이 한 곳 더 있다고 했다. 구암리 들녘 왼쪽에 적당하게 뻗어 내려오다 들녘 중간에 멈춘 나지막한 산자락 끝으로 안내했다. 산 이름은 와우산蛙牛山이고 꼭대기에 정자가 하나 있었다. 한 여름이고 찾는 사람도 많지 않아 길은 온갖 풀과 나무들이 우거져 오르기가 만만치 않았다. 키 높이로 솟은 개똥쑥, 옷자락에 들러붙는 도둑풀, 가시 돋은 산딸기 넝쿨이며 칡넝쿨이 발길을 막았다. 어우러진 잡초 사이를 조심스럽게 올라갔다. 서너길 되는 암벽 밑에 망미대 유래비가 있고 암벽에는 '望美臺甲申九月(망미대 갑신구월)'이라 음각하였다. 연대를 거슬러보자면 갑신년은 1884년인데, 유래비의 내용에는 정씨 집안 백인당 정치업의 후손 정시룡鄭時龍이 48세(1884년) 때 지은 정자로, 조선말 임오군란과 갑신정변 등으로 혼란한 때 나라를 걱정하는 내용으로 망미望美의 '美'는 미인美人 곧 임금이다. 이곳에 올라 그는 임금이 있는 북쪽 한양을 바라보

구암리 와우산(蛙牛山) 암벽에 새겨진 망미대(望美臺) 글씨(좌) '갑신년(1884년)은 나라가 혼란의 극에 이른 시기였다. 미인(美人)은 임금으로, 이곳에서 한양을 바라보며 나라 걱정으로 세월을 보낸 정시룡의 충심이 아름답다. / 와우산 망미대(우) 안쪽에는 김삿갓의 시를 비롯하여 지역 문사들의 10여 개 시문 현판이 걸려 있다.

며 나라와 임금을 걱정하고 근심하였음을 알 수 있다. 그리고 그가 극진히 대접하고 종명 순간까지를 지켜봤던 김삿갓의 시비 하나를 세운 것이다.

제목은 따로 없으나 내용은 김삿갓이 동복으로 세 번째 돌아왔던 해(1850년)에 정시룡丁時龍을 만난 반가움을 쓴 것으로 보인다.

망미대 앞의 김삿갓 시비 망미대는 김삿갓 사후에 세워진 것이나 김삿갓은 구암리에 머물면서 자주 이곳에 올랐고, 김삿갓이 동복으로 세 번째 돌아왔던 해(1850년)에 정시룡을 만난 반가움을 쓴 것으로 보인다.

藥徑深紅蘇(약경심홍선)　약 캐러 가는 길엔 붉은 이끼가 짙고
山窓滿翠微(산창만취미)　산창에는 푸른 산기운이 가득한데
羨君花下醉(선군화하취)　꽃그늘 아래 술에 취해
胡蝶夢中飛(호접몽중비)　호접지몽 속 나비 되어 날고 있을 그대를 부러워하네.

　- 道光三十年 蘭臯金炳淵書于同福旅所試墨也(도광삼십년 난고김병연서우동복려소시묵야) 도광 30년(1850년)에 난고 김병연이 동복 여사(旅舍)에서 쓰다

몇 편 안되는 시를 쓴 시기와 장소가 명백하게 밝혀지고 친필로 남겨져 현재 정씨 집안 후손에게 전하고 있는 시다. 전편에는 김삿갓이 찾은 동복이 깊은 산 골임을 알 수 있고, 경사經史의 글은 읽어도 벼슬에는 뜻이 없는 은둔처사임을 알 수 있다. 그러한 은둔처사의 살아가는 모습을 꽃그늘 아래 술에 취해 잠들어 있다고 한다. 아마도 그 사람은 무아지경 꿈속에 장주莊周의 호접지몽胡蝶之夢을 꾸며 나비되어 날고 있을 것이고, 그러한 그대를 부러워한다고 노래한다. 마치 긴 여행에서 고향에 돌아온 듯 느긋하고 편안한 마음으로 썼으리라 여겨진다.

동복 구암리의 김삿갓 행적과 시편들을 더듬어 보고, 북쪽 약 2km 정도 거리에 있는 동복 면사무소에 있다는 시비를 찾아갔다. 동복과 구암리에 남아 있는 김삿갓의 마지막 행적이라 하겠다. 지금은 없어졌지만 옛 동복현의 동헌 앞에는 16세기 후반에 김복윤金福倫이 지었다는 협선루俠仙樓가 있었다고 한다. 그곳에 오르면 동복현을 남북으로 길게 뻗은 널따란 들녘과 들녘을 가로질러 흐르는 동복천의 비경 그리고 멀리 서북간에는 무등산無等山과 옹성산瓮城山이 눌러 앉은 모습이 절경이라고 한다.

화순군 동복 면사무소에 있는 김삿갓 시비 동복의 아름다운 풍광에 매료된 김삿갓의 시심을 읽을 수 있다.

면사무소 입구에는 지역에 흩어져 있던 각종 선정비善政碑 등을 모아 둔 비석군이 있고, 50여 미터 쯤 들어가면 동복 면사무소와 함께 경내에 길가를 향해 김삿갓이 협선루에 올라가 지었다는 시비가 있다.

내용은 군루(郡樓 ; 군이나 관청에서 관리하는 누각)인 협선루에 올라 주위 풍광에 심취하여 하루 종일 앉아 있노라니 어느새 석양이 지고 맑은 바람을 맞노라니 동산에 달이 떠오르더라는 것이다.

郡樓乘曉上(군루승효상)	아침 일찍 군루(郡樓)에 올랐는데
盡日不能回(진일부능회)	하루가 다 가도록 돌아갈 수 없었네.
晚色將秋至(만색장추지)	노을빛에는 가을이 이르려 하고
長風送月來(장풍송월래)	멀리 불어오는 바람은 달을 보내오는구나.

– 道光三十年 蘭皐金炳淵書于同福旅所試墨也(도광삼십년 난고김병연서우동복려소시묵야) 도광 30년(1850년)에 난고 김병연이 동복 여사(旅舍)에서 쓰다.

쓴 시기는 앞선 망미대의 시와 같음을 알 수 있다. 전반부에서는 아름다운 풍광에 심취해 해 지는 줄도 모르는 자신의 모습을 그려내고, 이어 후반부에서는 붉은 노을빛과 들녘의 풍성한 오곡백과의 누런빛이 조화를 이루고, '살갗에 와 닿는 싱그러운 바람이 마치 동산에 두둥실 떠오르는 달을 보내준 듯하다.' 라고 쓰고 있다. 아름다운 농촌의 모습 속에 세월의 흐름도 잊고 지내는 동복에서의 김삿갓의 안정된 심정을 읽을 수 있다. 나는 다시 머잖아 이곳 동복 어느 주막거리에서 김삿갓을 만나보리라 마음먹고 동복을 떠나 적벽으로 향했다.

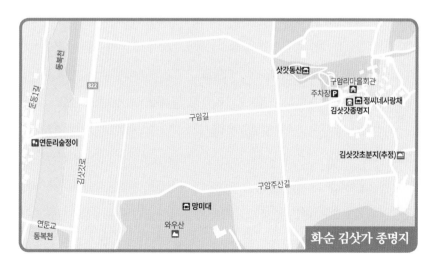

적벽(赤壁)으로, 물염정(勿染亭)으로

동복으로 향하는 김삿갓의 경로는 세 길이었을 것으로 여겨진다. 첫 번째는 35세(1841년) 때로 전라북도와 전라남도 북쪽 지역을 탐방하다가 무등산을 넘어 이서로 들어와 적벽赤壁을 먼저 보았을 것이고, 두 번째는 44세(1850년) 때 영남에서 섬진강을 건너 지리산을 거쳐 보성을 통해 동복으로 들어섰을 것이다. 그리고 마지막 세 번째는 51세(1857년) 때 전라남도 남녘 바닷가를 유람하다가 돌아오면서 강진군 군동면 금곡사金谷寺에서 〈쟁계암(爭鷄岩)〉를 짓고, 이어 장흥군 유치면 보림사寶林寺에서 〈과보림사(過寶林寺)〉를 지은 다음, 해망산海望山을 넘어 화순 도암면 운주사雲住寺를 보고 화순읍을 거쳐 동복으로 들어섰을 것이다. 김삿갓은 세 번째 여정은 구암리 정씨네 집을 주거지로 삼았지만, 한 곳에서 6년여를 계속 머무른 것이 아니라 구암리를 거점으로 들락날락하면서 호남 일대를 두루 탐방한 것으로 여겨진다.

이 세 가지 경로 중 첫째와 셋째 경로를 밟아 김삿갓의 시심을 느껴보기로 했다. 먼저 무등산 경로를 오르기로 한 날 저녁에는 8월말 늦여름 장맛비가 줄기차게 내려 다소 불안했다. 그러나 아침에 비가 멈춘다면 다소 무리를 해서라도 오를 참이었다. 출발지는 광주시 학동 증심사證心寺 입구 코스였다. 다행히 비가 그쳤고 간단하게 행장을 갖추고 출발했다. 중머리재에서 잠시 숨을 돌리고 서석대瑞石臺와 입석대立石臺 아래 장불재(莊佛岾, 919m), 그리고 지공너덜지대를 지나 광석대廣石臺, 규봉암圭峰庵까지 갔다 돌아오기로 했다. 왕복 16km 정도이고 소요시간은 7~8시간이다. 무등산국립공원 입구로 들어서자 나를 맞이한 것은 지난밤 내린 비로 불어난 계곡의 우렁찬 물소리였다. 계곡의 물소리와 매미소리를 벗 삼은 오르막 돌길은 옛날에 이서와 동복을 드나들던 장꾼들이 지역물산을 지게에 지거나 등짐을 지고 오르내렸던 길이고, 김삿갓 또한 장꾼들과 함께 이 길을 넘었을 것이다. 숨이 턱밑까지 차오를 무렵 중머릿재 쉼터에 이르러 잠시 숨을 돌렸다. 입구의 의재미술관(진도 출신의 근현대기 동양화가인 허백련許百鍊의 작품을 전시하는 미술관)과 증심사證心寺가 발길을 붙잡았지만 짧지 않은 산행이므로 중머리재(617m)까지 내쳐 오른 것이다. 중머리재 못 미친 곳에는 광주천 발원지인 샘골이 있다. 무등산을 가로질러 광주를 오고간 이서 동복 사람들이 목을 축였던 샘이고 김삿갓도 등짐꾼들과 함께 이 길을 오르면서 목을 축였을 것이다.

장불재 고갯마루를 넘어서 완만한 내리막길을 걸어 규봉암으로 향했다. 규봉암까지는 약 1.7km이다. 무등산 동남방 산중턱을 타고 가는 코스다. 규봉암을 들르지 않고 곧장 내려가면 이서면 도원마을이나 영평마을에 이른다. 그러나 김삿갓은 곧장 이서로 내려가지 않고 규봉암을 들렀을 것이다. 그는 절에 들러 마음에 맞고 시를 아는 스님을 만나면 으레 하룻밤 유숙하면서 시를 주고받았다. 그렇지 않고 한 끼 밥에도 인색함을 보이면 그냥 지나치지 않고 비아냥거리는 시

화순 이서 적벽으로 넘어가는 무등산 장불재 표석 뒤로 어렴풋 보이는 주상절리대는 무등산의 상징인 서석대(좌측)와 입석대(우측)이다. 표석 옆에는 2007년 5월 노무현 대통령이 현직 대통령으로서 처음으로 올랐다 하여 '노무현길'이라고도 부른다는 안내판이 있다. 그는 이곳에서 멀리 내다보는 대의(大義)를 따라 줄 것을 당부하는 산상 연설을 했다고 한다.

규봉암 가는 도중 지공너덜길에서 내려다보이는 이서(二西) 적벽(赤壁) 천 길 절벽과 천심(千尋) 물을 둘러 세인(世人)들이 함부로 갈 곳이 아닌가? 지금의 화순 동복수원지(동복호)다.

를 남긴 것이 다반사였기 때문이다. 규봉암 가는 중간 지공너덜길로 접어들면 멀리 이서 적벽이 아스라이 내려다보인다. 멀리서 본 것만으로는 적벽이 왜 그리 명승경지로 뭇 탐승가들과 시객詩客들의 마음을 사로잡았는지 알기가 쉽지 않다.

규봉암이 있는 광석대는 서석대, 입석대와 함께 무등산 3대 주성절리대로, 이 주상절리가 산 위에 솟았다면, 적벽의 천심단애千尋斷崖를 이루는 주상절리대는 골짜기에서 솟아 흐르는 물로 허리를 감싸 속세와 절교하는 형국이다. 규봉암에서 돌아서는 하산 길로 '김삿갓루트'를 따라 화순 이서로 내려가지 못함을 아쉬워하며 다음을 기약해야 했다.

이서 적벽과 동복에 이르는 김삿갓의 두 번째 경로는 강진군 둔동면 금곡사金谷寺에서 시작해 장흥 보림사를 거쳐 화순으로 향하는 경로다. 이 경로는 김삿갓이 전라도 해안을 유랑하다가 마지막 세 번째 동복으로 돌아가던 길로 추측된다. 금곡사는 강진읍에서 3km 정도 떨어진 영암군으로 넘어가는 까치재 아

강진군 둔동면 금곡사 입구의 쟁계암 두 마리 닭이 머리를 곧추 세우고 다투는 형상으로, 왼편 바위가 암탉이고 오른편 바위가 수탉인 듯한데 무엇을 가지고 오랜 세월 다투고 있을까? 오늘의 우리들처럼.

래 있다. 금곡사 입구에 마주보고 서 있는 두 개의 쟁계암爭鷄岩이라는 바위가 있는데, 이 두 바위 형상이 두 마리의 닭이 머리를 곧추 세우고 다투는 듯한 모습이라고 해서 붙여진 이름이다. 두 마리 닭이 무엇을 가지고 다투었을까? 쟁계암 밑을 지나 발걸음을 옮겨 절 입구로 들어서자 오른편에 김삿갓의 〈쟁계암(爭鷄岩)〉을 새긴 시비가 있다.

스님 한 분이 입구에 떨어진 나뭇잎을 쓸고 있어 공손히 합장을 올렸더니 반갑게 맞이한다. 나는 슬쩍 쟁계암을 가리키며,

"닭들이 무엇 때문에 싸우지요?"

하고 물었더니, 스님이 말하기를,

"여기 절 경내를 흐르는 계곡물은 보다시피 절을 중심으로 왼쪽으로 돌아 흘러내리는 물과 오른쪽으로 돌아 흘러내리는 물이 보이지요? 그러다가 저 입구에서는 한 줄기로 합해져서 흐르는데, 서로 자기 물이라고 싸우는 것이랍니다."

"아하! 그럴 수 있겠군요."

"그래서 옛날에 김삿갓이 여기 왔을 때 닭들의 싸움을 말려달라고 했더니, 김삿갓이 저기 새겨진 시를 지어 싸움을 말렸다는 전설이 생겼답니다. 그 것을 기념하기 위해 시비에 새겨 놓았구요."

금곡사 입구에 전서(篆書)로 쓰인 〈쟁계암(爭鷄岩)〉 시비
김삿갓은 쟁계암 바위들의 싸움을 이 시를 써서 말렸다고
하는데, 시의 내용을 보면 닭싸움이 아니라 인간들의
싸움을 경계하고 있는 듯하다.

시는 짧은 두 구절로 내용인즉 이렇다.

雙岩並起疑紛爭(쌍암병기의분쟁) 한 쌍의 바위가 나란히 서 있어 다투는 듯한데
一水中流解忿心(일수중류해분심) 가운데서 한 줄기로 흐르는 것처럼 성난 마음을
　　　　　　　　　　　　　　　풀리로다.

그 후로 닭들이 싸움을 그쳤는지는 알 수 없으나, 인간세상사가 다 그럴 것이라고 여겨졌다. 내 것 네 것하며 싸우는 것이 다 부질없는 짓이니, 저 만고불변의 자연에서 살아가는 이치를 배우고 깨우쳐야 함을 암시하는 것만은 분명한 듯했다. 그런데 시비 뒤편에 화강암을 깎아내고 그 자리에 오석烏石을 박아 넣어 김삿갓의 또 다른 시 한 편을 새겼다. 제목이 여전칠엽(余錢七葉, 내 돈 칠 푼)으로 되어 있다. 다른 김삿갓 시집에는 간음야점(艱飮野店, 들녘 주막에서 괴로워하며 마시다)으로 된 제목이 어쩐 일인지 바뀌어 있다. 떠돌이 나그네에게 돈 칠 푼은 적은 돈이 아닐 것이고, 유사시를 대비해서 웬만해서는 쓰지 말아야 할 돈일 것이다. 그렇다면 전자의 제목이 더 운치 있는 제목일까? 아니면 돈을 아껴야 하는데, 술은 마시고 싶고. 그러니 유혹을 못 이기고 마시는 술이 마음 편한 술이 아니라는 제목이 더 어울릴까? 하여튼 도저히 외면할 수 없는 술이니 마셔야 한다. 그러니 마시

는 술이 속편하게 목에 넘어갈 리 없으니 괴로울 수밖에 없다는 진솔한 이야기다.
그렇다면 후자의 제목이 더 직설적인 것이어서 더 좋을까? 내용인즉 이렇다.

千里行裝付一柯(천리행장부일가) 천리 길 행장을 지팡이 하나에 맡겼으니
餘錢七葉尙云多(여전칠엽상운다) 남은 돈 칠 푼은 오히려 많다 하겠네.
囊中戒爾深深在(낭중계이심심재) 너만은 주머니 속에 꼭꼭 숨어 있으라 경계했건만
野店斜陽見酒何(야점사양견주하) 석양 길 들녘 주막에서 술을 보았으니 어찌 하란
                              말인가?

하루 종일 걷다가 해가 저물자 주막에 들렀다. 몸도 다리도 피곤하고 허기도
지고 목도 컬컬하던 참에, 눈앞에 보이는 한 잔 술의 유혹을 애써 외면하려 해도
이길 수 없으렸다. 애라! 모르겠다. 내일 삼수갑산을 갈지언정 마시고 볼 일이다.
언제 그가 그깟 돈 칠 푼 때문에 죽고살고 했던가?

강진 금곡사의 〈쟁계암〉 시비 뒤에 새겨진 김삿갓의 또 다른 시 〈내 돈 칠 푼/余錢七葉〉 제목이 바뀌어 있으
나, 한 잔 술의 유혹을 참지 못하는 절실한 마음이 과장 없이 표현되어 있다.

시비 〈쟁계암〉과 〈여전칠엽(내 돈 칠 푼)〉 시비를 읽고 금곡사를 나오는데 마음에 무언가 석연치 않은 생각이 있다. 뭇짐승들 중에서 먹이를 보면 다투지 않고 오히려 불러 모아 함께 먹는 유일한 짐승이 닭이라고 알고 있는데, 금곡사 닭이 물을 가지고 다투었다니 쉽사리 이해가 가지 않았다. 개 같은 짐승들도 어미가 먹고 새끼들에게 젖을 물릴지언정 어미개가 먹고 있는 밥그릇에 새끼가 주둥이를 가져다대고 먹으려 하면 물어버릴 듯이 으르렁거린다. 그러나 닭만은 남새밭이라도 발로 헤집다가 먹잇감을 보면 꼬꼬댁거리며 다른 암탉들과 병아리들을 불러 모아 같이 먹는 것이 습성이다. 그리고 오직 수탉만은 자기 울안의 암탉과 병아리들이 먹이를 쪼고 있으면 지붕이나 담장 위에 올라가 이웃집 닭이 넘어오지 못하도록 지키고 있다. 그래서 닭을 가리켜 주공(朱公 ; 닭의 별칭)이 화化한 짐승이니 모이를 주면서 닭을 부를 때도 '주주(朱朱 ; 닭을 부르는 소리)'라고 한다고 하였지 않았던가. 또한 닭을 지칭하여 먹이를 서로 나누니 곧 인仁이요, 날카로운 부리와 발톱을 가졌으니 용勇이니 곧 의義요, 닭 벼슬을 가졌으니 관冠이니 예禮요, 정오와 새벽의 시각을 알아 울어주니 지智와 신信이라 해서 곧 오상五常을 가진 짐승이라고 했는데. 물을 가지고 싸운 것은 아니고 아마도 지역과 경계를 가지고 이웃 간에 두 집 수탉이 서로 다툰 것이리라.

다시 길을 나서 장흥군 유치면 가지산迦智山 보림사寶林寺로 향했다. 그곳에는 김삿갓이 지은 〈과보림사(過寶林寺)〉 시비가 있다. 이번 전라남도의 김삿갓 행로 추적에서 볼 수 있는 마지막 시비다. 여름 빗속의 보림사는 찾는 신도도 탐방객도 드물어 고즈넉했다. 한적한 경내를 둘러보면서 김삿갓 시비를 찾았으나 보이지 않았다. 한참을 생각해보니 고승의 부도浮屠도 아닌데 절 경내에 있을 수 없는 터였다. 일주문 밖으로 나와 왼편에 있는 부도탑군으로 향했다. 20여 개의 부도탑군에서 찾노라니 의외로 맨 아래 앞쪽 큰 나무 밑 무성하게 자란 풀숲에 묻힌 김삿갓의 시비를 찾을 수 있었다. 시비에 원문은 없고 한글 번역시만 새겨있다.

전남 장흥 보림사 입구 부도탑군 아래 있는 김삿갓 시비 '그물에 걸리지 않는 바람처럼' 유유자적하는 자신의 모습을 수도승과 다를 게 없다고 쓰고 있다. 행복에도 우선순위가 있으니 누릴 수 없는 행복은 포기하고 누릴 수 있는 행복을 선택하여 누리면 된다는 김삿갓의 행복론이 단단하게 새겨져 있다.

한문시를 병기하면 다음과 같다.

過寶林寺(과보림사) 보림사를 지나며

窮達在天豈易求(궁달재천기이구)　곤궁과 영달은 하늘에 달렸으니 어찌 쉽게 구하리?
從吾所好任悠悠(종오소호임유유)　나는 내가 좋아하는 바를 따라 유유하게 살겠노라.
家鄕北望雲千里(가향북망운천리)　고향 하늘 바라보니 구름길은 천 리요
身勢南遊海一漚(신세남유해일구)　남녘을 떠도는 내 신세는 허망한 물거품이라.
掃去愁城盃作箒(소거수성배작추)　술잔을 비삼아 쌓인 시름 쓸어버리고
釣來詩句月爲鉤(조래시구월위구)　조각달을 낚시삼아 시구를 낚네.
寶林看盡龍泉又(보림간진용천우)　보림사와 용천사를 두루 보노라니
物外閑跡共比丘(물외한적공비구)　속세 떠난 한가함이 비구와 한가지네.

　곤궁을 싫어하고 영달을 좋아함은 인지상정이다. 그러나 그것들은 내 마음대로 되지 않는 분수 밖의 것이고, 내 팔자소관으로는 구할 수 없는 것임을 알았다. 그렇

다면 그 다음에 내가 누릴 수 있는 즐거움과 행복은 무엇일까? 내가 좋아하는 것을 하면서 느긋하게 살아가는 것이리라. 이렇게 1, 2구에서 자신의 운명적인 행복론을 제시한다. 3, 4구에서 가슴에 젖어드는 고향 생각, 집에 두고 훌훌히 떠나온 부모님과 처자식 생각은 어찌 할 수 없고, 그런 중에 정처 없이 떠도는 자신의 신세 또한 덧없음과 생멸生滅의 무상감을 부서지는 물거품처럼 처절하게 느낀다. 후반부에서 지금 누릴 수 있는 행복은 무엇인가를 제시하고 있다. 전반부의 객수客愁와 무상감을 빗자루로 쓸 듯이 없애 주는 것은 술이다. 그래서 술의 별칭을 망우물(忘憂物 ; 근심을 잊게 하는 물건)이라 했던가? 그리고 무엇인가에 몰두하는 것, 곧 시를 짓는 일이다. 타관객지에서 바라보는 조각달을 낚싯바늘에, 낚싯바늘로 고기를 낚듯 시심詩心에서 시를 낚아 올린다. 예로부터 시와 술과 벗은 한사寒士들의 파한지자(破閑之資 ; 한가한 시간을 보내는데 도와주는 것)인데, 떠도는 몸이라 벗은 있을 수 없을 터. 그것만으로도 속세와 결별한 자신의 모습에서 스님을 떠올리면서, 술은 풍류요 작시作詩는 수행修行의 도道라 할지니, 스님과 별반 다를 게 없다고 한다. 30여 년 가까운 유랑생활에 흐르는 세월과 함께 아픈 추억으로 아로새겨진 마음의 앙금이 거의 가라앉은 김삿갓의 사유세계를 볼 수 있는 시라 하겠다. 보림사를 떠나면서 한가롭고 고즈넉한 보림사의 정경情景 속에 죽장에 삿갓 쓰고 행선지도 없는 길을 휘적휘적 나섰을 김삿갓을 떠올려봤다. 배 불리 먹고 승방僧房 잠자리는 편안했는지? 물론 수행도량이니 술은 얻어먹지 못했을 터.

김삿갓과의 만남을 쓴 어느 죽림은사의 시 한 수

　최근 선현의 시편을 살피던 중, 김삿갓을 자기 집에 재워주면서 밤을 새워 김삿갓과 애기를 나누고, 그 소감을 쓴 시 한 수를 발견했다. 김삿갓이 장흥 보림사를 출발해서 화순 동복으로 가는 행로 중간에 있는 어느 은둔처사隱遁處士의 집에서 하룻저녁 유숙할 때 만난 것으로 보이는 바, 만남의 시기와 장소, 그리고 내용에서 신빙성이 있어 살펴보고자 한다. 그 주인공의 집은 보림사에서 직선거리로 15km 정도로 하루 걸음으로 도달할 수 있는 곳이다. 김삿갓과 같은 시기에 전라남도 화순군 도곡면 죽청리竹靑里에 살던 서죽 양상항(瑞竹梁相恒, 1827~1891)으로, 평생 경서經書를 손에 놓지 않았으나 벼슬에 뜻이 없어 과시科試를 보지 않았고, 시와 술과 벗을 좋아한 죽림竹林의 풍류은사다. 그의 시문집『서죽시집(瑞竹詩集)』중 〈나그네가 있어 관서關西 지방의 경치를 한껏 말하다(有客盛說關西景)〉라는 시가 있는데, 먼저 그 시를 소개하면 다음과 같다.

竹下梅窓晩挹芬(죽하매창만읍분)　대숲 매화 핀 창가에는 철늦은 향기가 떠오르는데
洞天近午正陽曛(동천근오정양훈)　오정 가깝던 고을에는 어느새 석양이 비추네.
優遊宕橐粧奚錦(우유탕탁장해금)　한가롭게 노닐며 쓴 시주머니를 둘러멨는데
高手文枰運郢斤(고수문평운영근)　고수다운 시평(詩評)은 영(郢)의 장인이 도끼를 쓰는 것 같았네.
滄海觀來琴在水(창해관래금재수)　푸른 바다를 볼 때면 거문고는 물에 있었을 것이요
名山踏去屐飛雲(명산답거극비운)　명산을 걸을 때면 나막신은 구름 속을 날았으리.
行人剩說關西景(행인잉설관서경)　관서 경치에 대한 많은 이야기를 행인에게 듣노라니
坐我大同千里濆(좌아대동천리분)　앉아 있는 나도 천리의 강기슭에 앉아 있는 듯하네.

이 시의 작가 서죽당 양상항瑞竹堂梁相恒은 김삿갓보다 스무 살 아래다. 그러나 집을 찾아온 나그네를 반갑게 맞아 사랑채에서 하루 저녁 유숙객과 세상사 이야기를 나누고, 특히 시에 대한 심도 깊은 토론과 좋은 말솜씨로 실감나게 들려주는 팔도 유람 경험담에 귀 기울인 것으로 보인다. 1, 2구에서는 나그네(김삿갓)가 찾아오는 계절과 시간을 쓰고 있다. 계절은 매화가 필 때이니 2월 말 정도이고, 하루의 시간은 석양이 질 때이다. 길 가는 나그네는 해가 지면 마을로 찾아들어 동구 밖에서 하룻밤 유숙할 집을 물색하는 것이 당연한 것이다. 초가삼간 작은 집보다는 사랑채가 있는 큰집이어야 잠자리를 청하기에 덜 미안할 것이고, 한두 끼 식사라도 마음 편하게 얻어먹을 수 있다.

3구에서는 해가 뉘엿뉘엿 지는 가운데 탕낭(宕囊 ; 시를 쓴 주머니)을 둘러메고 대문 넘어 사랑채로 들어서는 김삿갓의 모습을 그리고 있다. 이어 4구에서는 저녁 식사를 마치고 호롱불을 사이에 두고 주인과 나그네가 이야기를 나누는 모습이 그려진다. 해박한 시에 대한 지식과 함께 특히 시평詩評을 할 때는 식견이 높아 고수高手처럼 매우 능수능란했다고 한다. 5, 6구에서는 관서지방을 비롯한 조선팔도를 유람한 풍경과 경험담을 어찌나 실감나게 이야기하는지, 바다를 본 흥취와 명산을 오르는 모습을 거문고와 나막신을 들어 상상하면서 듣는다. 7, 8구에서는 그런 말솜씨에 감탄하고 공감하면서, 듣고 있는 자신이 마치 함께 탐승한 느낌을 받았다고 한다.

호남지방이나 지역 인근 사람으로서는 가기 어려운 관서지방을 유람했다는 것과 유람하면서 쓴 시를 주머니에 넣어 둘러멨다는 것, 그리고 시에 대한 평판을 높은 식견으로 능수능란하게 했다는 것, 특히 말솜씨가 보통이 아니었다는 점 등네 가지를 강조해서 쓰고 있는 것을 보면, 예사로운 나그네나 탐승가가 아닌 것으로 여겨져 김삿갓이 아닌가 하고 추정해본다. 김삿갓이 전국을 돌아다니며 많은

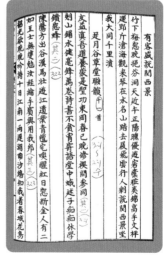

김삿갓이 보림사에서 동복으로 가는 길에 하룻밤 유숙했을 것으로 여겨지는 화순군 도곡면 죽청리의 서죽당 양상항의 가옥(1960년대 모습) 중앙의 기와집으로 안채와 사랑채로 되어 있다. / 김삿갓과의 만남을 쓴 것으로 여겨지는 양상항의 시문집 『서죽시집』 중 〈유객성설관서경(遊客盛說關西景)〉 부분 김삿갓과의 만남을 쓴 보기 드문 시로 여겨진다.

일화와 시를 남기고 있으나, 정작 김삿갓을 만나본 사람이 김삿갓에 대해서 시로 쓴 것이라는 점에서는 희귀한 시라고 여겨져 추정을 전제해 소개한 것이다.

탐승객(探勝客)의 로망, 적벽(赤壁)으로 물염정(勿染亭)으로

화순군 이서면의 천하제일경이라고 자랑하는 적벽을 하루에 본다는 것은 일정이 빠듯해서 자칫 주마간산走馬看山격이 될 수 있다. 왜냐하면 적벽은 한 곳을 지칭하는 말처럼 보이지만, 실제는 동복천 상류부터 보산적벽寶山赤壁, 장항적벽(獐項赤壁, 노루목), 물염적벽勿染赤壁, 창랑적벽滄浪赤壁 등으로 구성되어 있기 때문이다. 이 중 보산적벽과 장항적벽 두 곳은 광주시민 상수원 확보를 위해 댐을 막아 동복수원지(동복호)가 되고 상수원 보호구역으로 지정되면서 일반인 출입을 제한하고 있다. 장항적벽은 일명 노루목적벽이라고 하는데, 왠지 낯설지가 않았다. 곰곰이 생각해보니 김삿갓이 자랐고 무덤이 있는 강원도 영월의 어둔천 입구 노루목과 이름이 같았다. 우연의 일치인가? 그래서 김삿갓이 이곳을 더욱 좋아했을까? 잠시 궁금증을 느꼈다. 이 두 곳을 보기 위해서는 화순군에서 운행하는 버스투어를 통한 단체 관람만 가능하다. 현재는 매주 수요일과 토요일 이틀만 버스투어를 하고 있다. 먼저 인터넷으로 신청하고 지정된 장소(화순읍 하니움문화센터)로 가서 버스에 탑승해야 한다. 1일 2회 운행하고 있으며, 시간은 왕복 3시간 정도 소요된다.

이곳을 최초로 적벽이라 이름붙인 사람은 기묘사화(己卯士禍, 1519년) 때 이곳에 귀양 온 신재 최산두(新齋崔山斗, 1483~1536년) 선생이다. 그는 이곳의 절경을 보고 중국의 적벽에 버금간다 하여 적벽이라 이름 지었다고 한다. 그가 귀양살이를 한 곳은 적벽에서 2km 정도 떨어진 연월리蓮月里이다. 그는 이곳에서 14년간 귀양살이를 한다. 그리고 귀양에서 풀리고도(1533년) 고향에 돌아가지 않고 3년여를 더 살다가 생을 마친다(1536년). 왜 그는 귀양에서 풀려났으면서도 고향으로 돌아가지 않았을까? 무엇이 그로 하여금 이곳을 종명지로 택하게 했을까? 이 의문은 300년도 더 지난 후 김삿갓이 왜 이곳을 종명지로 택했을까 하는 의문과 같은 것이라 여겨졌다. 그리고 두 사람이 던진 의문이 한꺼번에 풀릴 수도 있으리라 여겼다.

나는 차를 몰아 최산두 선생을 모시는 연월리 도원서원道源書院으로 향했다. 동복면 면소재인 독상리에서 동복천과 작은 들을 건너고 골짜기를 향해 3~4백 미터쯤 올라가는 곳에 있다. 날이 어두워지고 길을 잘못 든 것이 아닌가 하여 밭일을 마치고 집으로 돌아가는 할머니께 도원서원 가는 길이 맞느냐고 물었는데, 할머니는 먼저 엉뚱한 말을 한다.

"오메! 젊은 사람 오랜만에 보것네!"

나는 깜짝 놀랐다. 아니 옛날 같으면 중늙은이 축에 낄 나를 보고 젊은 사람이라고 하니, 조금 당황스러웠다. 그러나 순간 농촌이 얼마나 고령화 되었는가를 실감할 수 있어 씁쓸한 생각이 들었다. 한여름이라 도원서원의 마당은 풀이 무

최초로 '적벽'이라 이름 붙인 신재 최산두 선생을 모신 도원서원 그는 귀양살이가 풀렸어도 고향에 돌아가지 않고 적벽 비경에 몸을 맡기고 존심양성하며 미암 유희춘과 하서 김인후 등 제자 양성에 골몰하였다.

룡까지 자라 폐가에 들어선 느낌이었다. 이곳에서 신재 선생은 한나절 거리에 있는 옹성산과 적벽을 왕래하며 암울한 귀양살이의 한을 달랬으리라. 그리고 무엇보다도 인근의 능주綾州는 최산두가 귀양지인 이곳에 도착(1520년 1월)하기 한 달여 전(1519년 12월)에 먼저 귀양 온 정암 조광조靜庵趙光祖 선생이 사약을 받고 숨을 거둔 곳으로 지적에 있다. 그는 적벽의 비경에 젖어들어 자연 속에 존심양성(存心養性, 타고난 본성을 키워나감)하는 가운데, 책 보따리를 들고 찾아와 배움을 청한 하서 김인후(河西金麟厚, 1510~1560)와 미암 유희춘(眉庵柳希春, 1513~1577) 등 후세의 대학자들을 제자로 맞아 학문을 강론하고 시를 짓고, 세상경륜의 도를 토론하는 가운데 세월을 잊을 수 있었던 것이다.

내 나라 반쪽 북한은 아직 보지는 못했지만, 과연 남한 제일 비경이라고 감탄할 수밖에 없는 화순 적벽! 네 곳의 적벽 중 보산적벽(앞쪽 정자 아래 부분)과 건너편 장항(노루목)적벽 노루목적벽 뒤로 맨 위에 보이는 산이 옹성산 정상이고, 보산적벽 위에는 수원지 형성으로 수몰된 17개 마을 주민들을 위해 지은 망향정과 망향비 그리고 망배단이 있다. 사진은 필자가 찍은 안개 긴 사진 대신 화순군청에서 흔쾌히 보내준 홍보사진으로 대체했다. 화순군청 관계자 분께 감사드린다.

다음날 인터넷으로 신청한 적벽 버스투어를 하려고 화순읍 '하니움문화센터'로 갔다. 비가 올 것처럼 날씨가 좋지 않아 내심 걱정이 되었다. 만약 비가 내리면 미리 받은 요금은 환불해준다고 안내방송이 나왔다. 그러나 버스는 다행히 출발했고 화순읍내를 지나 만연사萬淵寺 골짜기로 접어들더니 정약용 유적지를 지났다. 수만 리水萬里 큰 재를 넘고 다리 건너 구불구불한 비포장 길로 깊은 산골짜기를 오르내리며 달렸다. 30~40분 달린 끝에 도착한 곳은 보산적벽과 노루목 적벽이 동시에 건너다보이는 길옆 산등성 전망대에 탐방객들을 내려주었다. 그러나 내심 걱정이 앞섰다. 사진 촬영 실력도 시원치 않을뿐더러 물안개마저 피어올라 시야가 좋지 않았기 때문이다. 그러나 카메라를 들이대지 않을 수도 없는 터. 몇 차례 촬영했으나 마음에 드는 사진은 끝내 실패했다.

저 천심절벽千尋絶壁이 수원지 때문에 반나마 수몰되었다고 한다. 만약 수몰되지 않았다면 얼마나 높았을까? 저 골짜기는 또 얼마나 깊었을까? 봉우리가 높으면 골이 깊다고 했는데. 버티고 서있는 바위산의 견고함과 오만함이 형체를 고집하지 않고 흐르는 물의 무아無我의 원만함과 만나고, 부동不動의 만고불변 암벽과 일순간도 멈추지 않고 흐르는 무상無常한 물이 역설逆說의 조화로 이루어내는 경지, 저 비경이 의미하는 오묘한 자연의 진리를 제대로 감상할 수 있을까? 그럴 겨를도 없이, 다음 행선지를 향해 버스에 오르기를 재촉하는 안내자가 원망스럽기까지 하다.

다음 장소는 보산적벽 위에 있는 망향정望鄕亭이다. 수몰지역 주민을 위해 지은 정자로 절벽 위라지만 꽤 널찍하고 평평한 곳에 단아하게 서 있다. 명절 때면 17개 수몰마을 주민들이 모여 합동 제사를 올리는 망배단과 각 마을 유래비由來碑가 빙 둘러 세워져 있다. 고향은 보편적 정신의 안식처라 했던가. 도회지에서 살다가 지친 몸과 마음으로 고향집을 찾으면, 언제나 어머니의 저녁밥 짓는 연기가 피어오르던 고향집을 잃었단다. 그 어머니가 밥 지으며 피어올린 연기가 지금 물안개로 뽀얗게 오르고 있는 것일까? 얼마쯤 시간이 흐르자 물안개가 걷히고

보산적벽 위 17개 수몰마을 주민을 위해 지은 망향정　뒤로 망향탑과 수몰마을 이름을 새긴 마을 유래비가 둘러있다.

계곡의 푸른 물과 건너편 붉은빛의 노루목적벽이 시야에 뚜렷하게 나타나기 시작했다. 물에 잠겨버린 수많은 전설과 역사와 민초들의 신화를 아는지 모르는지 탐방객들은 연신 감탄을 자아내며 카메라 셔터를 눌러대고 있다.

망향정 아래쪽 비탈길을 내려가면 또 다른 정자 망미정望美亭이 있다고 한다. 내리막길 입구에 표석이 세워져 있는데 관광객의 출입을 금지시키고 있다. 임진왜란 때 의병장으로 금산전투에서 순국한 가연 정유성嘉淵丁有成의 아들이자 병자호란 때 의병활동을 한 적송 정지준(赤松丁之雋, 1592~1663)이 1646년에 세운 정자로, 김대중 대통령이 현판 글씨를 썼다고 하는데, 길이 내리막으로 험해서인지 볼 수 없어 안타까웠다. 망향정을 출발한 버스는 이서면 면소재지인 야사리에서 잠시 멈추어 800년 된 야사리 은행나무와 느티나무를 보며 잠시 휴식을 취한 다음 처음 출발지인 화순읍 하니움문화센터로 향했다.

다음날 일찍 물염적벽 물염정으로 향했다. 외국의 경우는 잘 모르겠지만, 우리나라는 풍경사진 찍기에는 참으로 좋다. 명승지에 가서 굳이 전망 좋은 곳, 소위 뷰포인트나 포토존을 찾아 헤맬 필요가 없기 때문이다. 수백 년에 걸쳐 탐승을 좋아하는 선조들이 이미 전망 좋은 곳을 골라 정자나 누각을 세워놓았다. 우리는 그냥 그곳에 올라 아름다운 풍광을 즐기기만 하면 된다. 물염정의 경우도 그렇다. 이번에는 단체 관람이 아닌 혼자만의 일정이므로 차분하게 많은 것을 보고 느끼고 싶었다. 무엇보다도 물염정 아래에 있는 김삿갓 시비와 석상을 보지 않고서는 김삿갓을 만나고 그의 시세계와 사유세계思惟世界를 느낄 수 없기 때문이다. 이번 김삿갓 여정이 끝나가고 있다는 점을 생각하면 조금 초조한 생각도 들었다. 무엇이 얼마나 좋아서 14년 귀양살이한 최산두 선생은, 30여 년 방랑과 유랑의 길을 걷던 김삿갓은 이곳에서 붙잡혔을까?

전라남도 모든 군들 가운데 화순군에는 가장 많은 누정樓亭이 있다고 하는데, 그 수가 무려 80개라고 한다. 그리고 '광주전남 8대 정자선정위원회'에서 2004년 전라남도의 수백 개의 누정 가운데 풍광과 누정이 잘 어울리는 8대 누정을 일차

전라남도 8대 정자 중 첫 번째로 뽑힌 물염정 정면 3칸, 측면 3칸에 팔작지붕 형태다. 외곽에는 모두 12개의 둥근 기둥을 세웠는데, 다른 정자에서는 볼 수 없는 안 기둥 4개가 더 있고 모양은 사각기둥이다. 게다가 정면 디딤돌 오른쪽 기둥은 울퉁불퉁 전혀 다듬지 않은 통목이다. 둥근기둥과 사각기둥, 그리고 통목기둥은 무엇을 뜻하는 것일까?

로 선정하고, 다시 그 중에서 최고를 뽑았는데, 담양의 식영정息影亭, 완도의 세연정洗然亭, 곡성의 함허정涵虛亭 등을 제치고 물염정이 만장일치로 1위에 선정되었다고 한다. 동복읍으로 향하다가 안내간판을 따라 왼편으로 접어들었다가 동복호를 옆구리에 끼고 구불구불 산길을 돌아들어가니, 잠시 담양군 남면 땅으로 들어서다가 다시 화순군 이서면 팻말이 보인다. 좀 더 길을 따라 들어가니 비로소 물염정 안내판이 보인다. 입구는 평지처럼 그리 높지 않게 보였으나 울창한 대숲을 지나니 한창 만개한 배롱나무 짙붉은 꽃 위로 둥두렷하게 물염정이 서 있다. 규모는 생각보다 작았다. 전라남도 최고의 정자치고는 높이도 크기도, 네 귀퉁이 처마 날개도 날렵하지 않아 위엄이 있다거나 아름답게 꾸미려는 흔적이 전혀 없는 수수하고 단아한 모양새다.

　김삿갓 시비보다는 먼저 물염정에 올라 비경을 감상하기로 했다. 개화기(7~9월)가 여름철이라 세 번 꽃이 피었다 지면 추수秋收철이 되고 쌀밥을 먹을 수 있다 하여 일명 쌀밥나무라고도 부르는 짙붉은 배롱나무 꽃이 만개하여, 물염정을 두르고 있는 검푸른 노송들과 좋은 대조를 이루고 있다. 자고로 명당은 고위불위(高位不危 ; 높은 지대에 있으나 위태롭지 않음)라 했던가? 올라오는 길은 별로 오르막이 아니어서 높다고 여기지 않았는데, 몇 걸음 옮겨 계곡 쪽으로 가니 건너편 적벽과 천 길 낭떠러지로 간격을 이루고 그 아래로 천 길 깊이 물이 흐른다. 물염정은 정면 3칸, 측면 3칸에 팔작지붕 형태다. 외곽에는 모두 12개의 둥근 기둥을 세웠는데, 다른 정자에서는 볼 수 없는 안 기둥 4개가 더 있고 모양은 사각기둥이다. 게다가 정면 디딤돌 오른쪽 기둥은 울퉁불퉁 전혀 다듬지 않은 통목이다. 둥근기둥과 사각기둥 그리고 통목기둥은 무엇을 뜻하는 것일까?

　『회남자(淮南子)』 제3편 〈천문훈(天文訓)〉에 '천원지방 도재중앙(天圓地方道在中央 ; 하늘은 둥글고 땅은 모나며, 도는 중앙에 있다)'고 했으니 우주생성의 원리를 상징하여 세운 기둥인가? 둥근 기둥은 하늘의 도이고 네모난 사각 기둥은 땅의 도인가? 그렇다면 통목 기둥은 인간의 도일 터. 통목 기둥은 개축改築하면서 다듬지 않은 배롱나무를 사용했다는 기록도 있다. 배롱나무가 저 정도 굵기로 자랐다면 아마도 수백 년 묵은 나무임이 분명하다. 통목기둥을 보면서 조화와 균형 속의 눈에 거슬리지 않은 파격破格, 산만하지 않은 일탈逸脫의 미학美學으로 자유자재한 목수의 장인정신에 감탄하면서, 충남 서산 개심사開心寺의 범종루梵鍾樓 기둥을 떠올렸다. 비뚤어지고 외틀어진 통목을 다듬지 않고 다시 비스듬하게 세워 수십 톤 범종의 무게를 수백 년 간 견디게 만든 것이 개심사 종루다. 비뚤어진 나무는 재목으로 쓸 수 없다는 통념을 깨끗이 없애준 선인들의 지혜에, 설사 비뚤어진 사람도 어떻게 쓰느냐에 따라 쓸모 있는 사람이 될 수 있다는 일깨움에 머리를 숙인 적인 있다.

'물염(勿染)'! 세속에 물들지 말라는 뜻이다. 천 길 절벽과 절벽 그리고 그 사이에 새의 깃털도 가라앉는다는 약수弱水 같은 물이 흐르고, 입구는 사철 푸른 대나무와 노송老松으로 둘러치고 밖으로는 다시 천 길 높이의 옹성산甕城山이 지켜

물염정 현판 우직하고 힘 있는 필력은 세속에 물들지 않겠다는 의지를 보여주는 듯하다. 뒤로는 내로라하는 시인묵객들이 물염정 비경을 본 감회를 쓴 28개의 시판(詩板)들이 천장 가득히 걸려있다.

주니, 이런 곳이라면 과연 물염도 가능하리라 여겨졌다. 사실 물염은 물염정을 처음 지은 송정순(宋庭筍, 1521~1584)의 호이다. 이 정자는 16세기 중엽에 지은 것으로 알려져 있는데, 외손인 창주 나무송(滄州羅茂松, 1577~1644)과 나무춘 (羅茂春, 1580~1619)에게 양도하였다고 한다. 그래서 지금도 물염정은 나씨羅氏 집안 소유로 되어 있다. 게액揭額한 물염정 현판의 우직하고 힘 있는 글씨의 필세 筆勢도 여기에 한 몫 거두는 듯하다.

나말여초 고운 최치원孤雲崔致遠 선생의 시구가 생각났다. 그의 〈제가야산독서 당(題伽耶山讀書堂)〉 3, 4구 중,

常恐是非聲到耳(상공시비성도이) 옳고 그름 다투는 소리 귀에 들릴까 두려워하여
故敎流水盡籠山(고교류수진롱산) 짐짓 흐르는 물로 산을 둘러싸게 하였다네.

고운 선생은 세속과 섞이지 않으려 깊은 절세絶世의 산속까지 숨어들고, 흐르는 물소리로 세속의 다투는 소리를 막았다. 그러나 처염상정處染常淨이라 했던가? 세속에 묻혀 살더라도 늘 몸과 마음을 깨끗하게 지켜낼 수 있다면, 그곳이 곧 물염정 勿染亭이 아닌가? 우리가 세속과 절연絶緣하고 살 수는 없더라도, 잠시 세속을 잊는 것만으로도 힐링이라 여겨도 좋으리. 물염정과 주위 적벽에 심취하여 이것저것 생각하다가 시간 가는 줄 몰라서 천정에 걸린 30여 개의 시판들을 읽는 것도 잊었다. 세상에 천 명의 사람들이 있다면 천 개의 눈이 있고, 천 개의 눈에 비친 세상사 모습도 제각기 다른 것처럼, 이곳에 들른 지금은 모두 저세상 사람이 된 내로라하는 시인묵객들이 바라본 비경은 어떠했을까? 모두 다 다르리라. 굳이 내가 본 모습만이 옳고 정확하다고 주장하며 살아가는 인간 군상들이 위태롭고 외로워 보인다.

정자에서 왼편으로 난 길을 따라 몇 걸음 내려가니 중앙에 김삿갓 문학기념비가 있고, 병풍처럼 둘러 시비를 세웠다. 그리고 오른쪽에는 김삿갓 화강암석상이 서 있다. 무슨 시를 골라 시비로 세웠을까 궁금해서 읽어보다가 김삿갓 동상

앞에 선 나는 어안이 벙벙해서 꼼짝하지 못했다. 무언가에 머리를 얻어맞은 기분이었다. 아니! 이럴 수가. 김삿갓 석상 앞에 누군가가 가져다놓은 막걸리 한 병이 있었다. 아하! 마음속으로 안타까운 탄식을〈강도몽유록〉을 금할 수 없었다. 나는 지금 이곳에 무엇하러 왔는가? 이러고서도 김삿갓을 만나겠다고 양주 회암리로, 경복궁 향원정으로, 강원도 영월로, 강진 금곡사로, 장흥 보림사로, 도곡 죽청리로, 동복 구암리로 다녔던가? 김삿갓에게 막걸리 한 잔 올릴 줄 모르는 멋 없고 맛없는 무미건조한, 그러면서도 김삿갓의 아픔과 풍류와 웃음을 가슴으로 느껴보겠다고 생각한 자신이 부끄러웠다. 나는 차로 돌아와 한참 동안 생각에 잠겼다가 차를 돌려 인근 야사리 마을 가게로 가서 '백아산막걸리' 한 병과 종이컵을 사들고 다시 돌아가 김삿갓 석상 앞에 막걸리를 따라 올렸다.

물염정의 다양한 기둥 모양에 이어 김삿갓이 직접 물염정을 읊은 시가 한 편도 없다는 점은 의아하게 여겨진다. 잃어버린 것일까? 병풍처럼 두른 시비에는 다섯 편의 김삿갓 시를 새겨 놓았는데, 전면에는 한시를 후면에는 한글 번역을 새겼다. 제1

물염정에 있는 김삿갓 시비와 석상 뒤로 물염정이 보이고 석상 앞에는 누군가가 놓고 간 막걸리 한 병이 놓여 있다. 예사로운 관광객이 아닌 탐승의 멋과 맛을 즐길 줄 아는 풍류객임이 분명했다.

폭에는 〈죽 한 그릇(粥一器)〉, 제2폭에는 동복에서 쓴 〈약경심홍소(藥徑深紅蘇)〉, 제3폭에는 동복 협선루에서 지은 〈군루승효상(郡樓乘曉上)〉, 제4폭에는 파격시인 〈천장에 거무집(天長去無執)〉, 제5폭에는 〈난고평생시(蘭皐平生詩)〉 등이다. 이 중에서 제1폭의 〈죽 한 그릇을〉을 살펴본다. 무제無題의 시이나 후인들이 편의상 1구의 끝마디 '죽 한 그릇(粥一器, 죽일기)'으로 편의상 제목으로 삼기도 하는 시다.

四脚松盤粥一器(사각송반죽일기) 네다리 소나무 소반에 죽 한 그릇을 주는데
天光雲影共徘徊(천광운영공배회) 하늘빛과 구름 그림자가 어리비치는구나.
主人莫道無顔色(주인막도무안색) 주인이시여! (멀건 죽이라고) 면목 없다고 말하지마소
吾愛靑山倒水來(오애청산도수래) 나는 청산이 거꾸로 비쳐오는 것을 좋아한다오.

아름다운 적벽 풍경 '거울 같은 호수'라고 하면 너무 평범할 터. 소동파(蘇東坡)의 〈적벽부 (赤壁賦)〉에서 노래한 중국 적벽과 쌍벽을 이룬다고 적벽이라 했다. 호수에 비친 김삿갓이 얻어먹은 멀건 죽 그릇에도 이런 산하(山河)가 비쳤을 것이니, 죽일지언정 배가 부르지 않을 수 없었을 것이다. 좋은 사진을 보내주신 화순군청에 감사드린다.

해는 져서 어두워오는데, 근처에 밥 얻어먹기 쉬운 서당이나 절간, 아니면 인색하지 않아 보이는 기와집이라도 있으면 좋으련만, 산등성이 한두 개 넘어 찾아가기에는 저녁 끼니 시간이 너무 늦을 것 같았으리라. 그래서 산자락 밑 외따로 떨어진 허름한 집을 찾아들었더니, 주인장의 손을 맞이하는 태도는 따뜻하고 공손한데, 내오는 밥상이 멀건 죽 한 그릇이니, 영 아니올시다. 주인장도 반찬은커녕 밥마저 쌀밥이 아닌 죽이라서 미안해하며 어쩔 줄 몰라 한다. 형편이 오죽 가난하면 건더기도 없이 희멀건 해서 백비탕(白沸湯 ; 맹탕으로 끓인 물)이나 다름없는 죽을 내왔으리요? 그러나 얻어먹는 주제에 밥타령, 반찬타령이 어디 가당키나 한가? 마음속으로 이 시를 생각하며 먹었으리라. 밥에 대해 쓴 시다.

김삿갓의 밥에 대한 시 중 소위 '걸식乞食 타령'의 백미白眉로 꼽히는 다음의 《이십수하(二十樹下, 시무나무 아래서)》와 좋은 대조를 보인다. 두 수를 비교해 본다. 이 시 역시 제목이 없는 시여서 1구의 첫 마디를 편의상 제목으로 삼는 시다.

二十樹下三十客(이십수하삼십객) 시무나무 아래 서러운 나그네가
四十家中五十食(사십가중오십식) 망할 놈의 집에서 쉰밥을 얻어먹었네.
人間豈有七十事(인간기유칠십사) 인간세상에 어찌 이런 일이 있단 말인가?
不如歸家三十食(불여귀가삼십식) 차라리 집으로 돌아가 선 밥 먹는 것만 못하네.

김삿갓의 걸식乞食 시 중 절품絶品으로 사람들에게 가장 많이 알려지고 입에 오르내리는 시다. 내용은 직설적이고 단순하다. 앞 시에 비해 획연하게 다른 점은 표현에서 한자의 훈을 사용한 시상의 전개나 평측平仄 등 운율의 겉치레 형식을 과감하게 버리거나 부정한다. 그러면서도 압운押韻은 지키고 있다. 공통점은 두 시 모두 얻어먹은 밥에 대한 시다. 앞에 든 시 속의 밥은 가랑이가 찢어지게 가난한 집에서 얻어먹은 멀건 죽이고, 뒤에든 시의 밥은 배터지게 부유한 부잣집에서 얻어먹은 쉰밥이다. 그런데 얻어먹은 소감은 정반대다. 죽일지언정 정성스레 내주는 인정에 감

탄하는 것과 자기들도 먹을 수 없는 쉰밥을 내주는 못된 행태에 대한 쌩이질(한창 바쁠 때 쓸데없는 일로 귀찮게 구는 짓)이다. 빈자일등(貧者一燈 ; 가난한 사람이 바친 하나의 등燈이 부자가 바치는 수많은 등보다 공덕이 큼)이라 했던가. 아무리 걸식으로 연명하는 유랑 나그네지만 밥만 얻어먹고 배만 부르면 다겠는가? 배가 부르는 데는 따뜻한 인정도 있어야 하고, 비록 유랑걸식하는 신세지만 조금은 사람대접도 받고 싶은 것이 당연한 것인 것을. 부자들의 게트림이란.

뒤 시 〈이십수하〉에서는 한자의 음과 훈을 한글 위주 표현 안에 교묘하게 꿰맞추고 접목시킨 배짱과 표현법에 자못 경외감이 들 정도다. 이십(二十; 스무→시무), 삼십(三十; 서른→서럽다/설다), 사십(四十; 마흔→망한/망하다), 오십(五十; 쉰→쉬다), 칠십(七十; 일흔→이런)으로 이어지는 숫자 배열에 의한 점층의 기교도 기발하다.

경복궁 향원정 앞에 있는 시무나무 안내 표지에 '시무나무-옛말로 20을 뜻하며, 20리목이라고 불렀다. 옛날에는 이정표로서의 기능도 하였다. 느릅나무과'라고 설명하고 있다.

잠시 이 시 속의 '시무나무/이십수(二十樹)'를 찾기까지의 경과를 써본다. 이 나무는 주위에서 흔하게 보거나 들을 수 있는 나무가 아니어서 나에게는 오랫동안 낯설은 나무였다. 그러던 중 우연히 박상진 교수의 『궁궐의 우리나무』를 읽다가 그 속에 '나그네의 충실한 길라잡이-시무나무'에 대한 설명을 읽고 비로소 시무나무(국어사전에는 '스무나무'로 되어 있음)에 대해서 알게 되었다. 그리고 시무나무가 경복궁 향원정 앞에 있다는 것을 알고, 지난 8월 땡볕 아래 카메라를 들고 시무나무를 촬영하기 위해 경복궁으로 향했다. 그러나 마침 향원정이 수리 중이라 칸막이로 가려 있어 접근할 수 없었다. 난감해 하던 참에 다행히 경비원을 만나 사정을 이야기했더니 칸막이 한쪽을 열어 주고 친절하게 시무나무까지 찾아 주어 촬영할 수 있었다.

과연 이런 나무가 있기나 한 것일까? 시 표현을 위해 사투리 이름을 억지로 끌어다 쓴 것으로까지 오해하고 있었다. 그러나 시무나무를 알고 나니, 차라리 '이정표里程標'로 해석하면 내용 이해가 더 쉬우리라는 생각도 들었다. 그러나 숫자 배열에 의한 점층적 표현 효과를 감할 수 있기 때문에 아무래도 시무나무라고 읽는 것이 나을 성싶다. 옛날 이정표로 심었던 나무 중에는 5리마다 심었다는 오리나무도 있다. 그리고 10리, 20리 같이 먼 길을 나타내는 데에는 시무나무가 제 격이었고 이정표나 당산나무로 쓰였다고 한다. 그런데 이 시에서 육십六十이 빠지고 연속 숫자인 구십九十이 없고, 다시 삼십三十으로 돌아갔으니, 어설프나 패러디하여 내용을 다치지 않게 빠진 숫자를 채워 넣어본다.

二十樹下三十客(이십수하삼십객) 시무나무 아래 서러운 나그네가
四十家中五十食(사십가중오십식) 망할 놈의 집에서 쉰밥을 얻어먹었네.
六十人爲七十事(육십인위칠십사) 애송이 같은 사람들이 이런 일을 하였으니
八十不如九十欠(팔십불여구십흠) 차라리 여든대기보다는 아흠하고 하품이나 하리라.

※ 육십(六十, 예순→애송이. 애티가 있어 어려 보이는 사람), 팔십(八十, 여든→여든대기. 떼쓰다), 구십(九十, 아흔→아흠. 하품하는 소리) *흠欠(하품).

명품名品 위에 어설픈 붓을 들어 덧칠했으니 내일이나 모레쯤 동복 땅 허공중천에서 불귀不歸의 혼魂이 되어 떠돌고 있을 김삿갓을 만나면 혼쭐날 일이겄다. 물염정을 나서서 다시 동복면 면소재인 독상리로 향하며 김삿갓에 대해 많은 것을 생각하고 느끼려했던 자신이 머쓱해졌다. 내려오는 길에 적벽을 뒤로 감추고 앞에서 지키고 있는 옹성산甕城山 아래로 갔다. 날이 어두워져 정상까지 오르기에는 무리였다. 입구 주차장에서 잠시 올려다보는 수밖에 없었다. 기이한 산세 때문에 군인들의 유격훈련장으로 더 잘 알려진 산이다. 입구에는 유격훈련을 전담하는 군부대가 있다. 모양이 항아리를 엎어놓은 것 같다고 하여 붙여진 것처럼 함부로 오를 수 있는 산이 아니다.

장성의 입암산성笠岩山城과 담양의 금성산성金城山城과 더불어 전라남도 3대 산성에 드는 옹성산성은 그 중에서도 난공불락難攻不落 산성 중 으뜸이니 이런 곳에서 군인들이 유격훈련을 한다면, 안성맞춤이라는 말이 실감난다.

아래쪽에서 올려다 본 옹성산 쇠항아리 곧 철옹성(鐵甕城)이란 이 산에서 생겨난 듯, 함부로 범접할 수 없는 천인단애(千仞斷崖)와 기암절벽의 세 봉우리로 이루어져 적벽을 지키고 있다.

화순 적벽

김삿갓을 만나다

날은 저물어 길에 오가는 사람도 뜸한데 호롱불 내건 동복 읍내 주막으로 들어섰다. 아궁이에 불을 넣고 있던 주모가 인기척에 삐죽 머리를 내밀고 쳐다본다. 앞마당 평상과 술청은 텅 비었고, 저쪽 툇마루에 흰 적삼을 걸친 노인이 어둑어둑한 가운데 앉아서 주막에 들어서는 사람은 아랑곳하지 않고 건너편 산을 바라보며 앉아 있다.

"주모! 술 한 됫박 주소."

저 사람이 김삿갓인가 싶어 뒷모습을 보면서 앉아 있노라니 주모가 술상을 들고 나왔다. 막걸리 한 됫박에 열무김치 한 사발을 개다리소반에 들고 와 평상에 올려놓는다.

"주모! 여기 김삿갓이란 어른이 자주 들른다는데, 혹시 오늘 오시지 않았소?"

주모는 대답대신 턱으로 저쪽에 앉은 노인을 가리킨다. 아하! 역시 저 분이구나. 주모에게 술잔 하나를 더 내오라고 부탁하고 손수 술상을 들고 노인에게로 향했다.

"저어, 김삿갓 어른이시지요?"

"그렇소만, 뉘신지?"

"네! 저는 지나가는 길손입니다만, 삿갓 어른이 이곳에서 머물고 있다고 해서 한 번 만나 뵈려고 했는데, 잘 됐습니다요. 우선 막걸리 한 잔 드시겠습니까?"

김삿갓은 수염을 한 번 쓰다듬더니 손을 뻗어 술잔을 받아들었다. 술잔을 든 손이 약간 떨리는 것을 느낄 수 있었다.

"왜 저를 만나고 싶어 했지요?"

"평생 동안 조선팔도 유람하시던 분께서 어쩐 일로 이곳 동복에서는 그토록 오래 머무시는지 궁금했습니다. 그리고 시에 대한 이야기도 좀 듣고 싶기도 해서요."

복주 고을 동복(同福) 표석 '복주(福州)'라는 지명은 현감(縣監)이 다스렸으니 주(州)라고 불러야 마땅하다는 뜻이기도 하고, 전국 8부자(富者) 중에서 3부자가 이곳 동복오씨(同福吳氏)에서 나왔음을 의미하는 것이라고도 전한다.

"뭐, 그게 그리 중요합니까? 알고 싶은 것을 솔직히 말씀하세요. 행색을 보아하니 양반집 도령 같고, 아까 시 이야기를 듣고 싶어 하던데 혹시 과시체科詩體를 배우고 싶은 것 아니요?"

김삿갓은 이미 과시체를 잘 짓기로 나라 안에서 정평이 나 있어, 어디든지 향촌 서당에 가면 과거를 준비하는 자들이 구름처럼 몰려들어 배우기를 청하거나, 양반집 사랑채에 며칠씩 머물면서 양반 자제들에게 과시科詩를 가르쳤으니 하는 말이었다. 그리고 그는 이것으로 서당이나 반촌班村의 양반집을 들어서서 쌀밥 한 그릇 얻어먹으면서도 굽신거리지 않고 후한 대접을 받기도 했고, 또는 훈장들한테 쫓겨나기도 했으며, 나라 안에서 내로라하는 문사들이나 고관대작들과도 어깨를 나란히 하여 붓을 잡고 일필휘지한 적도 여러 번 있었다.

"아닙니다. 양반이면 어떻고 상놈이면 어떻습니까? 그리고 저는 과거科擧는 관심 없습니다. 볼 생각도 없구요. 아무튼 오늘 이렇게 삿갓 어른을 뵙고 나니 오늘 저녁은 심심찮게 보낼 것 같습니다."

"그래요? 조금 있으면 열사흘 달도 떠오를 게고. 목도 컬컬하던 참인데 잘 됐수다."

"사람들은 삿갓 어르신의 시를 보고 민중시인, 풍자와 해학의 시인, 파격과 언문諺文의 시인, 방랑과 걸인乞人 시인, 심지어는 욕쟁이 시인이라고 까지 하는데, 이런 말에 대해서 어떻게 생각하시는지요?"

그는 관심 없다는 듯이 흘끗 쳐다보더니, 술잔을 탁 소리가 나게 내려놓고 이내 언성을 높였다.

"다, 말 지어내기 좋아하는 사람들의 쓸데없는 헛소리들이지요. 지들이 내 속마음을 알기나 하고 하는 소리요?"

"그야 아는 사람들이 얼마나 되겠어요?"

"내가 죽장에 삿갓 쓰고 여기저기 떠돌며 휘적휘적 걸을 때는, 들녘 논고랑 밭두둑에서 잡초들과 씨름하며 땀 흘려 일하는 농부들이 보기에는 얼마나 좋아보였겠소? 세상만사 근심 걱정 다 털어버리고 천리강산 좋은 경치는 죄다 구경하고, 있으면 죽이요 없으면 굶을망정 눈앞에 걸리적거리는 것 없으니, 천하태평 좋아도 보였겠지. 그러나 아침 먹으면 점심 걱정, 점심 먹으면 저녁밥에 잠자리 걱정, 난들 아니하고 돌아다니는 줄 아오?"

"그러셨겠지요."

"욕쟁이 시인이라구? 내가 욕을 하고 싶어 했겠소? 내가 주로 찾는 곳이 서당이나 절이나 동네에서 먹고 살만한 골기와집을 찾아들어야, 밥 동냥하고 잠자리 청하기 편하고 덜 미안하기 마련인데, 향촌 서당 훈장이란 놈들이 아는 것도 별반 없으면서, 에헴! 하고 다리 꼬고 앉아 쥐새끼 꼬리 같은 수염 쓰다듬으면서 동네 코흘리개 아이들 모아 놓고 빈 깡통 두드리는 소리나 하고 있고, 절간에 중들은 또 어떻소? 신도들이 제 식구들도 배불리 못 먹이면서 쌀이며 보리 등 곡식을 이고지고 가져다 바치니까, 지가 잘나서 그러는 줄 알고, 심지어 죄다 제 것인 줄로 알고, 길 가는 배고픈 길손에게 밥 한 그릇 보시하는 것에도 인색해 하니, 그러고서도 무슨 부처님이 어떻고 자비불심이 어떻고 하면서 암매暗昧한 중생들에게 큰소리나 치고 목탁이나 두드려 깨고 있으니, 내가 욕을 아니 하겠소?"

말솜씨가 따발총 갈기듯 청산유수였다. 나는 괜히 김삿갓 어른을 화나게 한 게 아닌가 싶어 잠시 멈칫하였다.

"그래요, 말이 나왔으니 어디 한 번 말해봅시다. 동냥치 거지와 밥 얻어먹고 돌아다니는 나그네의 차이점이 뭔 줄 아시오? 거지는 한 곳을 중심으로 열흘이나 스무날 간격으로 빙빙 돌아다니면서 빌어먹지요. 그러나 나그네는 천리강산을 다니니 한 집을 두 번 이상 갈 리 없지요. 그리고 거지는 한 끼 잘 얻어먹어도 다음 끼니 걱정에 마음 조리지만 나그네는 다음 끼니를 걱정하지 않습니다. 거지는 밥만 얻어 먹으면 다 해결되지만 나그네는 얻어먹어도 인간 취급받고 사람대접 받으며 얻어 먹기를 바랍니다. 풍류를 알고 모르고는 그만두고라도. 나도 처음에는 얻어먹고 돌아다니면서 거지같은 생각으로 다녔는데, 이제는 제법 얻어먹는데 이골이 나서 끼니 걱정은 안 합니다. 다음 끼니 못 얻어먹을까 걱정하느라 당장의 배부른 행복 도 모르고 사는 거지나, 자손만대 잘 먹고 잘 살기를 걱정하고 도모하느라 지금 당 장 누리는 것들에 대해 감사해 할 줄 모르고, 지가 잘나서 그런 줄 알고 겸손하지 못하고 오만한 백만장자 부자나 다를 게 무어요? 다 거지들이지요. 사람이건 재물 이건 꺼둘리지 않고 연연戀戀해 하지 않고 감사해 하며 겸허하게 사는 것이 곧 행복 아니요? 그러다보니 어리석은 인간 군상들에게 들려주는 말 이 직설적이면 속 좁은 인간들이 앵 토라져서 나 보기를 뱁 새눈을 뜨고 원수 보듯 하니, 자연히 해줘야 할 말을 꼬고 비 틀고 뒤틀어야 잘 몰라보는 것이 아니것소? 그래서 내 시 를 보고 풍자시니 해학이니 하는데, 참 웃기는 이야기이 지요.”

시 이야기로 들어가자 김삿갓은 사뭇 상기된 표정 으로 진지해졌다.

“그런데 말입니다. 삿갓 어른, 민중시인이니 생활시 인이니 하는데, 그 점에 대해서는 어떻게 생각하세요?”

“그것도 마찬가지. 눈에 보이고 느끼는 것들을 썼을 뿐이지요. 내가 주로 만나는 사람들이 누굽니까? 대개는 못살고 굶주린 대다가 악머구리 같은 관청아치들에게 핍 박받는 사람들 아닙니까? 무식해서 글을 모르다보니 달라는 대로 다 내주고 빼앗겨도 말 한마디 제대로 못하고 사는 사람들이지요. 순박하다 못해 어리숙하지요. 땀 흘리며 열심히 일하는 사람들이 삼시세끼 밥걱정은 안 해야 되는 것 아니요? 그런데도 빼앗기고 훔치고 나면 남는 게 없어요. 그런 그들의 애환을 어느 누구도 말하려 하지 않습니다. 그래서 나라도 이래선 안 되겠다 싶어 백성들의 이야기를 시로 쓴 것이지요. 맹물 마시고 이빨 쑤시면서, 높은 갓에 장죽 물고 상놈들 상투 위로 가래침 내뱉으면서 백성을 사랑한다고 애민구휼이 어떻고 하는 양반치들이 세상을 둘러치고 메치는 세상이니, 제대로 되는 것이 없지요. 그래서 쓴 겁니다. 내가 특별히 그들을 사랑해서 그런 건 아닙니다만, 쓰지 않고는 얻어먹는 밥이지만 목구멍에 넘어가지 않으니 어떡하겠소? 나도 그들을 위해 밥값은 해야 하지 않겠소? 가려운데 긁어주었다고 사람들은 쾌재를 부르기도 합디다만, 참 안타까운 일이지요.”

둥실 떠오른 열사흘 달이 술청 앞마당에 휘영청 비추고 있다. 이따금 담장 너머 닭들의 홰치는 소리가 들려왔다. 한여름 밤이지만 밤기운이 슬슬 어깨로 내려오기 시작했다. 나는 조심스레 본론으로 들어가 몇 가지 마지막 질문을 묻고 싶었다. 다시 술잔에 술을 가득 따르면서 김삿갓의 흥분을 가라앉히려 했다. 시간은 뽕잎 갉아먹는 누에처럼 야금야금 자정으로 향했다.

“그런데 삿갓어르신! 삿갓어르신이 지은 시 중에서 ‘스무나무 아래(二十樹下)’ 다음으로 많은 사람들의 입에 오르내리는 ‘(팔)죽시(八竹詩)’도 삿갓어르신이 지은 시가 맞습니까?

(팔)죽시(八竹詩)는 누가 지은 시인가?

김삿갓을 만나기 몇 달 전, 필자는 가끔 찾아뵙는 경북 봉화의 향적사香寂寺를 찾아가 선진禪眞 스님과 다담茶談을 나눈 적이 있었다. 어떤 때는 세속 이야기를 나누기도 하고, 어떤 때는 산집[山寺] 이야기며 얕은 불법 지식으로 선가禪家 스님의 말씀을 이해하느라고 쩔쩔매노라면 한나절쯤은 찻잔 속에 일렁이다가 산새울음과 함께 사라지기 일쑤였다. 스님은 찻잔을 내려놓고 방문 밖을 한참 응시하다가,

"그러기에 부설거사浮雪居士가 '차죽피죽화거죽 풍타지죽랑타죽(此竹彼竹化去竹 風打之竹浪打竹 ; 이런 대로 저런 대로 되어가는 대로, 바람 부는 대로 물결치는 대로)'이라고 했듯이, 순리를 좇아가면 될 것을, 내가 옳으니 네가 옳으니 하며 싸워 세상이 시끄러우니 어떻게 살 것인가를 늘 생각해야 되는 것이겠지요?"

"스님! 지금 읊으신 시가 부설거사浮雪居士 시라니요? 그 시는 김삿갓이 지은 시로 일반적으로 그냥 '죽시(竹詩)'로 알려져 있는데요."

내 말에 스님은 적이 놀라신 듯하면서,

"이 시가 그럼 부설거사가 지은 시가 아니란 말이요? 우리 불가의 스님들은 모두 진즉부터 부설거사의 시로 알고 있는데. 부설거사가 득도한 이야기는 저 전라북도 부안에 있는 월명암月明庵 창건 설화와 함께 전하고 있고, 월명月明은 부설거사의 딸이었지요."

"아하! 부설스님에게 딸이 있었다니 파계破戒했거나 환속還俗했겠군요? 그래서 스님이 아니라 거사居士라고 불렀군요. 그럼 그 시는 어디에 실려 있는데요?"

스님은 그 시가 『부설전(浮雪傳)』 또는 『부설거사전(浮雪居士傳)』에 실려 있다고 말씀하셨다. 궁금증에 안달이 나서 못 견딜 지경이었다. 집으로 돌아와 고소설전집 중에서 『부설전』을 찾았으나, 고소설전집에는 제명이 〈부설거사(浮雪居士)〉라고 실려 있었고, '(팔)죽시'는 실려 있지 않았다. 부안군문화원으로 문의한 바, 『부설전』은 월명암에서 간행한 것이라고 친절하게 알려주었다. 다시 월명암으로 전화를 했더니 주지 보광스님께서, '이 곳은 산속이라 읍내에 나갈 일이 있을 때 부쳐줄 것이니 다소 시간이 걸릴 거'라고 하신다. 그리고 10여 일 후 2권의 『부설전』을 부쳐주셨다. 설레는 마음으로 보내주신 책을 폈더니 부록에 몇 수의 한시가 실려 있고, 그 가운데 〈팔죽시(八竹詩)〉가 실려 있었다.

chapter 1

본격적으로 '(팔)죽시'의 작가 문제를 거론하려는 것은 아니지만, 지금까지 발행된 모든 김삿갓 시집에는 이 시가 김삿갓 작품으로 실려 있음을 감안한다면, 바로 잡고 싶은 마음이고, 나아가 이 글을 쓰는 작은 보람 중의 하나가 될 수 있다는 생각도 들었다. 부설거사는 신라 진덕여왕(眞德女王, 재위 647~654년) 시대에 태어났으니 김삿갓(1807~1863년)과는 무려 1천 2백년의 시간차가 있는데도 어찌하여 이 시가 세간에 회자되다가, 김삿갓이 지은 시로 편입되었는지에 대해서는 알쏭달쏭한

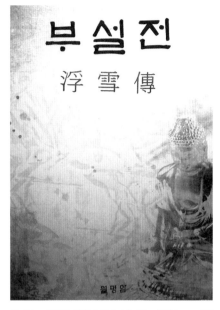

전라북도 부안군 변산면 중계리에 있는 대한불교 조계종 봉래산 월명암 주지 보광스님이 보내주신 월명암 소장 〈부설전(浮雪傳)_지방유형문화재 140호〉 표지 부설거사 설화와 함께 부록에 '팔죽시(八竹詩)'를 비롯한 18편의 한시와 게송(偈頌)이 실려 있다.

추측도 가능하겠지만, 한 번 쯤은 살피고 넘어가야 한다는 생각이 들었다.

먼저 이본(異本 ; 기본적인 내용은 같으나 부분적 차이가 있는 책) 관계에 있는 것으로 전해오는 다음 3편의 설화를 바탕으로 〈부설전〉의 내용을 요약해본다. 『원문대역 부설전(浮雪傳)』 - 영허집(映虛集, 인조 13년 간행), 『부설거사』 - 김태흡 저/역(1935년 간행), 『부설거사와 묘화』 - 이규일 저

신라 진덕여왕 즉위년(서기 647년)에 서울[慶州] 남내의 향아라는 마을 진씨가(陳氏家)에 아들이 하나 있으니 이름을 광세(光世)라 하였다. 총명하게 자라 어려서 현묘한 이치를 통달하였는데, 불국사 원정선사를 찾아 머리를 삭발하니 법명은 부설(浮雪)이요, 자는 천상(天祥)이었다. 수행하던 같은 도반인 영조·영희(靈照·靈熙)와 함께 오대산으로 참배하려 가는 길에 전라북도 두릉(杜陵, 현 전북 김제군 성덕면 고현리)의 구무원이라는 청신도

의 집에 머물게 되었다. 마침 봄비가 내려 길을 떠나지 못하고 며칠을 머물면서 법문을 설하는데, 구무원에게는 묘화(妙花)라는 딸이 있었고 태어나면서부터 말을 못하는 벙어리였다. 그런데 법문을 듣고 부설을 흠모하더니 갑자기 말문이 트여 말을 하게 되었다. 그러자 아버지 구무원은 하늘이 맺어준 인연이라고 하며 묘화와 혼인해서 같이 살아 줄 것을 죽을 요량으로 매달렸다.

부설은 두 부녀의 요청을 수없이 거절하다가 결국은 영조·영희 두 도반을 작별하여 떠나보내고 묘화와 혼인하여 그 곳에 살게 되었고, 등운·월명(騰雲·月明)이라는 두 남매를 낳았다. 부설은 비록 속가에서 혼인하여 아이까지 낳았으나 불도수행을 충실하였다. 그로부터 십 수 년의 세월이 흐른 후 영조·영희 두 스님이 그 곳을 다시 찾아 와 만나게 되니 재회의 기쁨은 이루 말 할 수 없었다. 부설은 두 도반과 법력을 실험해보고자 하여 등운·월명 남매에게 유리병 세 개에 물을 담아 대들보에 매달아놓게 하고 차례대로 깨뜨리게 했다. 영조·영희 두 스님이 깨뜨린 물병은 깨지면서 물과 함께 바닥에 쏟아졌으나 부설이 깨뜨린 물병은 병만 깨져 떨어지고 물은 그대로 공중에 매달려 있었다. 두 도반은 부설의 도력에 놀라움과 찬탄을 금치 못하였다. 이후 그들은 불도에 용맹정진하였고, 아들은 후일에 유명한 등운조사(騰雲祖師)가 되었고, 부안의 월명암은 딸 월명이 수도하던 곳으로 어머니 묘화는 부설원(浮雪院)을 세워 거사의 명복을 빌었으며 오늘날의 월명암이 되었다.

부설전에는 모두 18수의 한시와 게송(揭頌 ; 불교적 교리를 담은 한시의 한 형태)이 실려 있는데, 부설거사 당대의 작품으로 여겨지는 것으로는 부설거사의 작품이 5수, 영조·영희靈照·靈熙의 한시가 각각 2수, 부설거사의 아들 등운登雲의 게송 1수가 실려 있다. 나머지는 후대 고려조의 정지상鄭知常과 조선 초기의 김시습金時習 등의 문인들과 여말선초의 스님들 글이다. 부설거사가 지은 한시는 〈사부시(四浮詩)〉·〈팔죽시(八竹詩)〉·〈계음(繼吟)〉·〈화운(和韻)〉·〈게송(偈頌)〉 등 5수다. 그 중 〈사부시(四浮詩)〉는 모두 7언 절구 4수로 된 연시인데, 끝구가 모두 '생각하고 생각해보아도 이 모든 것이 부질없고 부질없도다.(思量也是虛浮浮, 사량야시허부부)'로 끝나면서 불교의 허무주의와 공空사상이 짙게 배어있는 시이다. 아니 표현은 그렇지만 허무 다음 마음속 깨달은 진공묘유眞空妙有의 경지에는 세속의 언어 문자로 표현할 수 없는 불립문자不立文字의 경지가 있었으리라.

작가 문제가 제기될 수 있는 '(팔)죽시' 전문을 살펴보자. 팔죽시는 예의 '시무나무'처럼 해학적 표현과 주제 면, 그리고 읊조렸을 때의 음상音像의 유려함 등에서 누구에게나 쉽게 욀 수 있고, 살아가면서 이럴까 저럴까 망설이게 될 때 일을 결정하는 도움을 주는 일상사에 대한 설득력 있는 내용 때문에 회자되었을 것으로 여겨진다.

此竹彼竹化去竹(차죽피죽화거죽) 이런 대로 저런 대로 되어가는 대로
風打之竹浪打竹(풍타지죽낭타죽) 바람 부는 대로 물결치는 대로 하세
粥粥飯飯生此竹(죽죽반반생차죽) 죽이면 죽 밥이면 밥 먹으며 이런 대로 살아가고
是是非非看彼竹(시시비비간피죽) 옳고 그르고는 저대로 바라보세
賓客接待家勢竹(빈객접대가세죽) 손님 접대는 집안 형편대로 하고
市井賣買歲月竹(시정매매세월죽) 저자의 사고파는 것은 시세대로 하세
萬事不如吾心竹(만사불여오심죽) 모든 일이 내 마음 같지 않은 대로라도
然然然世過然竹(연연연세과연죽) 그렇고 그렇고 그런 세상 그런 대로 보내세.

먼저 두 한시 원문의 상이관계를 살펴보면, 제목에서 차이가 있음을 볼 수 있다. 부설거사의 시에서는 '팔죽시(八竹詩)'이고 김삿갓의 시에서는 '죽시(竹詩)'라고 제명하였다. 이어 내용을 비교하면, 부설거사의 시에서는 4행의 '간看'자가 김삿갓 시에서는 '부付'자로 다르다. 곧 '(바라)보다[看]'와 '붙여두다[付]'와의 차이라고 하겠다. '바라보다'에는 작가의 세상을 바라보는 의지가 개입된 것이라면, '붙여두다'에서는 세상사에 개입하지 않겠다는 뜻이라고 풀이한다면 너무 호말毫末의 차이를 가지고 따지는 것일까? 그러나 이 제목은 내용을 감안해서 따져봐야 할 여지가 있다. 김삿갓 시에서 '죽시'라고 하면 대나무는 단순 소재 역할 밖에 하지 못하며, 예의 훈으로 읽으면 '~대로 시'가 된다. 그러나 '팔죽시'라고 하면 우선 각 행의 끝 자가 '죽竹'자가 여덟 번 쓰여서 그런 것인가?(모두 13번 竹자가 쓰이고 있음) 아니면 '팔자(八字)대로 시'가 되어, 곧 '사람의 한 평생의 운수대로 살

자는 것이 되어 내용은 물론이고 작가 부설거사의 인생역정과 사뭇 부합되는 제명이 됨을 알 수 있다.

죽竹자의 훈 '대'에 토씨 '로'를 붙이면 '~대로'가 되니, '그 모양과 같이', '~하는 바와 같이'가 되는데, 이 한마디에 한시의 격식을 과감하게 깨뜨리면서 세상사는 지혜를 모조리 담고 있는 시가 되리라. 전 8행의 끝 글자를 '죽竹'으로 끝내어 동일어 반복으로 어감을 살려 음위율까지 갖추고 있으니, 한시의 품격을 지닌 듯하면서도 우리말의 묘미를 절묘하게 한껏 뽐내고 있다. 게다가 흔하게 부딪칠 수 있는 인생살이 굽이마다 필요한 지혜와 슬기가 스며있다 하겠다.

'순천자順天者는 존存하고 역천자逆天者는 망亡한다.'(명심보감-천명편)고 했던가. 순리대로 살아가고자 하는 것은 유식한 사람만의 지혜가 아니고 글 한자 못 배운 일자무식자들도 떠올리기 쉬운 구절이니, 2구의 '바람 부는 대로 물결치는 대로'까지 겸하여 1·2구만 외운다면 아무리 복잡하게 얽힌 세상이라도 다리 뻗고 마음 편하게 살 수 있는 지혜가 담겼다 하겠다. 파도 없는 바다가 있을 수 없듯이 모질고 거친 세상의 세파世波 또한 피할 수 없으렷다. 그렇게 살다보면 헐벗고 배곯는다고? 그렇다고 죽 먹기 싫다고 억지로 남의 밥그릇 기웃거리지 말 것이며, 시비불기是非不起라 했으니, 자잘한 것들 가지고 죽자 살자 하면서 사사건건이 시비를 따지지 말라는 것이다. 그러면 꼬이고 뒤틀린 인간관계가 풀리고 아량과 포용이 생긴다는 것이 3·4구의 내용이다.

3·4구가 우리들의 내적 태도를 지적한 것이라면, 5·6구에서는 사람을 대하는 지혜로운 태도가 제시되고 있다. 사람들이 체면을 중하게 여기고 사는데, 체면 차리다가 기둥뿌리 뽑힌다는 이야기가 있듯이, 손님 접대는 집안 살림살이 형편대로 하자고 한다. 시장가서 물건 값은 깎는 맛이 있어야 산다고 하는데, 깎더라도 너무 악착을 부리지는 말라는 것일까? 너무 악착을 부리다보면 '작은 돈에 인심 잃고 큰돈에 병신 산다.'는 말처럼 어리석음을 면치 못한다는 뜻일 터. 7·8

구에서는 어디 인생사가 내 맘대로 된 적이 있었느냐고 반문한다. 그렇고 그런 세상 그런대로 행복이나 잃지 말고 살아가자 한다. 사뭇 달관의 태도다. 그러니 시 제목의 차이는 간과할 수 없다 하겠다.

한 세월 지난 다음에라야 우리가 울고 웃고, 분노하고 좌절했던 순간들을 붙잡고 애태웠던 인생살이 퍼즐의 조각들을 다 짜서 마치고, 완성된 한 폭의 그림을 바라본 다음에라야 전체 그림은 알 수 있는 것이려니. 우연의 조각들이라고, 스스로의 노력과 악착으로 그려내려니 생각했던 한 바탕의 꿈도 맞추어진 조각들은 모두 운명이라는 필연의 한 파편들뿐이었다고 부설거사는 깨달았던 것일까? 아마 부설거사가 구무원 부부의 간청과 딸 묘화가 붙잡는 옷소매를 차마 뿌리치지 못해 속가에서 눌러 앉고, 본의 아니게 함께 하기로 했던 영조·영희 도반道伴들과 헤어지고 환속을 해야 하는 마음을 읊은 것이라고 해도 좋을 듯하다. 도道란 것이 본래 악착같고 모진 면이 있어야 이룰 수 있는 것이라면, 그 도도 좋지만 사람 좋아지자고 있는 것이며, 사람 살리자고 있는 것이니, 불도를 닦는 것보다는 작은 도를 실천하여 한 생명 살리는 것이 중요한 것일 터. 어쩌면 부설거사 이야기는 러브스토리보다는 휴먼스토리로 1천여 년이 넘도록 아니 영원토록 긴 생명을 유지할 듯싶다.

또한 천만 다행으로 『부설전』에는 부설거사의 시만 실려 있는 것이 아니라 수행을 같이했던 도반 영조·영희의 시도 함께 남아 있는 바, 이들의 시가 지니는 의미의 조각들을 다시 퍼즐을 맞추듯 조합해보면 더욱 '(팔)죽시'가 김삿갓의 시가 아닌 부설거사의 시임이 분명해진다. 먼저 앞서 들었던 부설거사의 '사부시四浮詩'는 7언 절구 4수가 연결된 연시로, 제1수에서는 가족의 사랑과 부귀영화를 누려도 죽을 때는 외로운 넋만 돌아감을, 제2수에서는 바쁜 세상사와 높은 벼슬에 올라도 염라대왕에게 가야함을, 제3수에서는 고운 생각과 말솜씨로 많은 좋은 문장으로 높은 벼슬도 미망이 늘어만 감을, 제4수에서는 부처님같이 좋은 설법을 해도 생사초탈을 할 수 없으면 '생각노라니 이 모든 것이 부질 없을레(思量

也是虛浮浮, 사량야시허부부)'라고 하면서 끝을 맺는다. 자신의 법명인 '부설浮雪'의 의미에 맞추어 불도수행의 확신을 읊고 있다.

그러나 구무원에서 묘화 부녀의 만류를 뿌리치지 못하고 그대로 눌러 앉기로 하면서 예의 '팔죽시'를 읊어 '세상사 내 맘대로 되지 않아도, 그렇고 그런 세상 그런대로 보내리.'라고 읊었을 것으로 사료된다. 그러자 세 사람이 경주를 떠날 때 금석맹약으로 함께 수행하기로 했던 영조·영희는 도반 부설의 변심에 놀라며 심한 배신감마저 들었을 것이다. 그러나 사태가 이미 어찌할 수 없어 헤어져야 함을 알아차리고 〈증별시(贈別詩)〉를 지어 부설의 행태를 나무라며 헤어지게 되니 5언 율시로 내용은 이렇다.

但智成空見(단지성공견) 계행 없는 한낱 지혜로 헛된 견해를 이루었고
偏悲涉愛緣(편비섭애연) 한 조각 자비라는 이름으로 애욕의 끈에 묶였네.

~ (중략) ~

干將如在手(간장여재수) 명검[干將]이 이미 손에 쥐어져 있는데
安爲色留連(안위색유련) 어찌 여색에 머무를 수 있다는 것인가?

부설이 묘화라는 여색에 묶인 것을 자비慈悲라는 이름으로 변명 아닌 핑계를 대고 있음을 말하고, 이어 이것을 피할 수 있는 명검名劍, 곧 불법의 지[智, 깨침]와 계[戒, 불교에 귀의한 사람이 지켜야 할 행동의 규칙]를 손에 쥐고서도 여색을 잘라버리지 못하고 머무르게 됨을 한탄하고 있다. 그러자 영희도 계속 이어 읊어 〈계음(繼吟)〉이라 하였으니 5언 율시로 내용 또한 이렇다.

~ (전략) ~

未免三生累(미면삼생루) 삼생에 쌓인 누를 면하지 못하고서
冤家一念懸(원가일념현) 원씨 집의 인연으로 한 생각이 매였네.

他年瓶返水(타년병반수)   언젠가는 엎질러진 물을 다시 담아서

追後跡相連(추후적상련)   먼 훗날 서로 만나 발걸음을 같이 하세.

   영희는 영조와는 달리 부설의 행태를 전생의 업보로 여기고, 아직 업을 다 닦아 내지 못했다고 한다. 지금은 우리들의 약속이 비록 깨어지고 엎질러진 물이 되었지 만, 언젠가는 다시 만나 불도수행의 길을 같이 걷자고 훗날을 기약하며 부설과의 이 별에 임한다. 이 대목 영희의 시구에서 눈여겨봐야 할 것은 7행의 '엎질러진 물을 다 시 담아서'라는 구절이다. 앞서 부설거사 약전에서, 십 수 년 후 다시 찾아온 영조·영희를 반갑게 맞이한 부설이 뜬금없이 병 세 개에 물을 담아 매달게 하고 각각 차 례로 병을 깨뜨리게 하였는데, 부설이 깨뜨린 병은 병만 깨지고 물은 그대로 매달려 있었다는 점을 상기해보자면 이해가 풀릴 것 같기도 하다. 곧 그들과 헤어져 묘화와 혼인을 한 것은 결코 그들을 배신한 '엎질러진 물이 아니었음'을 증명해 보이고자 함 이었지, 오랜만에 만난 벗들과 불력佛力을 시험하거나 견주어보고자 함이 아니었음 을 알 수 있고, 몸은 비록 심산유곡 명산대찰에 있지 않더라도 불도수행만은 철저 히 했음을 알려주고자 함이었고, 형식보다는 내용이 중요하다는 뜻이었을까? 그런 마음을 부설은 다시 7언 율시 〈화운(和韻)〉에서 밝히고 있으니 내용은 이렇다.

~ (전략) ~

處世任眞心廣矣(처세임진심광의)   진리에 몸을 맡기고 처세하니 마음이 너그러워지고

在家成道體胖然(재가성도체반연)   집에 머물며 도를 이뤄 마음이 편안해지니 몸도 태 평하도다.

~ (중략) ~

認得色聲無罣碍(인득색성무괘애)   색(色)과 성(聲)에 걸릴 것 바이(전혀) 없으니

不須山谷坐長連(불수산곡좌장련)   굳이 깊은 산골에서 오래 앉을 것이 없을레라.

몸은 비록 속세에 있지만 마음만은 부처를 버린 적이 없으며, 한 번 외물外物을 벗어버리니 '그물에 걸리지 않은 바람처럼'되었다는 말일 터. 부처의 마음[佛心]을 헤아리며 좇자 하니 생각과 사지육신이 걸림돌이 되었지만, 마음속에 부처[心佛]를 모시고 나니 대자유인이 되었다는 뜻일런가? 이래저래 '팔자대로 살아갑시다[八竹詩]'는 일천 이백년 동안 뭇사람의 입에서 입으로 회자되다가 내용과 형식면에서 김삿갓 시류詩類와 맛과 멋이 일치된 듯하여 김삿갓이 지은 시로 안착되었으리라 추측해보나 앞서 살펴 본 바와 같이 부설거사의 작품이라는 점도 새롭게 거론해 봄직도 하다.

혼불로 소지(燒紙)를 태우며

　"네! 그 정도면 삿갓어르신의 시에 대한 이야기는 충분한 것 같습니다. 그런데 외람되지 않다면 꼭 하나 여쭙고 싶은 것이 있습니다만, 괴로우시면 말씀 안 해주어도 무방합니다."

　내 질문이 '괴로우리라'는 말에 김삿갓은 벌써 무슨 말인지 알아챈 듯싶었다. 마치 '네 놈이 탁주 한 병에 별걸 다 묻는구나. 더구나 남의 아픈 데를 후벼 파려드니.'하는 표정이었다. 그러나 이내 마음을 고쳐먹었는지 껄껄껄 한 번 호탕하게 웃고 나더니,

　"주모! 여기 술 한 병 더 가져오시구려!"

　주모가 나를 한번 흘낏 쳐다보더니 술을 가져다 놓았다. 나는 옷매무새를 고치고 바로 앉아 정중하게 술 한 잔을 더 따라 올렸다.

　"내가 소싯적에 저 영월에서 지었던 할아버지에 대해 지은 시詩를 말하라는 것이지요? 그래요, 지금 생각해도 참 기가 막힌 일이었지요. 그 시 때문에 오늘날까지 고향에 돌아가지 못하고 유랑천리하고 있지만. 사람들이 세상을 살다보면

기막힌 일이 어디 한두 가지겠소? 운명의 장난이랄까. 나보다 열한두 살 많은 저 러시아 시인 푸시킨(Pushkin, 1799~1837년)은 '삶이 그대를 속이더라도 슬퍼하거나 노여워하지 말라. 우울한 날에는 참아라. 기쁜 날은 반드시 올 터이니'라고 했지만, 그 말이 나에게 위안이 되었겠소? 그러나 세월이 가면 모든 것이 무디어지듯이 가끔씩 잊혀집디다. 그때는 너무 어린 시절이라 가슴에 사무쳤고, 하루하루가 칼날 위에 서 있는 기분이었지요. 그러나 가슴에 박힌 대못이 녹이 슬어 핏빛 녹물로 흐르고, 그 핏물 같은 녹물도 흐르는 세월 속에 묽어지더니, 지금은 다 허무하고 허무해져 마른 수숫대처럼 추억의 바람 속에 서걱이고 있지요. 여보시게! 젊음 양반. 당신에게는 그런 아픈 기억이 없겠지요? 다만 안타까운 것은, 참깨는 뜨거운 불판 위에서 볶아지고 절구통 속에서 으깨어지는 아픔을 겪은 다음에라야 구수한 냄새가 나는 참기름이 된다고 하는데, 내 인생은 볶아지고 부서지는 아픔을 겪었음에도 아직까지 구수한 냄새를 풍기지 못하니, 그것이 안타까울 따름이요. 그래서 저 영월 어둔천 내 사당祠堂 영정 앞에 희고 둥근 돌덩이를 갖다 놓은 것 아니것소?"

김삿갓의 말속에는 회한의 아픔과 달관의 부드러움이 젖어 있었다. 나는 더 이상 말을 꺼낼 수가 없었다. 아니 더 이상 말할 것도 없었다. 지난 몇 달간 내 머릿속을 채우고 있었고, 마음속으로 내 자신에게 물어보고 나누었던 의문들이 화두話頭처럼 사라지고 있었기 때문이다.

"그 한恨이 어떻게 잊혀지고 달래지던가요? 그냥 세월이 흐르니 잊혀진 것만은 아닐 텐데요?"

"그렇지요. 세월가면 자연히 잊혀진다는 말은 그리 쉽게 할 말이 아니지요. 어디 할아버지에 대한 시뿐이었을까. 집에 두고 온 어머니와 어린 자식새끼들과 아내에 대한 그리움과 자식노릇, 지아비노릇, 부모노릇 못한 안타까움은 사랑니 아려오듯 잊혀질만하면 생각나는데 참으로 괴롭습디다. 길을 걷다가 비를 만나면 남의 집 처마 밑에서 피하곤 했는데, 봉창을 통해 들려오는 아이들의 웃음소리와 부부가 도란도란 나누는 이야기 소리에는 참으로 가슴이 무너져 내리기도 합디다. 그래도 내 아픔을 달래주었던 것은 저 아랫마을 구암리 정씨네 가족들이었답니다. 한恨을 녹여낸 것은 그들의 정情이었고 같이 울고 웃을 수 있는 흥興이었지요. 몇 년 만에 들리곤 해도 객지에 나갔다 돌아오는 가족처럼 반갑게 맞이해주니, 정말 집에 온 듯 마음이 푸근하고 따뜻하지요. 손님으로 대접해주는 것이 아니라 한식구처럼 대해주지요. 나그네로 떠돌 때는 내가 가진 두레박줄은 우물의 물을 길어 올려 허기와 갈증의 목을 축이기엔 너무 짧았지요. 그러나 정씨네 우물은 늘 따뜻하고 맑아 길어 마시기에 충분했다고나 할까. 원죄의식으로 등에 멘 무거운 걸망을 마음 편하게 내려놓고 쉬기에 푸근한 곳이지요. 고마울 따름이지요.”

나는 마지막 남은 김삿갓에 대한 두 가지 의문들이 한꺼번에 풀린 것 같아 더 이상 물을 말이 없어졌다. 귀양살이에서 풀려났으나 고향에 돌아가지 않고 이곳 동복 땅을 죽을 곳으로 택한 신재 최산두新齋崔山斗 선생에 대해서, 그 이유를 『전라도 사람들, 5』이라는 책을 쓴 김정수 님은 세 가지를 들었다. 첫째 적벽을 비롯한 수려한 승경勝景, 둘째 동복삼복同福三福을 비롯한 풍부한 산물, 셋째 순박하고 후한 인심을 들었다. 이 모두가 김삿갓에게도 해당되어 왜 그가 이곳을 종명지終命地로 택했을까에 대한 답으로 여겨진다. 그리고 어떤 학자들은 김삿갓이 이곳에서 과시체科詩體를 가르치며 오래 머물다가 죽게 되었을 것이라고도 했다. 그리고 여기에 하나 덧붙인다면 정씨네 가족들의 떠도는 나그네에 대한 따뜻하고도 인간적인 사랑이었을 것이다.

이때 한 젊은이가 주막으로 들어섰다.

"삿갓 어르신! 밤이 깊었습니다. 약주 그만하시고 집에 들어가시지요. 밤이슬이 찹니다." 하더니, 나에게도 공손하게 목례를 했다.

"아하! 그런가, 벌써 밤이 깊었구만. 구암리서 예까지 먼 길인데, 내가 알아서 갈 터인데 여기까지 또 데리러 왔어? 젊은 양반 술 잘 마셨소. 다음 생에 인연 있으면 또 봅시다. 조심히 가시우."

하며 김삿갓은 자리를 털고 일어났다. 나는 벌떡 자리에 일어나 어두운 밤길 조심히 가시라고 공손히 인사를 올렸다. 떠나가는 김삿갓 좁은 어깨 위로 중천까지 올라온 달이 하얀 적삼 위에 빛나고 있었다. 어둠속으로 사라지는 김삿갓을 한동안 바라보았다. 이 세상천지에 저 달처럼 구름 속을 흐르다가 어둠속으로 사라지지 않는 것이 무엇이겠는가?

김삿갓이 자신의 일생을 담은 〈난고평생시(蘭皐平生詩)〉의 시의 첫 구와 끝 구가 생각났다.

鳥巢獸穴皆有居(조소수혈개유거) 새도 둥지가 있고 짐승도 굴이 있어 모두 보금자리가 있건만
顧我平生獨自傷(고아평생독자상) 내 평생을 돌아보니 홀로 외로워하며 슬퍼했구나.
芒鞋竹杖路千里(망혜죽장로천리) 짚신에 대지팡이로 천릿길을 떠도니
水性雲心家四方(수성운심가사방) 물처럼 구름처럼 천지사방을 집으로 삼았네.
...
身窮每遇俗眼白(신궁매우속안백) 내 신세 곤궁하니 늘 사람들의 냉대를 받고
歲去偏傷鬢髮蒼(세거편상빈발창) 세월이 흐를수록 희어지는 머리털을 슬퍼하네.
歸兮亦難停亦難(귀혜역난정역난) 아! 돌아가기도 어렵고 머물기도 어려워
幾日彷徨中路傍(기일방황중로방) 몇 날 며칠을 길 가운데서 방황했던고.

삿갓어르신! 오늘 하루 정씨네 사랑방을 내 집처럼 여기고 다섯 자 여섯 치 사지육신 누이고 편한 밤 주무십시오. 천리강산 흐르던 당신의 영혼은 지금도 이곳 동복에서 멈추어 쉬고 있으리니.

얼마나 시간이 흘렀을까? 전신에 오싹한 냉기를 느끼며 잠에서 깨어나 주위를 두리번거리니, 주인은 방에 들어가 잠을 청했는지 보이지 않았다. 희미한 삿갓등 아래 술집을 나서자 저물어가는 달빛만 인적 드문 동복읍 네거리에 가득 일렁이고 있었다. 지난 몇 달간 김삿갓을 만나려고 돌아다녔던 행각이 주마등처럼 스쳐지나갔다. 그래도 몇 잔 술에 취해 한여름 밤 꿈속에서 김삿갓 어른을 만나보았으니 참으로 다행이었다. 흥얼거렸다. '죽장에 삿갓 쓰고 방랑 삼천리 / 흰구름 뜬 고개 너머 가는 객이 누구냐 ~'

김삿갓 표준 영정

Bibliography 참고문헌

* 김일호 편, 『김립시집』, 학우사, 1954.

* 박용구 편역, 『김립시선』, 정음사, 1979.

* 박혜숙, 「김삿갓시연구」, 서울대학교석사학위논문, 1984.

* 권영한 역해, 『김삿갓시모음집』, 전원문화사, 2016.

* 김선 · 배용파 편저, 『김삿갓시집』, 온북스, 2014.

* 박상진, 『궁궐의 우리나무』, 눌와, 2014.

* 〈부설거사〉, 『고소설전집』, 인천대학교 민족문화연구소, 1984.

* 『부설전』, 대한불교조계종 봉래산 월명암, 2014.

* 『부설전』, 대한불교조계종 봉래산 월명암, 2016.

* 최종채 수집 · 정리, 『화순 역사와 문화 해설』, 화순군, 2014.

* 장선희 · 정경운 저, 『호남문학기행』, 박이정, 2000.

* 김성수, 『양주문화기행』, 가람기획, 2002.

▶ 사진 협찬
* 전라남도 화순군청 홍보계.

———————————————————————————— 양현승

CHAPTER
2

남양주시 진접의
용비어천가

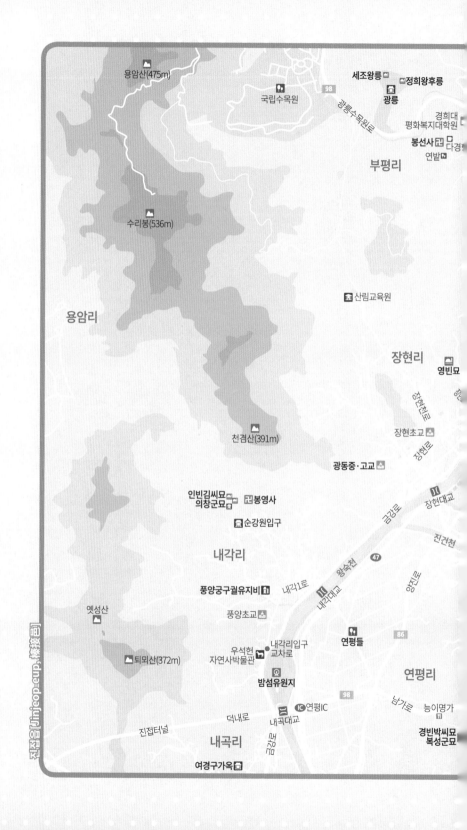

용암산(475m)

세조왕릉   정희왕후릉

국립수목원   광릉

98   광릉수목원로

경희대
평화복지대학원

봉선사   다경헌

연밭

부평리

수리봉(536m)

용암리

산림교육원

장현리

영빈묘

천견천로

장현초교

정현로

천견산(391m)

장현대교

광동중·고교

인빈김씨묘
의창군묘   봉영사

순강원입구

금강로

진건천

내각리

왕숙천

47

양진로

풍양궁구궐유지비   내각1로

내각대교

옛성산

풍양초교

연평들   86

우석헌   내각리입구
자연사박물관   교차로

연평리

퇴뫼산(372m)

밤섬유원지

남가로   능이명가

연평IC   98

경빈박씨묘
복성군묘

덕내로   내곡대교

진접터널   내곡리

여경구가옥

경원

유순의묘

광릉CC

엄현천

팔야로

팔야리

대경대

광릉초교

진벌로

봉림사천

학림천

부평생태습지

광릉중학교

진벌천

진벌리

부평초교

진접중학교

경복대

장승초교

진접·내촌간도로(건설중)

47

벽락소
(장자못전설)

금곡교차로

두리공원

금곡천

주곡초·중교

해참공원

해밀초교

금곡리

철마산

양중학교

진접초교

화봉초교

고교

83

전건오남로

오남중학교

양지리

양지초교

오남고교

양오초·중교

오남저수지

오남초교

팔현로

팔현리

98

양지로

오남리

진건오남로

팔현계곡

양지리향나무

Chapter 2

남양주시 진접의 용비어천가

용들의 길을 따라서

이 글은 2018년 12월부터 몇 차례의 확인답사를 통해 필자가 초등학교를 마쳤던 제2의 고향 남양주시 진접면 일원을 돌아다니며 각처에 산재해 있는 조선왕조 관련 역사 유적지와 전설 등을 과거 현지조사와 기억 그리고 최근의 취재에 근거해 기록한 것이다. 전반부에서는 태조 이성계의 진접에서 행적을 중심으로 한 사적을, 후반부에서는 진접 일원의 후궁과 빈(嬪)·군(君)의 묘 그리고 세조의 광릉을 중심으로 정리했다.

『용비어천가』로 혁명을 노래하고 태평성대를 꿈꾸다

조선조 초기의 악장인『용비어천가(龍飛御天歌)』를 모르는 사람은 별로 없을 것 같다. 이 노래는 조선조를 세운 목조·익조·도조·환조(이상 추존)·태조·태종 등 여섯 임금의 공적을 찬양함과 아울러 조선왕조 건국의 정당성과 무궁한 발전에 대한 기원을 주 내용으로 하며, 다음과 같은 가사로 시작되고 있다.

『용비어천가』제1·2장

[제1장]
해동(海東)에 육룡(六龍)이 날으시어 일마다 천복(天福)이시니
고성(古聖)이 동부(同符)하시니

[제2장]
뿌리 깊은 나무는 바람에 아니 움직여 꽃이 좋고 열매가 많으나니
샘이 깊은 물은 가뭄에 아니 그쳐 내를 이루어 바다에 가나니

　요컨대 제1장에서는 조선조를 세운 이 여섯 명의 용(영웅)들이 하늘의 명을 받아 고려조에 이어 조선조를 건국하였으니, 그 선왕들의 행적은 중국 역대 역성혁명을 일으킨 성군들의 행적과 부절符節을 맞춘 것처럼 똑 같다는 것이며, 제2장에서는 뿌리가 깊은 나무는 바람이 불어도 흔들리지 않고, 샘이 깊은 물은 가뭄에도 마르지 않듯, 조선왕조도 어떠한 내우외환에도 흔들림 없이 영원히 번성할 것이라는 기원의 내용이다. 역성혁명의 정당성과 태평성대를 기원하는 노래이

니, 이 노랫말처럼 조선의 이씨왕조는 세계사에 유래가 없는 장구한 500여 년의 세월 동안 지속되었음은 정치사를 연구한 사람들의 커다란 관심과 연구의 대상이 되고 있다는 말을 들은 적이 있다. 정치적 메커니즘이나 사상적 기반은 자세히 언급할 바 아니니, 『용비어천가』 덕분이었던가? 그런데 이 노래가 지어지기까지 조선왕조의 건국에 이은 정치적 안정기에 접어들기 위해서 얼마나 많은 고난과 난관이 있었던가에 대해서는 세인들은 별로 관심을 두지 않는다. 그것도 가족 내에서 벌어졌던 골육상쟁의 피비린내는 세월의 풍화 속에 휘발되어 날아간 것인가?

천하를 호령했지만 자식만은 마음대로 안 되는 것이어서…

우리는 가끔 어디를 갔던 사람이 돌아오지 않을 때 흔히 '함흥차사(咸興差使)'라는 말을 쓴다. 이 말은 우리나라에서 유래한 4자 고사성어다. 고사성어라면 흔히 중국고사에서 비롯된 말들을 생각하지만 이처럼 이 땅에서 생겨난 성어도 적지 않다. 널리 알려진 이야기지만, '함흥차사'의 유래담을 약술하면 이러하다.

조선조가 건국된 후 태조의 첫 번째 왕비인 신의왕후 한씨神懿王后韓氏 소생으로는 여섯 아들이 있었고, 이들 중 다섯째인 정안군 방원(靖安君芳遠, 훗날 태종, 재위 1401~1418)은 아버지를 도와 조선조 건국에 가장 큰 공을 세웠으나, 정작 태조는 왕위 후계자를 계비 신덕왕후 강씨神德王后康氏 소생의 무안대군 방번(撫安大君芳蕃)으로 정한다. 이에 방원은 아버지 이성계를 도와 말안장 위에서 잔뼈가 굵었다고 할 만큼 여느 아들보다 아버지를 위해 가장 큰 공훈을 세웠는데도 왕세자가 되지 못한 것에 불만을 품게 된다. 그리하여 방원은 수하를 동원하여 '제1차(1398년)·제2차(1400년) 왕자의 난'을 통해 이복형제인 방번과 방석은 물론 반대파인 정도전 일파를 모두 죽인다. 특히 역사에서는 제1차 왕자의 난을 무인정사戊寅靖社라 하니, 곧 무인년(戊寅年, 1398년, 태조 7)에 '어지럽던 사직

社稷을 편안하게 가라앉혔다[靖社]'라고 기록하고 있다. 새 나라의 건국도 힘들었지만, 건국 후 왕자들 사이의 피비린내 나는 골육상쟁은 한 나라를 무너뜨리고 새 나라를 세운 태조로서도 자식만큼은 마음대로 하기 어려웠음을 알 수 있겠다. 예로부터 '부모가 하는 일 자식이 못 말리고, 자식이 하는 일 부모가 못 말린다.'는 말이 딱 들어맞았다 하겠다. 그러나 지금 같이 유아와 아동교육론이 발달한 시대에도 부모들은 자기가 낳은 자식이니 자기 마음대로 되는 줄 알았다가 자식교육에 실패한 사람들을 종종 보게 되니, 옛일이라 하여 구멍 난 헌신짝처럼 버릴 일만은 아닌 성싶다.

그러나 이방원은 처음에는 아버지 이성계의 건국을 위해, 다음에는 왕좌를 차지하기 위해서, 아버지가 그토록 만류했던 정몽주를 비롯하여 절의를 지키려던 고려 유신들을 도륙했고, 우방원 좌도전(右芳遠左道傳)이라 불릴 만큼 조선 건국에 가장 큰 공적을 남긴 정도전마저 죽인 것도 모자라, 형제 둘을 죽이고 한 명은 유배를 보내는 등 안으로는 골육상쟁骨肉相爭을, 밖으로 정적들의 도륙屠戮을 마다하지 않은 것이다. 이성계는 이러한 피비린내를 풍기는 방원의 잔인성에 치를 떨었을 것이며 왕권과 권력에 대한 좌절감과 허무감은 참아내기 어려웠으리라. 그러니 천년만년 누릴 줄 알았던 보위를 태조는 즉위 7년만인 1398년 둘째 아들 영안군 방과永安君芳果를 세자로 삼아 물려주니, 이 분이 곧 조선조 제2대 임금인 정종(定宗, 재위 1398~1400)이다. 태조 자신이 그토록 반대하고 싫어하던 방원에게만은 보위를 물려줄 수 없어 체면을 살리기 위한 고육지책이었으리라. 그러나 정종에게도 15군君 8옹주翁主가 있었으나 정황상 실질적인 왕권은 방원에게 있었으니, 정종은 허수아비(?) 임금이었고 그래서 『용비어천가』 제1장 중 '여섯 용'에는 포함시키지도 않았으리라.

방원은 2년여를 기다린 후 정종에게서 왕위를 물려받아 제3대 국왕 태종(太宗, 재위 1400~1418)으로 즉위했다. 이러한 골육상쟁에 진노한 태조는 1401년

(태종 1) 4월 그토록 원했던 왕좌에 오른 지 7년 만에 결국 한양을 떠나 자신이 태어나서 자란 고향 함흥으로 훌쩍 떠나 버린다. 이후 태종은 부왕(태상왕)을 한양으로 모셔오려고 노력하였으나 계속 실패하다가 근신近臣 성석린成石璘을 보내 환궁케 하는데 성공한다. 그러나 이듬해인 1402년 11월에 다시 함흥으로 가버리자, 이번에는 거절하기 힘든 무학대사無學大師를 보내 12월에 겨우 환궁케 하는데 성공한다. 이러한 과정에서 태조는 번번이 자신을 모시러 온 무고한 차사(差使 ; 중요한 임무를 위해 파견하던 임시벼슬)들을 죽여 버리니 차사들은 가는 족족 돌아오지 못했었다. 이 이야기는 정사가 아닌 야사에 기록되어 전해지는 함흥차사咸興差使란 말의 기원담이다.

진접에 남아 있는 환궁(還宮)의 행적들과 진접의 지리지(地理志)

태조의 환궁에 대한 사실 여부를 확증할 수 있는 뚜렷한 문헌기록은 남아 있지 않다. 그리고 태조가 1402년(태종 2년)에 한양으로 환궁한 계기에 대해서도 여러 가지 설이 있다. 태종이 파견한 무학대사의 간청을 받아드려 노기를 풀고 돌아왔다는 설, 태조의 근신 남재南在가 매사냥을 핑계로 남쪽으로 유인하여 환궁하게 되었다는 설 등이 있다. 어찌됐든 경기도 남양주시 진접 땅에 이르러서는 오기 싫은 발걸음을 곳곳에 자취로 남겼으니, 이성계가 여덟 밤을 머물렀다는 팔야리(八夜里, 여덟밤이, 여덟배미), 8일간 팔야리에서 머문 후 별궁을 지었다는 내각리內閣里와 행궁行宮이 있었다는 내동內洞, 비각리碑閣里, 궐리闕里, 풍양궁지豐壤宮址, 궁동宮洞(궁골), 태조의 신후지지(身後之地 ; 죽기 전에 잡아 두는 묏자리)와 관련된 남재南在 묘역, 세조의 광릉光陵과 관련된 봉현蜂峴, 왕이 잤다는 왕숙천王宿川(왕산천王山川), 예종의 선왕 능(광릉) 행차 시 길이 불편해 하천바닥을 길로 만들기 위해 기존 하천을 바깥쪽으로 물렸다는 퇴계원退溪院, 또 태조가 함흥에서 환궁할 때 태종에게 국새만 넘기고 환궁하지 않고 계속 머물자, 조정대신들이 이곳까지 와 정무를 의논하고 윤허를 받았다는 의정부議政府 등등이 그것이다.

과거에는 진접을 중심으로 하였지만, 현재는 여러 차례 행정구역이 개편되면서 별내면(퇴계원), 의정부시(의정부), 구리시, 오남읍, 진건읍 등에 속한다. 백여 년 전만해도 모두 양주 등에 속했으므로 조선왕조 개국 또는 개국 후 왕실과 관계된 여러 가지 전설과 설화를 여타 지역보다 많이 품은 지역이다. 그래서 현재의 행정구역과 관계없이 진접을 중심으로 태조 및 그 후대 왕들이 인근지역을 오가며 남긴 행적의 단편적인 조각들을 찾아보고 오늘날 우리들에게 주는 재미와 감동, 교훈을 반추해보고자 제목을 '남양주시 진접의 용비어천가 – 용들의 길을 따라서'라고 붙였다.

먼저 현 진접읍을 중심으로 다소 딱딱하지만 지리지地理志를 살펴본다. 남양주시 관내에는 5읍(오남, 와부, 화도, 진건, 진접), 4면(별내, 수동, 조안, 퇴계원), 11개 법정동(금곡, 다산, 도농, 삼패, 수석, 양정, 이패, 일패, 지금, 평내, 호평)이 속한다. 남양주시는 원래 양주군 땅이었으나, 1980년 양주군·남양군·의정부시로 각각 분리되었다. 그 후 1989년 1월 1일에는 진접면이 진접읍으로 승격되었다. 역사적으로 이 지역은 고구려 때에는 골의노骨衣奴로 불리다가 통일신라 때에 황양荒壤이라 고쳐 한양군 속현이 되었고, 다시 고려 때에는 풍덕豊德으로 개칭되었다. 현종 9년에 양주에 예속됐다가, 뒤에 포천에 예속시켰는데, 조선조 세종 원년에 다시 양주현에 내속시켰다. 이후 오늘날 진접·진건 지역은 풍양현豊壤縣이란 이름으로 양주목 속현으로 계속 존재했던 듯하다. '풍양'과 '골의노'란 말의 어휘적 의미는 '큰고을' 또는 '비옥한 고을'이라는 뜻이다.

이러한 사실은 중종 25년(1530)에 증보 간행된 『신증동국여지승람(新增東國輿地勝覽)』(1530) 〈양주목 속현 풍양현〉 조에서 '주州 동쪽 50리 지점에 있다. 본래 고구려 골의노현骨衣奴縣이다. 신라에서 황양荒壤이라 고쳐서 한양군漢陽郡 속현으로 만들었고, 고려에서 풍덕豊德이라 고쳤다. 현종 9년에 양주에 예속시켰다가 뒤에 포천에 예속시켰는데, 본조 세종 원년에 다시 본현에 내속하였다.'라고 기록되어 있다.(이하에서 인용한 『신증동국여지승람』이나 『대동지지(大東地志)』의 기록들은 모두 한국고전번역원의 한국고전종합DB를 참조한 것임을 밝혀둔다.)

또 『대동지지』〈고읍 풍양(古邑豊壤)〉조에는 '동남쪽으로 45리에 있는데 본래 백제 골의노骨衣奴이다. 노奴는 내內라고도 한다. 경덕왕景德王 16년에 황양荒壤으로 고쳐서 한양군漢陽郡으로 하여 현縣을 관할하였다. 고려 태조 23년에 풍양으로 고치고, 현종顯宗 9년에 내속來屬해서 후에 포주抱州로 하였다가 본조 세종 원년에 다시 풍양에 속하였다.'고 하고 있다.

진접이란 명칭은 일제가 우리나라를 병탄한 뒤 1914년 3월 행정구역을 개편할 때 진벌면榛伐面, 접동면接洞面의 전체와 별비면別非面과 건천면乾川面의 일부를 병합해 '진벌'과 '접동'의 앞 글자를 따서 진접면이라 하고 풍양출장소에서 관할하

『신증동국여지승람』 권11 양주목 건치연혁

게 한 뒤부터였고, 1980년 4월 1일 남양주군이 새로 설치되면서 양주군과 분리되었다. 1989년 1월 1일 진접면이 읍으로 승격하였고, 1995년 1월 1일에는 미금시와 남양주군이 통합하여 남양주시가 되었다. 현재 진접읍은 남양주시 관내의 5읍 4면 11개 법정동 중 하나로, 그 관내에는 장현리, 내각리, 내곡리, 연평리, 팔야리, 부평리, 금곡리, 진벌리 등 8개 법정리가 있다. 남양주 관내에는 진접읍을 비롯한 5읍(오남, 와부, 진건, 진접, 화도), 4면(별내, 수동, 조안, 퇴계원), 법정 11동(금곡, 다산, 도농, 삼패, 수석, 양정, 이패, 일패, 지금, 평내, 호평)이 속해 있다. 진접읍 주민자치센터의 위치는 금강로 1509-23(장현리 68-39)이다. 면적은 458.05km², 인구는 93,413명(2020년 3월 현재)이다.

지리적으로는 남양주시 북쪽에 위치해 있으며, 북쪽으로 포천시 소흘면蘇屹面·내촌면內村面, 서쪽으로 별내면別內面, 남쪽으로 진건읍眞乾邑, 동쪽으로 수동면水洞面과 접해 있다. 서쪽의 수리봉(537m)·천견산(天見山, 393m), 동쪽의 철마산(鐵馬山, 711m), 북동쪽의 주금산(鑄錦山, 787m) 등에 둘러싸여 있고, 읍의 중앙을 남류하는 왕숙천王宿川과 그 지류인 금곡천金谷川·진벌천榛伐川 유역에 약간의 평야가 있다. 교육기관으로는 1922년 개교하여 100여 년의 역사를 지닌 장현초등학교 외에 진접, 주곡, 풍양, 화봉, 장승, 부평 초등학교가 있고, 중학교로는 광동, 진접, 주곡, 광릉, 풍양중학교가 있고, 고등학교로는 광동, 진접고등학교가 있다. 또한 대학교로는 경복대학교 남양주캠퍼스와 경희대학교 평화복지대학원이 있다. 관내에는 오일장 재래시장으로 닷새마다 열리는데, 장현에서는 2, 7일, 광릉내에서는 4, 9일에 열린다.

서울에서 진접에 이르는 길은 여러 갈래가 있지만, 동대문을 중심으로 말한다면 대충 두 가지 길을 들 수 있다. 그 하나는 청량리-중랑교-신내동-갈매역-퇴계원-내곡리로 이르는 길이고, 또 하나는 청량리-중랑교-망우리-교문리-동구릉-퇴계원-내곡리로 이르는 길이다. 교통편은 쌍방향 모두 진접읍으로 가는 시내버스가 온종일 이어지고 있어 불편함을 느끼지 않을 정도다. 그 밖에 서울 동부버스터미널에서 교문리–퇴계원–진접으로 가는 버스편이나 혹은 태릉–육사 앞을 지나 갈매–퇴계원 경유 진접읍으로 갈 수도 있다.

진접읍을 관통하는 주요 도로는 왕숙천을 끼고 달리는 금강로(47번 국도)인데, 이 길은 구리시 갈매동과 서울시 경계, 강원도 철원군 근남면 사곡교차로를 잇는 도로로서, 예부터 금강산 가는 길이라고 하여 금강산로金剛山路로 불리기도 하였다. 이 길은 한국전쟁 이후에도 상당 기간 비포장 2차선 도로였던 것이 점차 8차선까지 확장되었으며, 더불어 왕숙천의 대안에 또 다른 대로가 건설되었다. 아울러 전철 4호선 연장선인 진접선이 진접읍 금곡리까지 2021년 완공 예정으로 공사 중이다.

왕숙천은 포천군 내촌면 신팔리薪八里 수원산계곡에서 발원하여 남서쪽으로 흘러 금강로–광릉내 평촌에서 부마로–금강로–퇴계원로–동구릉로를 따라 흐르다가 토평리에 이르러 한강에 합쳐지는 하천으로, 총 길이는 37.34km에 달한다. 이 왕숙천은 이성계가 상왕으로 있을 당시 팔야리에서 8일간 머무른 다음 내각리에 이르러 별궁을 지었다고 하는데, '임금이 묵은 물가'라고 해서 '왕숙천'이라는 이름이 붙었다는 설이 있다. 또 다른 설로는 조선조의 여러 왕들이 묻힌 동구릉이나 세조가 죽어 묻힌 광릉처럼 '왕이 깊이 잠든 냇물'이라고 해서 왕숙천이라는 이름이 붙었다고도 한다. 현지 사람들은 '왕산천王山川'이라고도 부르는데, 이 역시 '왕이 잠든 곳'이란 뜻을 가진 것으로, 김정호의 〈대동여지도〉(1861)에도 '왕산천王山川'이라 되어 있다. 『신증동국여지승람』 산천 조 풍양천豐壤川에는 '풍양현 남쪽에 있다. 물 근원이 천마산에서 나와 동쪽으로 광진에 흘러든다.'고 했다. 또 『팔도명승고적(八道名勝古蹟)』에도 '풍양천'에 대하여 '원래 천마산에서 흘러나와 광진으로 들어간다'고 하고 있어, 처음에는 풍양천이라 부르다가 차차 태조와 관련시켜 '왕산천', '왕숙천'이라 부르게 된 것으로 생각할 수 있다.

진접읍은 조선의 도읍지였던 한양과도 매우 근접해 있는 만큼 오늘날까지도 곳곳에 조선조 임금들의 발자취가 많이 전해지고 있다. 30여 전까지만 해도 대부분의 지역이 매우 한적한 시골이었지만, 지금은 사통팔달四通八達한 대로 양편으로 고층 아파트나 상가들이 끝없이 늘어서 있어 옛 모습을 찾기란 쉽지 않다. 하지만 이곳에서 초등학교를 마친 필자에게는 아직도 낯익은 지점들이 적지 않을 것으로 보고, 모처럼의 틈을 얻어 길을 나섰다. 필자는 이곳을 1980년 한국정신문화연구원의 전국구비문학 자료조사 시 구리읍, 미금읍, 화도읍, 와부읍, 진접면, 별내면을 두루 돌아봤던 적이 있고, 또 1998년에는 한국학술진흥재단의 경기북부 구전자료를 조사했을 때에도 구리시, 남양주시 관내의 와부읍, 화도읍, 별내면, 수동면, 오남면, 조안면 등지를 두루 돌아다녔던 일이 있다.

(원)팔야리–매봉–내각리–퇴계원–왕숙천에 얽힌 환궁의 퍼즐을 맞추다

– 원팔야리 태조사(太祖寺) 유허지(遺墟址)와 매봉

서울에서 퇴계원을 거쳐 국도 47번 금강로를 따라 좌측으로 산자락을 끼고 북으로 포천을 향해 달리면 우측으로 냇물이 흐르고 꽤나 널찍한 들녘이 함께 달린다. 왕숙천과 연평들이다. 좌측 산자락에는 골짜기마다 마을이 있어 내곡리, 내각리, 장현리가 순서대로 스쳐지나가고, 연평들 건너에는 연평리, 팔현리, 금곡리 마을이 멀찍이서 따라 온다. 내각리 앞 왕숙천은 꽤나 넓어져 밤섬을 냇물에 띄우고 있다. 지금 말한 마을 이름들은 개편된 행정구역상의 이름이고, 과거부터 전해오던 골짜기 마다 안긴 자연부락 이름들은 셀 수 없을 만큼 많다. 그런데 무엇보다 안타까운 것은 연평들은 물론이고 좌우의 자연부락들도 아파트 숲으로 변해서 빈 들을 가득 채워 산자락까지 잇닿았고, 서울에서 밀려나온 각종 공장과 창고, 비닐온상으로 가득하다. 또한 연평들을 가로질러 전에 없던 4차선 대로가 새로 뚫린 것도 벌써 오래전이다. 아마 이곳 토박이 원주민들은 상전벽해桑田碧海를 실감할 것이다.

진접과 연평들을 중심으로 태조의 환궁 행적을 재구성해보는데 가장 궁금했던 점은 구체적으로 이곳 어디서 잤고 머물렀느냐이다. 단편적인 팔야리-매봉-내각리-퇴계원-왕숙천에 대한 지명 유래담만으로는 궁금증이 풀리지 않았다. 물론 여덟 밤을 잤다는 팔야리를 중심으로 행적의 퍼즐을 맞추기 시작해야 했다. 연평들녘이 좁아지다가 좌우측 산들이 어깨를 맞대고 왕숙천이 가늘어지는 곳에 팔야리가 있다. 길을 건너면 금곡리(쇠푼이마을)이다. 팔야리 마을 뒤쪽 공터에 차를 멈추고 마을 뒷산으로 길을 잡았다. 지난번에 찾아왔던 문희공 유순 文僖公柳洵의 묘와 재실齋室이다. 태조가 8일 밤을 잤다는 흔적은 어디에도 찾을 수 없다. 훅훅 볶아대는 뜨거운 햇살에 등줄기에서는 연신 땀이 흘러내렸다. 또 실패라고 생각하며 마을로 내려오는데 옆 고추밭에 노인 한 분이 밭고랑에 앉아 고추를 따고 있었다.

"어르신, 햇볕이 뜨거운데 쉬셨다가 하시죠."

노인의 건강을 생각하며 공손하고 친근하게 말을 걸었다. 흘낏 쳐다보더니, '당신은 이 더운 날에 뭐 하러 다니냐'는 듯이 바라보았다.

"어르신, 여기가 태조 이성계가 여덟 밤을 잤다는 팔야리가 맞지요?"

"팔야리가 맞기는 맞지만, 이성계가 자고 간 곳은 이곳이 아니고 윗마을 원팔야리로 가보셔."

나는 순간 구세주를 만난 듯 정신이 번쩍 들었다. 정말 태조가 잔 곳이 있기는 있단 말인가?

"여기서 얼마나 멉니까?"

"여기는 남양주시이지만 원팔야리는 포천군에 속하지요. 큰 길에서 조금만 가다가 왼쪽 산자락 마을로 들어가면 전주 이씨 무덤들이 많이 있지요."

나는 가슴이 두근거렸다. 더운 것도 몰랐다. 차를 급히 몰아 다시 47번 국도로 나가 좌회전을 하고, 1km 정도 가서 다시 좌회전을 해 마을 앞길로 들어섰다. 원팔야리 입구 주차장에서부터 차에서 내려 천천히 걸어 들어갔다. 재실 같은 한옥들이 눈에 들어왔다. 얼마쯤 들어가니 조그만 개울 다리 위에 부부인 듯한 노인이 의자에 앉아 나를 바라보고 있었다. 웃으면서 고개를 숙여 공손히 인사를 드렸다. 그리고 대뜸 본론을 꺼냈다.

"어르신, 여기 원팔야리에 태조 이성계가 8일 간 잤다는 곳이 있나요?"

"암! 있지. 저기 모민재慕敏齋 재실 뒤편에 터가 있어. 고려시대부터 있었다는 암자인데 태조대왕께서 자고 간 후에는 '태조사太祖寺'라고 불렀어. 고려 때의 원 이름은 모르겠고, 그런데 불에 타버려서 지금은 터만 남았지."

나는 지금까지 맞추지 못한 마지막 퍼즐이 맞춰지는 기쁨에 더운 줄도 모르고 질문을 연신 드렸다. 노인부부는 이영규(84세) 옹과 홍길자(79세) 님이며 원팔야리에서 평생을 살았고 7~8대째 살고 있으며, 태조대왕의 20세손이라고 했다.

효령대군의 큰 아들 의성군(誼城君, 1411~1493)을 모시는 재실 모민재(좌) 시호인 '호민(胡敏)'에서 유래한 재실 이름이다. 뒷산자락에는 임진왜란 때 위패를 모시고 피난 가서 수백 년 동안 경상남북도 일대에 뿔뿔이 흩어져 살아왔던 의성군 사손(嗣孫)들의 묘를 지난 1991년에야 한데 모아 도선산(都先山)을 조성했다고 후손이자 관리인인 이정국(李廷國) 씨가 설명하고 있다. / 효령대군 사손들의 묘를 한 데 모은 과정에 대해서 설명하고 있는 이정국 씨(우)

태조대왕은 처음 이곳에서 하룻밤만 자고 한양으로 가려다가 이곳이 너무 좋고 특히 매사냥을 즐기느라 8일 밤을 머무르게 되었다는 것이다. 그래서 저기 앞산 이름이 '매봉鷹峰'이라고 부른다고 한다.

'저기 모민재로 가면 관리인이 있어 만나면 안내해 줄 거'라고 하며 올라가라고 했다. 오르막길을 오르는 발걸음이 가벼웠다. 어디나 재실은 잠겨 있기 마련이어서 잠시 모민재 앞을 서성이노라니 한 분이 낫을 손에 들고 걸어 내려왔다. 공손하게 인사를 하고 이곳 모민재와 태조사에 대해서 알고 싶다고 했더니 흔쾌히 안내를 해주셨다. 태종 이방원의 둘째 아들이 효령대군(孝寧大君, 1396~1486)이고, 효령대군의 큰 아들 의성군(誼城君, 1411~1493)과 그 후손들을 모시는 재실이다.

모민재에 대한 설명을 듣고 두근거리는 가슴으로 이정국 씨의 안내에 따라 태조사 터로 갔다. 모민재 바로 뒤편이다. 태조사 터는 한여름이라 우거진 나무들과 웃자란 풀로 인해 흔한 기왓장이나 주춧돌 하나 볼 수 없었다. 이정국 씨의 안

포천군 내촌면 음현리(원팔야리) 전주 이씨 재실 모민재 뒤편에 있는 '태조사(太祖寺)' 터   태조 이성계는 함흥에서 내키지 않은 발걸음을 한양으로 옮기면서 이곳에서 하룻밤만 머물기로 했는데, 이곳 풍광이 좋고 앞산 매봉에서 매사냥을 즐기다가 8일 간이나 머물렀다고 한다. 그러나 그렇지만은 않은 듯하였다.

원팔야리에서 바라본 매봉[鷹峰] 태조 이성계는 이곳에서 내키지 않은 환궁 길의 역겨움을 달래기 위해 매사냥을 했다고 한다.

내가 없었다면 전혀 알아볼 수 없었을 것이다. 하기야 오백년도 훨씬 지난 후이니 무엇인들 남았겠는가. 세월이라는 발자국에 밟히면 모든 것이 스러지는 것을.

　태조사 터에서 태조가 매사냥을 즐겼다고 하는 원팔야리 앞산 매봉을 한참 동안 바라보았다. 태조는 태종의 잔인함에 치를 떨고 1401년(태종 1)과 1402년 두 차례에 걸쳐 함흥으로 간 뒤 돌아오지 않았다. 첫 번째는 태조가 신임하던 성석린成石璘을 보내 설득했고, 1402년 11월 다시 함흥으로 돌아가자 그 해 12월 무학대사無學大師 가 찾아가서 겨우 환궁을 승낙 받을 수 있었다.(『한국민족문화대백과사전』 '함흥차 사' 조 참조) 그러나 일설에는 묏자리를 바꿀 만큼 친했던 근신 남재南在가 매사냥을 핑계로 이성계를 점차 남쪽으로 어보御步를 옮기게 하여 이곳 팔야리까지 오게 되 었고, 팔야리 앞산에서 매사냥을 하여 산 이름이 '매봉'이 되었다는 전설도 있다.

　매사냥을 잘 모르거니와 그 재미를 전혀 알 수 없으니, 태조의 8일간 유숙은 태 종을 보기 싫은 것이 주요인이었을 것이라고 생각하면서, 잠시 야사와 비화에 흔 하게 구전되는 이야기를 떠올려 보았다. 다름 아닌 아버지의 내키지 않는 환궁 행렬이 한양에 가까워지자 태종 이방원은 궁에 앉아서 기다릴 수는 없었을 것이며, 마중을 나가는 것은 당연한 도리였을 것이다. 야사에는 태종이 이곳 팔야리 아래 마을 금곡리까지 마중을 나왔다는 것이 일반적이다. 차일遮日을 치고 몇 달 만에 간신히 환궁 길에 오른 아버지께 술잔을 올렸다. 그런데 태조는 태종에 대한 분노를 삭이지 못해 도포 소맷자락에 쇠뭉치를 감추고 있다가 고개 숙여 술잔을 올리는 태종의 뒷머리를 내리쳐 죽이려고 했다거나 활을 숨기고 있다가 태종을 향해 화살을 쏘았다는 이야기 등도 구전되고 있다. 다행히 태종은 근신들의 충언대로 직접 술잔을 올리지 않고 내시를 시켜 술잔을 올리고 자신은 멀찍이 앉아 무릎을 꿇었기 때문에 살아남을 수 있었다거나 태조가 쏜 화살을 기둥 뒤에 숨어서 피할 수 있었다는 일화들이다. 그렇다면 태조가 매사냥 때문에 8일간 머무르지는 않았을 것이라는 추측도 가능하겠다. 태조의 함흥차사咸興差使에 관한 비화들은 조선 후기 실학자 이긍익李肯翊의 『연려실기술(燃藜室記述)』 제1권 〈함흥주필(咸興駐蹕)〉 조에 차고 넘칠 만큼 기술되어 있으나, 훗날 역사서술에서 이러한 부자지간의 아름답지 못한 일화들을 정사에 남길 리는 만무했을 터.

한 가지 안타까운 것은 행정구역을 새로 개편하면서 굳이 팔야리를 두 동강이로 나눠 포천군 내촌면 음현리(원팔야리)와 남양주시 진접읍 팔야리로 했을까. 그럴만한 사정이 있었겠지만 문외한이 보기에는 역사적 배경을 무시하고 하나의 스토리로 공유되어야 할 마을을 행정편의상 자를 대고 연필로 줄을 그어 나누었으리라 생각하니 씁쓸한 생각이 들었다.

옥새를 내어주고 내각리(內閣里) 풍양궁(豐壤宮)까지 내키지 않은 발걸음
팔야리에서 내각리까지는 왕숙천을 따라 장현리 앞을 지나 걸으면 5~6km 정도다. 천천히 가야하는 왕의 연輦이라면 한나절은 걸렸을 것이다. 금곡리까지 마중 나온 태종을 죽이려던 시도가 무산되자 태조는,

"하늘이 시킨 것이다." 하면서 노기를 풀고 옥새를 주면서,

"네가 갖고 싶어 하는 것이 바로 이것이니, 이제 갖고 가라"라고 하며, 마중 나온 태종에게 옥새를 내주고 한양 궁궐로 먼저 돌려보낸다.

태조는 끝내 태종을 왕으로 인정하려 하지 않았던 것이니 옥새를 가지고 함흥으로 간 것이었다. 그리고 많은 문안사問安使를 함흥차사로 만들고서야 팔야리를 거쳐 이곳 내각리에 다시 머무르게 된 것이다. '내각리內閣里'라는 지명은 내동리內洞里의 '내內'자와 비각리碑閣里의 '각閣'자를 따서 지어진 이름이라고 하나, 보다 설득력 있는 지명 유래로는 함흥에서 내려온 태상왕太上王 태조와 왕위를 태종에게 물려준 상왕上王 정종이 함께 이곳에 머물기도 했는데, 이미 옥새를 받아 급할 것 없는 태종이 두 상왕을 위해서 이궁離宮인 풍양궁을 지어주었고(1401년, 태종 1년), 내각內閣들이 와서 모시고 갔다거나 국가 중대사에 내각 대신들이 수시로 이곳에 와서 정사를 상주上奏했다는 설에 더 수긍이 간다. 곧 조선시대에 동쪽에 지었던 행궁行宮으로 '풍양궁豐壤宮'이 있었음에 유래된 것 등이 그것이다. 그 이후 자연스럽게 '비각리碑閣里·궐리闕里·대궐터·구궐지舊闕址' 등의 자연부락

남양주시 진접읍 내각리에 있는 풍양궁구궐유지비비각(豐壤宮舊厥遺址碑閣)(좌)과 안내표지판(우) 내각리 입구 아파트와 주택 사이 비좁은 공간에 있어 찾기가 쉽지 않고 더구나 녹슨 열쇠로 굳게 잠겨 있어 비석은 촬영도 불가하다. 역사 유물·유적은 이런대로 있어도 의미가 절로 생기는지 의문이 들었다. 디지털시대에 걸 맞는 관람객이나 역사 연구자들에게 보다 쉬운 접근방법은 없을까?

명칭이 생긴 것이고, 내각리 안쪽 마을은 태조의 계비 신덕왕후 강씨神德王后康氏가 머물렀다고 하여 안골[내동-(內洞)]이라 부르게 되었다는 것이다.

그 후 풍양궁은 임진왜란 때 모두 불타버리고, 이를 안타깝게 여긴 영조대왕(1755년, 영조 31)과 1905년(광무 9)에 각각 비석을 세워 기념한 것이다. 불행하게도 내각리에서 며칠간을 머물렀는지는 알 길이 없다. 다만 조선왕조 오백 년 역사의 첫 출발 당시 부자지간, 형제지간의 아픈 골육상쟁의 뒷이야기들은 타임캡슐에 담아 역사에 묻고 돌비를 세워 흔적을 남긴 것이리라.

내각리에서 퇴계원(退溪院)까지, 다시 발걸음을 돌리다

당시 내각리에는 왕위를 물려받은 정종도 태조를 모시기 위해 와 있었을 것이다. 부자지간에 한 사람은 태상왕太上王으로, 다른 한 사람은 상왕上王이 되어 한 고을에 머물고 있으려니 참으로 기가 막힐 노릇이었다. 정종도 함께 내각리에 머물렀다는 사실은 확인되지 않으나 이곳 주민들은 그렇게 알고 있었다. 아무리 가기 싫어도 마냥 내각리에서 눌러 앉아 있을 수만은 없었을 것이고, 정말 내키지 않은 발길이지만 자리를 털고 일어설 수밖에 없었을 터. 내각리에서 퇴계원까지는 천천히 걸어도 한나절 거리다. 내각리에서 내곡리內谷里, 그리고 임송리를 거쳐 왕숙천을 왼쪽에 끼고 뱅이고개를 넘으면 퇴계원이다.

뱅이고개는 한양에서 '백 리'쯤 된다고 해서 '백리 → 뱅이'로 변한 지명이라고도 하고(『남양주시의 전래지명』, 남양주문화원 간), 매우 가파른 고개를 여러 굽이 뱅뱅 돌아야만 오르내릴 수 있어 '뱅이고개'라는 이름이 붙었다고도 한다. 또 어떤 이는 '팽이처럼 돌아가는 고개'라 해서 '팽이고개 → 뱅이고개'라 했다고도 한다. 어쨌든 과거에는 길이 좋지 않고 차량 자체도 낡았던 시절이라 이 고개에 이르면 버스가 거의 예외 없이 시동이 꺼져 멈춰서는 일이 종종 있었다. 그러면 조수가 급히 뛰어내려 차 앞쪽에 기다랗고 구부러진 쇠막대를 집어놓고 힘껏

엔진을 돌리면 운전기사는 몇 번이나 시동을 걸어 되살려내곤 했다. 지금이야 약간 구불구불하기는 해도 평탄한 길이 되었지만, 옛날에는 산자락 옆구리로 오르내리며 급한 비탈길에 왕숙천이 옆으로 깊게 흐르고 있어 매우 위험했던 길이었다고 한다.

퇴계원退溪院 지명에 대해서는 최소 세 가지 이상의 유래담이 전해지고 있다. 첫 번째는 본래 양주군 별비면 지역으로 도제원道濟院이 있었기 때문에 도제원 또는 토원兎院이라 부르던 것이 변하여 퇴조원退朝院 또는 퇴계원이 되었다는 것이다. 조선시대 행정구역상 원院은 공무로 여행하는 벼슬아치들이 묵어가는 곳으로, 퇴계원이 한양에서 하루거리라는 점을 감안하면 한양 동북방 지역으로 공무상 출장 가는 관리들이 하루를 걸어 이곳에 도착하여 왕숙천을 건너기 전 하룻밤 묵었던 곳이었음을 알 수 있다. 두 번째는 태조가 함흥에서 환궁하던 중, 이곳 냇가에 이르러 삼각산 세 봉우리를 보자 분이 복받쳐서 다시 내각리 풍양궁으로 물러가 있었으므로 퇴조원이라 하였다가 퇴계원으로 변했다는 설이다. 마지막은 예종睿宗이 선왕인 세조의 능, 광릉光陵에 참배 차 행차하던 길인데, 길이 험하여 새로 냇

퇴계원 시가지 전경(좌)과 퇴계원을 흐르는 용암천(우) 수많은 사연을 녹여내며 역사 속으로 흐르는 용암천에는 황새 몇 마리들이 한가로이 먹이를 찾고 있었다.

가 쪽으로 길을 닦기 위하여 내(현 용암천)를 밖으로 물렸기 때문에 퇴계원이라 부르게 되었다는 유래 등이 있다.(『민족문화대백과사전』 〈퇴계원〉 조 참조)

여러 가지 유래담 중 글머리를 잡기 위해서는 아마도 두 번째 태조의 환궁이야기와 합을 맞추어야 할 것 같다. 이미 팔야리와 금곡리에서 마중 나온 태종에게 옥새를 건네주고 '모든 것이 하늘의 뜻이다.'라고 체념했음에도, 이곳 퇴계원에서 삼각산을 바라보니 새삼스럽게 복받치는 태종에 대한 분노는 삭일 수 없었을 것이다. 내각리에서 이미 왕위를 물려준 정종과 함께 며칠 밤 보낸 것을 생각하니 참으로 기가 막힐 노릇이었다.

왕은 잠들어도 냇물[王宿川]은 흐른다

앞서 말했듯이 왕숙천의 옛 이름은 풍양천豐壤川이었다. 연평들이 동북에서 서남방향으로 길고 널찍하게 펼쳐지고 수량이 풍부해서 가뭄 걱정이 없어 농사짓기에 더 없는 곳이라 '풍요로운 땅[풍양(豐壤)]'이라는 뜻을 붙이는데 주저할 것 없었을 것이다. 게다가 좌우에 산들이 포진하여 풍양천과 연평들을 좌우로 호위하고 있다. 그래서 이 지역 주민들에게 전해들은 말로는 원래 이곳을 조선왕조 도읍지로 정하려 했다고도 한다(연평리 '궁골[宮谷]' 유래담에서). 그런데 왕숙천 수량이 그다지 많지 않아 포기했다는 것이다. 왕숙천은 포천군 내촌면 신팔리薪八里 수원산계곡에서 발원하여 남서쪽으로 흘러 금강로-광릉내 평촌에서 부마로-금강로-퇴계원로-동구릉로를 따라 흐르다가 토평리에 이르러 한강에 합쳐지는 하천으로, 총 길이는 약 37km에 달한다.

이 왕숙천의 지명도 앞서 살펴본 바로 몇 가지 유래가 있다. 다름 아닌 '임금(태조)이 묵은 물가'라 해서 유래됐다는 설과 조선조 여러 왕들이 묻힌 동구릉東九陵이나 세조가 묻힌 광릉光陵처럼 '왕이 깊이 잠든 냇물'이라 해서 왕숙천이라는 이름이 붙었다고도 한다.

구리시 동구릉 앞을 흘러 한강으로 향하는 왕숙천 왕은 잠들어도 역사의 강물은 끊임없이 흘러 제 갈 길로 갔다. 여울목에 솟아오른 돌 위에 물새 한 마리가 잠시 쉬고 있다.

퇴계원에서 못내 발길이 내키지 않자 다시 내각리 풍양궁으로 잠시 돌아가기는 했어도 환궁을 끝내 하지 않을 수는 없었을 터. 그러나 그토록 미워하던 태종과 한 궁궐 안에서 태상왕으로 자리하기에는 너무나도 껄끄러웠을 것이다. 『조선왕조실록』에도 재위 기간 외의 행적은 공식적으로 기록되어 있지 않기 때문에 야사나 야담으로 전하는 정도 밖에는 알 수 없지만, 태조는 만년에 불도에 정진하여 덕안전德安殿을 지어 정사精舍로 삼고 염불삼매念佛三昧의 조용한 나날을 보내거나, 무학대사가 거주하던 양주 천보산 회암사檜巖寺를 수시로 찾아가 불도를 논하다가 1408년 5월 창덕궁昌德宮 별전別殿에서 승하한다. 세수는 74세(1335~1408년)요, 재위는 7년(1392~1398년), (태)상왕 재위는 10년(1399~1408년)이었다. 비문 전면에는 '대한태조고황제건원릉(大韓太祖高皇帝健元陵)'이라 새겨져 있다. 용의 형체를 새긴 비석의 머릿돌 이수螭首, 비문을 새긴 비신碑身과 거북 모양의 받침돌 귀부龜趺가 잘 보존되어 있어 조선 초기 왕의 신도비神道碑는 물론 다른 신도비의 전형으로 평가된

다. 비문은 당대의 신망 받던 문신이자 대학자였던 권근權近이 짓고, 비석 뒷면에 새긴 비음기碑陰記는 명문장가 변계량卞季良이, 비석에 전자篆字로 새긴 전액篆額은 서예가로 이름 높았던 정구鄭矩가 쓰고, 비문은 성석린成石璘이 썼다. 왕숙천이 흐르는 현 구리시 동구릉(東九陵 ; 양주 검암산 북동쪽 계좌癸坐)에 안장된다. 능호는 건원릉健元陵이다.

그런데 건원릉을 살펴보면 다른 왕릉보다 눈에 띄게 다른 점이 한 두 가지 있다. 먼저 봉분을 덮고 있는 것은 잔디가 아닌 무릎 높이로 자란 억새풀이다. 그리고 서울을 중심으로 외곽에 위치한 많은 왕릉들이 외자(字)임에 비해 태조 왕릉만 두 글자인 '건원健元'이라는 점이다. 봉분의 억새는 벌초를 하지 않은 듯 그냥 자라는 데로 내버려 둔 모습이다. 실제로 일 년 내내 벌초를 하지 않는다

구리시 동구릉에 있는 태조 이성계의 신도비 전면 역사의 이름으로 단단한 돌에 새기고 자신은 한 줌의 흙이 되었다.

고 한다. 다른 왕도 아닌 새 왕조를 연 태조의 능으로 보기에는 의아한 모습일 수밖에 없다. 봉분이 이러한 데에는 두 가지 사연이 있다. 첫째는 태조가 붕어에 임해서 고향이 그리워 유언으로 함흥의 흙과 풀로 덮어달라고 했다는 수구초심首丘初心 설과 태종이 태조의 왕릉을 조성하면서 타향에서 잠들어야 하는 아버지의 영혼을 조금이라도 달래드리려고 함흥의 흙과 억새를 가져다 봉분을 쌓았다는 이야기다. 유래야 어떻든지 지금도 건원릉 아래 발치에는 봉분의 억새가 말라 죽을 것에 대비해서 억새를 키우는 억새밭이 따로 있는 것으로 보면 꾸며낸 이야기가 아닌 것을 알 수 있다.

건원릉이 동구릉에 자리한 데에는 또 다른 일화가 있다. 사실 태조에게는 향처鄕妻인 신의왕후 한씨(神懿王后韓氏, 1337~1391년)와 계비이자 경처京妻인 신

덕왕후 강씨(神德王后康氏, ?~1396년)가 있었고, 태조는 생전에 계비 신덕왕후
와 함께 묻히기를 원했다. 그래서 자신보다 먼저 죽은 신덕왕후의 묏자리를 도
성 안 궁궐과 가까운 곳에 정릉(貞陵 ; 현 서울 중구 정동貞洞, 영국대사관 부근)
이라 능호까지 정해놓았지만, 태종은 방번芳蕃과 방석芳碩을 앞세워 자신의 왕위
까지 위태롭게 했던 신덕왕후를 도성 안 궁궐과 가까운 곳에 모시기에는 비록 선
왕의 명이라도 따를 수 없었다. 더구나 먼저 간 친모 신의왕후의 묘도 한양과 멀
지 않은 해풍군(海豊郡 ; 현 경기도 개풍開豊)에 있는 바, 한 자리에 부왕과 계모
의 능을 쓰기에는 자식으로서 할 짓이 아니었으리라. 따라서 신덕왕후가 묻힌
정릉은 천덕꾸러기 대접을 받다가 태조의 건원릉과 멀리 떨어진 정릉(貞陵 ; 현
서울 성북구 정릉동)으로 이장하게 된다. 서울 중구의 정동과 성북구 정릉동은
신덕왕후 능으로부터 지어진 같은 유래담을 지닌 지명이다.

　건원릉 봉분 역시 출입통제 구역이라 아무나 접근할 수 없을뿐더러 사진 촬영
역시 쉬이 허락되지 않으므로 조산造山된 아래 정자각 옆에서 멀찍이 봉분 꼭대

억새풀로 덮인 건원릉 봉분의 뒷 모습(좌) 다른 능에서는 볼 수 없는 십이지신상을 새긴 병풍석 외에
난간석과 곡장을 두르고 있어 가장 규모가 크고 웅장함을 느낄 수 있다. 건원릉을 멀리서 언뜻 바라보면
머리를 풀어헤치고 흰 옥양목 머리 수건을 질끈 동여 맨 힘 좋은 장정의 모습이라고 한다면 불경(不敬)스런(?)
느낌일까? / 태조 건원릉 오른쪽 아래 따로 키우고 있는 억새밭(우) 이 억새풀들도 고향인 함흥을 그리워하고
있을 지도 모른다는 생각이 들었다.

기만 올려보아야 한다. 태조는 함흥에 있던 4대조 추존 선왕(목조·익조·도조·환조)들을 이곳 동구릉으로 이장해 올 작정이었는데 풍수에서 마른송장(죽은 임금)보다는 진송장(산 임금), 곧 신후지지身後之地라야 한다는 풍수설에 따라 뜻을 이루지 못한다.

한 여름 구성지게 울어대는 매미소리를 벗 삼아 천천히 능선 옆 자락 소나무 아랫길로 봉분을 향해 오른다. 건원릉을 멀리서 언뜻 바라보면 봉분의 억새풀은 머리를 풀어헤친 모습이고 둘레석은 흰 옥양목玉洋木 머릿수건을 질끈 동여맨 힘 좋은 장정의 모습이라고 한다면 불경不敬스런(?) 느낌일까?

지금까지 원팔야리에서 금곡리—내각리—퇴계원—왕숙천—동구릉 건원릉까지 왕숙천을 따라 흐르면서 남양주 진접 일원에 깃든 태조의 환궁과 함흥차사 이야기를 중심으로 살펴보았다. 그러나 진접 일원에는 직간접적으로 왕실과 관련된 빈嬪과 군君, 그리고 명신들의 이야기들이 잊혀져가고 있다. 다시 글머리를 돌려 지금부터는 건원릉으로부터 왕숙천을 따라 올라가면서 잊혀지고 흩어진 흥미로운 이야기들을 살펴보고자 한다. 그러나 내각리 순강원, 장현리 영빈묘, 광릉 휘경원 등 몇 군데는 문화재청의 '국가지정문화재 공개 제한지역'이어서 사전에 출입허가신청을 받은 후에야 답사와 촬영이 가능했다.

태조와 음택(陰宅)을 바꾸었다는 남재(南在) 묘와 덕릉(德陵)을 찾아

동구릉 입구에는 태조 이성계가 지은 시비가 하나있다. 시제는 〈등백운봉(登白雲峯)〉이다. 먼저 전문을 살펴본다.

引手攀蘿上碧峯(인수반라상벽봉) 댕댕이덩굴 부여잡고 푸른 백운봉에 오르니
一庵高臥白雲中(일암고와백운중) 암자 하나 흰 구름 속에 높이 누워있네
若將眼界爲吾土(약장안계위오토) 만약 눈에 들어오는 세상을 내 땅으로 만든다면
楚越江南豈不容(초월강남기불용) 초·월나라 강남인들 어찌 받아들이지 않으리

동구릉 원찰(願刹) 개경사(開慶寺) 터(좌) 동구릉 입구에서 100여 미터쯤 들어가면 오른쪽 접목 무성한 곳을 개경사 터로 추정하고 있다. / 동구릉 입구에 세워진 태조 이성계의 시비(우) 무인으로서 웅혼한 기상을 장쾌하게 쓰고 있다. 중원진출의 야망도 담겨 있다.

　3행의 내용으로 보아 아마도 조선 개국을 완성하기 전에 쓴 시임이 분명하다. 나라의 기틀이 거의 완성될 무렵 경복궁이 등지고 앉은 삼각산과 북한산 줄기에서 가장 높은 백운봉에 올라 동서남북 사방을 돌아보며 감회를 쓴 시이다. 조선 팔도를 거의 평정했으니, 그 기상과 기백이라면 압록강 건너 중원대륙인들 평정 못 할 리 없는 것이다. 무인으로서 대장부의 장쾌한 심회 정도가 아닌, 조선팔도 만으로는 만족하지 못하는 태조의 속마음을 알아본 정도전은 이방원의 반대를 무릅쓰고 북방정책을 추진하려다가 실패했을까?

　태조는 조선왕조를 개국하고 각종 치국을 위한 기틀이 완비 단계에 이르자 북녘 땅 멀리 있는 추존 4대 선왕(목조·익조·도조·환조)들을 한양 가까운 곳으로 천장 遷葬할 계획을 세우고 명당자리를 물색했다. 이름 있는 지관들을 시켜 물색하던 중 지금의 동구릉 자리를 찾아냈다. 자신이 몸소 행차해서 동구릉을 살펴보니 과연 명당자리였다. 그러나 그곳은 이미 다른 사람이 음택陰宅으로 정해 놓은 터였다. 그 주인을 알아보니 태조가 가장 아끼는 근신 남재南在였다. 태조는 친히 남재를 불러 묘 자리를 바꿀 것을 제안했다고 한다. 이 일화의 주인공 남재의 묘를 찾아 나섰다.

찾아간 곳은 조선조 개국공신 남재(南在, 1351~1419)의 묘(별내면 화접리 282-7)였다. 예전에는 '딴능'이라고 부르던 별내면이다. 지금은 거대한 아파트단지로 변했다. 이 남재 묘역은 경기문화재자료 제114호로 지정되어 있으며, 주위에 아파트단지가 들어서면서 묘역이 단지 내 공원화되어 산책객이 많이 보였다. 새로 생긴 단지 내 별사랑마을의 별가람초등학교 근처였다. 주차장도 널찍하고 묘역 주변도 여유 있게 조성되어 쾌적한 느낌을 주었다. 묘역을 찬찬히 둘러보며 카메라에 담았다. 앞서 언급했듯이 이곳에 남재의 묘가 조성된 데 대하여는 매우 재미난 이야기가 전래되고 있다. 이 이야기는 1980년도 구비문학자료 조사를 할 때 별내면 덕송2리에서 채록했던 내용이다.

조선 태조는 한양에 도읍을 정한 후 종묘사직을 마련하고 선왕(先王 ; 추존 임금 목조, 익조, 도조, 환조)들의 능지를 정하기 위해 대신들과 함께 현재의 동구릉

구정 남재(龜亭南在) 묘역 5백여 년 전 태조 이성계와 동구릉 왕릉자리를 바꾸었다는 이야기를 간직하고 있다.(현 경기도 남양주시 별내면 화접리 282-7. 구정남재묘역). 만약 태조와 묘 자리를 바꾸지 않았다면 조선왕조의 국운은 어떻게 바뀌었을까. 잠시 풍수지리설로 상상의 나래를 펼쳐 본다.

지역을 답사했다. 동구릉은 현재 구리시 인창동에 위치해 있는데, 모셔진 능의 개수에 따라 동오릉東五陵, 동칠릉東七陵으로 바뀌어오다가 철종 때 익종의 수릉綏陵을 마지막으로 현재의 이름인 동구릉東九陵으로 굳어지게 되었으니, 태조 건원릉健元陵, 문종과 현덕왕후 현릉顯陵, 14대 선조와 의인왕후·인목왕후 목릉穆陵, 16대 인조와 계비 장렬왕후 휘릉徽陵, 18대 현종과 명성왕후 숭릉崇陵, 20대 경종의 비 단의왕후 혜릉惠陵, 21대 영조와 정순왕후 원릉元陵, 23대 순조의 원자인 추존왕 문조와 신정왕후 수릉壽陵, 24대 헌종과 효현왕후·효정왕후 경릉景陵 등이다. 무학대사는 동구릉 자리가 선왕의 능지보다는 태조의 신후지지(身後之地 ; 살아 있을 때에 미리 잡아 두는 묏자리)로 더 적합하다고 권고하였다고 한다.

이상과 같은 공식적인 설명 외에 다음과 같은 명당설화가 함께 전하고 있다. 태조는 구리시 동구릉을 왕릉으로 정하기 전에, 별내면 화접리의 딴능자리(현 경기도 남양주시 별내면 화접 282–7. 구정 남재묘역)를 잡은 바 있었다. 태조는 먼저 잡았던 자리보다 나중에 찾은 자리, 곧 건원릉 자리가 금계포란형金鷄抱卵形의 명당임을 알게 되었다. 금계포란형은 황금색 닭이 알을 품고 있는 형국으로 임금의 자리를 의미한다. 그런데 이 자리, 곧 현 동구릉은 이미 남재가 잡아놓은 자리였기 때문에 태조는 남재에게 묘 자리를 바꿀 것을 제의했다고 한다. 남재는 앞서 태조가 잡은 딴능자리는 역적이 날 자리라고 난처해했지만, 태조는 그 은혜를 결코 잊지 않겠다는 불망기不忘記, 곧 남재의 후손으로 역적이 나더라도 벌하지 않겠다는 각서(?)를 써주고 후일에 증빙으로 삼게 했다. 임금이 신하에게 불망기까지 써주고 묘 자리를 바꾼 것은 전무후무한 일이었다. 그것도 역적이 나더라도 벌하지 않겠다고 까지 했으니, 동구릉의 왕릉자리가 보통의 명당자리가 아님을 알겠다. 그런 만큼 훗날에 중국 사신이 와서 동구릉 자리를 '천작지지(天作之地 ; 인위적으로 만들지 않은 하늘이 만든 명당)'라고 했다고 하니, 이 두 가지 일화를 보더라도 동구릉이 어떠한 명당인지는 풍수지리를 믿지 않거나 문외한이라도 수긍이 갈 터이다.

이리하여 현 동구릉 묘 자리를 정하게 된 태조는 매우 기쁜 마음으로 환궁하던 중 망우령(忘憂嶺, 망우리고개)에 이르러 잠시 멈추고 능지로 정한 명당을 바라보며, '이제 근심을 잊게 됐다.'고 했다. 이로 인해 그 고개의 지명이 현 '망우리忘憂里'가 되었다고 한다.

남재와 묘 자리를 바꾼 태조는 훗날 정치에 환멸을 느껴 영흥으로 돌아가 함흥차사 일화를 남겼고 서울로 돌아와서 불도에 정진하다 1408년(태종 8) 5월 24일 창덕궁에서 74세의 나이로 세상을 떠나 동구릉 건원릉에 묻히게 된다. 남재에 대해서 좀 더 알아보자. 태조와 묘 자리를 바꾼 남재의 본명은 남겸南謙이었다. 조선 개국에 큰 공을 세웠지만 자신의 이름 '겸(謙 ; 겸손하다, 공손하다)'처럼 공신 자리를 마다하고 지방으로 피했는데, 태조가 그를 찾아내 '재(在)'라고 이름을 지어 주었으니, 아마 그가 살아 있는 것이 기쁘다는 뜻이요, 자를 경지敬之라고 한 것은 '임금이 준 이름을 공경한다.'라는 뜻이다. 여하튼 남재는 무덤을 바꾼 덕분인지 조선조 초기의 피비린내 나는 정국 속에서도 승승장구하며 아무 탈 없이 부귀영화를 누렸다고 한다. 더구나 남재의 후손 중 묘 자리를 바꾼 것 때문에 역적이 났다는 사실은 없으니 딴능자리에 관한 일화는 단순한 일화일 뿐이었는가?

그리고 남재에 관한 『연려실기술(燃藜室記述)』의 '태종조 고사본말-남재(太宗朝故事本末-南在)' 조 일화에는 오늘을 사는 우리에게도 주요한 삶의 덕목을 암시해 준다. 일화의 내용은 이렇다. 남재의 산술算術은 당시 최고로 평가받는 터여서 일명 남산南算이라는 별명으로 불리기도 했는데, 남산은 틈만 나면 손님을 붙잡고 바둑 두기를 좋아하여, 어떤 때는 종일 바둑만 두었다고 한다. 사람들이 그 까닭을 물으니, '산 사람은 기운이 있으므로 반드시 말을 하게 되고, 말을 하게 되면 조정 일에 말이 미치지 않을 수 없다. 그러나 종일 바둑을 두면 기휘(忌諱 ; 꺼리고 싫어하는 말, 곧 해서는 안 되는 말)에 저촉되는 말을 피할 수 있을 것'이라고 자신의 바둑 두기를 변명(?)했다고 한다.

말을 잘못해서 입는 화를 설화舌禍라고 한다. 우리가 살아가면서 범하는 실수 열 중 여덟아홉은 곧 세 치 혀를 잘못 놀리는 것에서 비롯하니, 이를 삼촌지화三 寸之禍라 경계하고, 삼사일언(三思一言 ; 깊게 생각한 다음 말을 함)하라거나, 상 인지언(傷人之言 ; 남을 아프게 하는 말)을 금한 것이리라. 남재 자신이 늘 이랬 으니, 그 가정에서 가르침을 받은 후손 또한 말을 진중하게 했을 것이어서 묘 자 리가 예언한 역적은 나오지 않았음은 당연한 것이리라.

기왕에 태조와 묘 자리를 바꾼 남재의 딴능묘 자리 이야기가 나왔으니 한 마 디 덧붙이자면 이렇다. 남재의 묘 자리가 있는 곳은 불암산佛巖山 동남쪽 끝자락 평지이고, 이 불암산은 수락산水落山 아래 줄기에 해당한다. 그런데 태초에 아직 천지가 개벽하기 전 현재 한양의 도봉산과 함께 하늘에 있다가 지상으로 내려 왔 는데, 수락산이 형님이고 도봉산이 아우였다고 한다. 그런데 '먼저 내려간 산은 산 임금을 모시고, 늦게 내려 간 산은 죽은 임금을 모신다.'는 말을 들었다. 당연 히 형님인 수락산이 먼저 내려와야 하는데도 아우인 도봉산이 그 말을 듣고 먼

신선대에서 바라본 도봉산 풍경과 불암산에서 바라본 수락산 전경 산 임금을 모신다는 도봉산 풍경과 죽은 임금을 모시게 돼 돌아앉았다는 수락산 풍경

저 내려오고, 형님인 수락산이 늦게 내려왔다는 것이다. 그래서 형님인 수락산이 화가 나 아우인 도봉산이 보기 싫어서 돌아앉았다는 것이다. 그리하여 도봉산은 산 임금을 모시니 경복궁景福宮이 자리하고 있고, 수락산은 죽은 임금을 모시니 태릉(泰陵 ; 조선조 중종의 계비 문정왕후의 능)과 강릉(康陵 ; 조선조 명종과 왕비 인순왕후의 능)이 있게 되었다는 것이다. 지금도 산세의 형상으로 보면 수락산 앞쪽은 한양(서울) 쪽이 아닌, 한양을 등진 동쪽으로 자리를 틀고 앉은 형국이다. 그래서 훗날 호사가好事家들은 산 임금이 있는 경복궁을 등지고 돌아앉아 있으니 역적이 날 묘 자리라고 즐겨 말한 것이 아니었겠는가. 사실 수락산 내원암(內院庵 ; 경기도 남양주시 별내면 청학리) 뒤편 미륵석불입상 앞에 앉아 남쪽 능선의 암반을 바라보면 관세음보살이 누워 있는 모습의 바위를 뚜렷하게 볼 수 있다(녹음이 우거진 여름철보다는 낙엽이 진 겨울에 가면 더 뚜렷하다). 그래서 죽은 임금을 모신 것보다는 부처를 모시고 있는 산이어서 따로 수락산줄기라 하지 않고 불암산佛巖山이라 불렀을 것이다.

풍수지리설을 불신하는 것은 아니지만, 충신이 날 묘 자리가 따로 있고 역적이 날 묘 자리가 따로 있을까? 더구나 당唐나라 시인 유우석劉禹錫의 『누실명(陋室銘)』을 요약해본다면, '신령스러운 산은 산의 높낮이에 있는 것이 아니니 신선이 살면 영산靈山이고, 신령스러운 물도 깊고 넓음에 있는 것이 아니고 용이 살면 영천靈川이라고 하듯, 덕 있는 자가 살면 누실(陋室 ; 누추한 집)이라도 고루거각高樓巨閣에 비할 것인가?'라 하겠으니, 아무리 천하의 명당에 자리를 잡고 정승판서가 나오기를 기다리지 말고 후손을 위해 덕을 쌓으면, 그 조상의 음덕蔭德으로 자손이 잘 될 것이라는 옛 성현의 말씀들이 오늘을 살아가는 우리들에게는 진부한 잔소리인가?

동구릉에 있는 태조 이성계의 건원릉健元陵에 관련해서는 『신증동국여지승람』〈능묘〉 조에,

건원릉(健元陵). 본조 태조의 능이다. 주 남쪽 57리 지점인 검암산(儉巖山) 기슭에 있는데, 서울과는 20리쯤 되는 거리이다. ○ 권근(權近)이 지은 신도비명(神道碑銘)에, " … 영락 6년 무자 5월 24일 임신에 우리 태조께서 세상을 떠났으니 춘추가 74세였다. 왕위에 있은 것이 7년이고, 노년(老年)이어서 정사를 보지 않은 것이 11년이었다. 신민이 다 어버이처럼 임어(臨御)하여서 영원히 영양(榮養)을 누리도록 축원하였는데, 일조에 신선이 되어 활과 칼만 남기시니 애통하여라. 우리 전하께서 애모하심이 다함없었다. 양암(諒闇)에서 예대로 다하며, 군신을 거느리고 책보를 받들어서 태조 지인 계운 성문 신무대왕(太祖至仁啓運聖文神武大王)이라는 존호를 더 올렸다. 이해 9월 9일 갑인에 도성 동쪽 양주 검암산에 장사하였는데, 능 이름을 건원이라 하였다. 능 곁에다가 절을 설치하여 이름을 개경(사)(開慶寺)이라 하고, 명복(冥福)을 빌었다. …… (신증) 지금 임금 8년에 현덕왕후(顯德王后)를 부장(祔葬)하였다."

그리고 인근 주을내[주을천(住乙川), 주을동(住乙洞)]에 대해서도 역시 재미난 이야기가 전해진다. 주을내는 별내면 용암리 수리봉에서 발원하여 남쪽으로 흘러 화접리 덕송내와 합쳐져 퇴계원리에서 왕숙천으로 흘러들어간다. 개국공신이자 영의정을 지낸 남재는 태조와 한날한시에 태어나 한날한시에 죽었는데, 동시에 하관下棺을 하고자 했다. 그때는 통신 수단이 없어서 동구릉과 별내면 화접리[평양골] 사이에 새끼줄을 매고 사람들이 늘어선 후 줄을 흔들어 그 신호에 맞춰 동시에 하관을 마칠 수 있었다. 사람들은 신호를 했던 (새끼)줄이 지나간 마을이라 하여 '줄을내/주을내'라 부르게 되었다는 것이다.(조희웅, 『한국구비문학대계』, 1-4. 경기도 의정부시·남양주군편 참조). 그러나 태조(1335~1408)와 남재(1351~1419)가 동갑이고 한날 사망했다는 이야기가 허구인 것은 두 사람의 생몰연대를 비교해 보면 금방 알 수 있다. 다만 태조와 남재의 군신관계를 떠난 인간적 신뢰와 상대에 대한 배려의 흥미적인 요소가 가미된 지명유래담에 지나지 않는 것이리라. 『신증동국여지승람』〈산천〉 조에는 주을동에 대하여 '주 남쪽 40리 지점에 있다.'고만 되어 있다.

태조 이성계와의 군신관계를 초월하여 묘 자리를 주고받은 인간적 신뢰와 의리를 반추하며 남재 묘역을 서성이다가 덕릉德陵으로 발길을 옮겼다. 덕릉(남양주시 별내동 산205-13)은 선조(宣祖, 재위 1568~1608)의 부친 덕흥대원군 이초(德興大院君李岹, 1530-1559)의 묘소가 있는 곳이다. 때문에 인근의 마을 이름도 '덕릉'이 있는 마을이다 하여 '덕동'이라 칭한다. 덕흥대원군은 선조의 아버지로 대원군으로 추존되었으며, 덕릉이란 지명은 '덕흥대원군의 능'을 편의상 축약해 붙인 이름인데, 함경도에 있다는 태조의 고조부 목조穆祖의 능 이름과 같아 혼동의 여지가 있기도 하다.

덕흥대원군은 11대 중종과 후궁 창빈안씨 소생으로 아홉 살 때 덕흥군德興君에 책봉되고 하동정씨와 혼인하여 3남 1녀를 두었으나, 30세에 병을 얻어 별세했다. 중종과 장경왕후 윤씨의 소생인 12대 인종(仁宗, 재위 1544~1545년)과 중종과 문정왕후 윤씨의 소생인 13대 명종(明宗, 재위 1546~1567년)은 모두 덕흥군의 이복형이지만 후사가 없었다. 명종 사후에 중종의 아홉째 아들인 덕흥대원군의 3남 하성군 균河城君均이 즉위하니, 이 분이 바로 14대 선조(宣祖, 재위 1568~1608)이다. 선조는 아버지 덕흥군을 사친(私親 ; 종실로서 왕위를 이어받은 임금의 친아버지)으로 추존하려 하였지만 신하들의 반대로 뜻을 접는 대신 1569년(선조 2)에 조선조 최초의 대원군으로 추존하였다. 덕흥대원군의 묘는 현재 경기기념물 제55호로 지정되어 있다.

덕릉에 이르는 길은 별내면 청학리에서 오르는 길과 서울시 노원구 상계동에서 이른바 수락산과 불암산 중간에 난 덕릉고개를 넘는 두 방향의 길이 있다. 능침 입구 바로 곁에는 56사단 예비군동원훈련장이 자리 잡고 있어 많은 사람들에게 예비군훈련장이 있는 덕릉은 잘 알려져 있지만, 실제 덕릉은 푯말도 없거니와 입구의 길도 좁다란 오솔길이어서 덕흥대원군의 묘가 있는지조차 아는 사람이 그다지 많지 않다. 훈련장 입구에 도착하자 동산 위로 찾아 올라갔다. 원래 사람의 발자취가 적기도 하거니와 잡풀이 수북이 자라 있어 길을 식별하기가 수월치 않았다. 미끄러지기도 하면서 잠시 올라가자 묘와 묘비가 보였다. 묘비에는 '덕흥대원군지묘(德興大院君之墓) 하동부대부인정씨지묘(河東府大夫人鄭氏之墓)'라 새겨져 있다.

비석과 한 쌍의 문인석 그리고 장명등長明燈과 혼유석魂遊石이 검은 쑥색으로 말라붙은 이끼와 함께 세월의 흐름이 묘역을 감싸고 있었다. 비석과 묘를 사진에 담으며 한참을 서성거리다가 하산했다. 중종의 아홉째 아들로 태어나 자신의 셋째 아들이 왕위를 계승하리라곤 언감생심 상상도 못했을 터인데, 그럴 수밖에 없었던 온갖 사연들은 세월에 묻히고 잊혀져가며, 한 사람도

덕흥대원군묘 앞의 묘비와 문인석 검은 쑥색으로 말라붙은 이끼와 함께 세월이 묻어가는 묘역의 묘비와 문인석

묘 뒤에서 내려다 본 덕흥대원군과 하동부대부인 정씨 묘 조선 14대 왕 선조의 생부와 생모의 묘로 덕릉고개 중턱 외딴 곳에 자리하고 있으나 안내간판도 변변치 않아 산새 울음을 벗 삼아 풍화되어 가고 있었다.

찾는 이 없는 야트막한 산자락에서 산새 울음을 벗 삼고 있다. 세월과 역사의 겉맛이 허무와 무상감이라면, 속맛은 무슨 맛일까? 인근 청학리 566번지(순화궁로 909번길 36-5)에 선조의 여섯째 왕자인 순화군(順和君, ?~1607년, 선조와 순빈 김씨의 소생으로 현지에서는 '순화궁'이라 부름)의 묘가 있으나 일정 관계상 찾지 못해 유감으로 생각하며 뒷날의 과제로 삼았다.

내곡리(內谷里)와 내각리(內閣里) 순강원(順康園)에 깃든 사연

별내면 남재묘역과 덕릉을 살펴 본 후 다시 퇴계원으로 나와 왕숙천을 거슬러 올라가기 시작했다. 퇴계원사거리에서 동구릉 쪽에서 뻗어온 동구릉로가 끝나고 퇴계원로가 시작되었다가 뱅이고개를 넘어 삼송삼거리에 이르면 금강로와 합쳐진다. 이곳에서 금강로를 타고 비로소 진접읍 관내로 접어들게 된다. 첫 번째 만나는 마을의 행정명칭이 내곡리(內谷里, 안골)이다.

이 지역은 통일신라시대에는 황양현이었고, 고려부터 조선 초까지는 풍양현豊壤縣의 중심 지역이었다. 이후 양주목 별비면에 속했다가 1914년 1일 내곡리·영지동·동촌리·서촌리 그리고 전도리 일부를 병합하여 내곡리라 해서 진접면으로 편제되었다. 내곡이란 풍양현 안쪽에 해당하므로 안골 또는 내곡이라 불렸다. 안골을 원내곡 혹은 역말이라고도 하는데, 원내곡은 이곳에서 맨 처음 마을이 시작되었다는 뜻이고, 역말은 '역마을'의 준말로 예전 이곳에 역참이 있었기 때문이다. 예전에는 '쌍수역雙樹驛'이라 하였다는데, 현재 그 흔적조차 남아 있지 않다. 마을 사람들에게 물어봐도 역이 있던 곳을 아는 사람이 전혀 없었다. 다만 『진접읍지명유래』에 의하면 '쌍수역지雙樹驛址는 진접읍 내곡리 473-32' 부근으로 추정된다고 하고 있다. 역사를 상고해 보면 이 쌍수역은 고려시대에는 상수역桑樹驛으로 불렸으며, 춘주도春州道의 역 가운데 양주 관내 풍양현에 속해 있으면서 양주[남경]에서 포천·가평 방면을 연결하였고, 조선시대에는 평구도平丘道 관할의 역 가운데 하나로서 한양에서 가평·포천 방면을 연결하는 소로역小路驛이었다고 한다. 관련 기록을 찾아보니 『세종실록』(제9권, 세종2년 8월 12일)에서 다음 기록을 찾을 수 있었다.

형조에서 여러 역의 전운(轉運)하는 노비에 대해 계(啓)하기를, "경기(京畿)의 양재(良才)·낙생(樂生)·구흥(駒興)·영서(迎曙)·벽제(碧蹄)·마산(馬山)·동파(東坡)·초현(招賢)·청교(靑郊) 등 9역에는 각 역에 10호(戶)를 주는데, 정역(正役)이 한 명이요, 봉족(奉足)이 두 명이니, 합계 270명인데, 쌍수역만은 12호요."라고 하였다.

또한 『세종실록지리지』〈경기 양주도호부〉 조에는,

역이 여섯이니, 청파(靑坡)·노원(蘆原)·영서(迎曙)·평구(平丘)·구곡(仇谷)·쌍수(雙樹)이다.

라고 하였고, 『신증동국여지승람』〈경기 양주목역원〉 조에는,

평구역은 주 동쪽 70리 지점에 있어 본도의 속역 열한 곳을 찰방(察訪)하는데, 녹양(綠揚)·안기(安奇)·양문(梁文)·봉안(奉安)·오빈(娛賓)·쌍수(雙樹)·전곡(田谷)·백동(白冬)·구곡(仇谷)·감천(甘泉)·연동(連洞) 등이다. …… 쌍수역은 풍양현 남쪽 2리 지점에 있다.

라고 하였다. 또한 『여지도서(輿地圖書)』경기도 양주목 역원 부발참(附撥站)에는,

쌍수역은 별비곡면(別非谷面)에 있는데 동쪽으로 40리 떨어져 있고 관북간로(關北間路)의 평구도 소속으로 말 8필, 이속(吏屬)과 남자 종이 48명, 여자 종이 3명이다.

라고 기록되어 있다. 1457년(세조 3)에 이조吏曹의 건의로 각 도 역의 관할을 조정하고 정역찰방(程驛察訪 ; 각 도의 노정路程과 역참驛站을 맡아보던 외직外職)을 두게 했는데, 이때 쌍수역은 구곡역仇谷驛 등과 함께 경기·강원도 정역찰방 관할이 되었다. 역참은 조선 후기에 들어 역마驛馬를 남용하거나 역전驛田을 사유화하는 등으로 인해 폐단이 가중되자, 파발擺撥을 설치하여 병행 운영하였다. 양주의 평구역을 중심으로 한 평구도平丘道와 그 소속의 쌍수역은 다른 지역의 역들과 마찬가지로 1894년(고종 31) 갑오개혁 때까지 존속하였다고 한다.

내곡리의 자연마을로는 임송林松, 동촌, 영서(靈西, 서촌) 등이 있다. 임송은 옛날에 송림이 무성하다 해서 임송이라 했고, 동촌은 내곡리 동쪽에 위치하여 동촌이라 하였으며, 영서는 서쪽에 위치해서 서촌이라 부르다가, 지금은 영지동과 서촌을 합해 영서로 고쳐 부른다고 한다. 또 마을 서쪽에는 전도치(全道峙/全道峴)란 고개가 있어 마을 이름도 전도치라고 한다. 전도치에는 별내면 광전리 퇴뫼로 넘어가는 길이 있는데, 차편이 없었던 예전에는 이 길이 동서를 연결해주는 유서 깊은 고갯길이었지만, 울창한 잣나무가 하늘을 가려 대낮에도 인적이 드물어 도둑들이 우글거리던 아주 험난한 길이었다고 한다.

2015년 이 고개 밑으로 뱅이터널이 개통되었다. 앞서 가 보았던 별내면 남재묘 앞길을 경유하면 이 뱅이터널을 통과하게 되고, 계속 직진을 하면 신월교차로에서 금강로와 만난다. 내각리에는 한국전쟁 때까지도 초등학교가 없어 당시에는 10여 리 떨어진 장현리의 장현초등학교를 다녀야 했다. 한국전쟁 이후 매일 오전 오후로 몇 번밖에 다니지 않는 버스편이 생겼지만, 경제적 여유가 없었을 때라 대부분 걸어 다녀야 했다. 그 중에는 전도치 마을에서 통학을 하던 친구도 있었다. 전도치 끝에서 장현까지 거의 20리에 가까운 거리를 매일 걸어서 다닌 셈이다. 다행히 내곡리에 장현초등학교(당시는 장현국민학교) 분교가 세워졌지만, 이 학교는 얼마 되지 않아 내각리에 있는 내각초등학교(현 풍양초등학교)에 통합되고 폐교되었다. 현재 학교가 있었던 자리에 신축건물들이 들어서 있어 학교는 흔적조차 찾을 수 없다.

내곡리에 있는 문화재로는 '여경구가옥[呂卿九家屋, 남양주동관댁(南楊州東官宅)]'이라는 고가古家가 있는데, 이 집은 1800년대 현재 소유자 여경구의 장인인 이덕승의 8대조가 지었다고 전해지는 집으로, 중요민속문화재 제129호로 지정되어 있다. 이 집을 보기 위해 마을 사람들에게 물어 찾아가보니 산비탈 자락에 자리 잡고 있었다. 마을에서는 가장 뒤쪽이고 가장 높은 곳이었다. 그러나 늘 개방되어 있는 줄 알았으나 대문이 굳게 잠겨 있어 집안을 돌아볼 방도가 없었다. 관리인이 외

내곡리 여경구가옥에서 내려다본 연평들녘(좌) 왕숙천을 가로질러 펼쳐지는 넓은 들이 한가롭고 평화로웠을 것이다. 지금은 개발지가 되어 옛날의 평화로웠던 연평의 농부가는 들리지 않는다. / 진접읍 내곡리의 286번지의 '여경구가옥' 중 사랑채(우) 집의 평면은 'ㅂ'자 형으로 서남향으로 배치되어 있다. 각 건물이 연결되어 있지 않고 떨어져 배치된 것이 특징이다.

출 중이거나 따로 사는 모양이었다. 할 수 없이 흙돌담 뒤편의 언덕진 곳으로 올라가 집안을 들여다보려고 담장 뒤편 비탈진 곳을 올라가 봤다. 눈앞에는 여경구가옥뿐만 아니라 마을의 모습이 펼쳐지고, 멀리는 마을 앞을 흐르는 왕숙천의 모습과 연평들이 한눈에 들어왔다. 전망이 참으로 좋은 명당자리임을 알 수 있었다.

사진을 몇 장 찍고 막 내려가려는데 인기척이 들리더니 대문이 열리며 평상복 차림의 중년 남자가 나왔다. 반가운 마음에 급히 달려가 찾아온 목적을 말했더니 사진 촬영을 쾌히 승낙했다. 별채로 독립되어 있는 사랑채·문간채·행랑채·사당채들을 대충 찍고 나서 명함을 주고 말을 건넸다. 필자가 장현국민학교를 나왔고 이곳 현 아무개와 동기동창이라고 하니, 그는 대단히 반가워하며 자신도 장현소학교 출신이라며 대선배라고 깍듯이 인사를 했다. 잠시 한담을 주고받다가 이곳 이름이 역말이 되게 한 '쌍수역'의 흔적이 지금은 전혀 남아 있지 않음도 확인할 수 있었다.

여경구가옥을 떠나 밤섬이 있는 내곡교차로에 이르렀다. 이곳은 최근 별내아파트 단지에서 별내터널, 진접터널이 개통되었다. 터널을 통과한 대로가 이곳에서 금강로와 교차한 후 연평리 쪽으로 나아가고, 한편 금강로는 밤섬의 좌측을 지나쳐 내각리와 장현리로 이어진다. 이 사거리에서 연평리 쪽으로 나아가게 되어 있는 내곡대교를 건너면 대로를 사이에 두고 양쪽으로 널따란 들판이 펼쳐지는데 이 들판이 연평들(뜰)이다. 사람들은 '풍양들' 혹은 '요연평'이라고도 한다. 이 들판에서 왕숙천 연변을 따라 진접-퇴계원간의 대로가 조성되고 있고, 또한 서울 노원구에서 시작하여 별내면과 밤섬 부분을 건너 연평리에 이어 금곡리로 이어지는 전철도 2021년도 완공을 목표로 건설 중이다.

여담을 덧붙이면 연평리 북쪽에는 목화배미라는 이름의 전야田野가 있다. 이곳에는 옛날 어떤 농부가 흉년을 만나 배고픔을 이기지 못하고 600여 평이나 되는 논을 팥죽 세 그릇과 바꾸었다는 이야기가 전해진다. 요즈음은 연평리 일대가 대부분 대로로 연결되어 사통팔달 교통요지가 되어, 대형 공장, 상점, 또는 고층 아파트로 바뀌어 옛날 모습을 찾아보기 어려울 정도다.

연평리 들판은 진접 일대에선 가장 넓은 들판으로 논밭이 매우 많았다. 예전에는 농사철에 이 부근을 지나려면 멀리서 들려오는 모찌기노래나 모심기노래를 종종 들을 수 있었다. 그러나 필자가 이곳에서 구비문학자료를 조사하던 1980년도만 하더라도 제보자를 만나지 못해 민요를 전혀 채집하지 못했다. 그러나 어렸을 때 많이 들었던 이곳 특유의 '미나리/메나리'[논매기노래] 가락은 어렴풋이 기억하고 있다. 장현리에서 1980년에 채록했던 모내기노래 하나를 소개한다. 이 모내기노래는 1980년 9월 7일 진접면 장현4리(봉현)에서 농부 김백남(남, 66세)에서 채록한 노래다. 이 미나리노래는 이보다 앞서 같은 해 8월 16일 구리읍 인창4리 노인회관에서 채록한 바도 있었다.(조희웅, 『한국구비문학대계』, 1-4, p. 283 및 p. 964 참조).

가승철산 영주봉에 반달같은 점심고리 봉실떴네
저[늦]어가네 저어가네 점심참이 저어가네
길도명천 닭 울었다구 길 떠나지 말어
닭 기울면 네가 죽구 날이 새면 나죽는다

첫 소절은 모내기하는 일꾼들이 점심밥이 나오기를 못내 기다리는 내용이다. 허리를 숙여서 하는 모내기는 힘들다고 혼자만 허리를 펴고 쉴 수 있는 일이 아니다. 못줄을 옮겨가며 모를 심어야 하기 때문에 자기가 심어야 할 구역의 모를 빨리 심어야만 한다. 그렇지 않고 늦장을 부리면 못줄을 옮길 수 없어 다른 사람들에게 욕을 먹는다. 그러니 허리를 펴고 쉬기란 쉽지 않다. 내오는 점심밥을 먹을 때라야 마음 놓고 허리를 펼 수 있다. 허기진 배에 논두렁에 앉아서 먹는 들밥의 맛은 꿀맛일 수밖에 없다. 둘째 소절의 내용은 첫 소절 내용과는 관계없이 세월의 흐름 속에 삶과 죽음에 대한 단상으로 연속된 것이다.

모내기노래는 원래 선창자가 앞 구절을 부르면 여럿이서 뒤 구절을 합창으로 받으면서 이어가는 노래다. 가사는 정해진 것이 아니고 온갖 타령이나 심지어는 부르는 사람이 순간적으로 자신의 창작을 끼워 넣기도 했다. 구성지기도 하고 때로는 우습기도 했던 내용들이 귓가에 선하지만, 이제는 녹음된 것조차 남아 있지 않아 참으로 유감이다. 노동의 고달픔을 달래는 일꾼들의 모심기노래가 지금은 비닐하우스로 가득 찬 저 연평들에 울렸을 것을 상상해보면 연평들녘을 바라본다.

다시 이야기를 밤섬 쪽으로 돌려 보겠다. 밤섬은 이곳에 유원지가 만들어지기 전까지는 거의 이름조차 없었던, 자연적으로 조성된 왕숙천의 모래섬이었다. 내부 면적이 그다지 넓다 할 수 없지만 1970년대부터 이곳에 유원지가 조성된 이후 차차 행락객들의 발길이 잦아지면서부터 갑자기 유명해졌다. 서울 가까운 곳에 단체로 놀이를 갈 만한 곳이 없었을 때에는 이곳이 야유회의 단골명소가 되기도 했으니, 아마도 서울시내 대학을 다녔던 7080세대들은 한두 번쯤은 청평의 대성리와 함께 이곳 밤섬에서 야유회를 즐겼던 기억이 있을 것이다.

섬 안에는 태극정太極亭이라는 정자가 있었다고 한다. 이 정자는 조선 현종 때 문신 이단상(李端相, 1628~1669)이 벼슬에서 물러나 이곳에 서재와 정자를 짓고 편액을

'태극정'이라 건 후 학문연구에 힘쓰던 곳이라 한다. 이 정자는 언젠가 소실되어 원 위치를 약간 옮긴 곳에 중건되었다고도 하나, 지금은 접근조차 수월치 않다. 이단상의 문집 『정관재집(靜觀齋集)』에는 〈태극정우음(太極亭偶吟)〉 한 편이 실려 있다.

魚躍鳶飛上下間(어약연비상하간) 상하간에 물고기 튀어 오르고 솔개 날아다니며
天根月窟去來閑(천근월굴거래한) 해와 달은 한가로이 하늘가에 오고가네.
百年事業藏諸用(백년사업장제용) 평생의 사업이 이것들의 쓰임에 간직되어
太極亭中弄一環(태극정중농일환) 하나로 이어짐을 태극정에 앉아서 보고 즐기리라.

세상만물이 모두 본성대로 활동하면서 저마다 즐거움을 누리는 대자연의 섭리를 태극정에서 유유자적하면서 깨닫고 즐기겠다는 시이다. 이단상은 누구인가? 조선시대 3대에 걸쳐 대제학이 나온 유일한 가문의 후손이니, 곧 조부 월사 이정구月沙李廷龜는 계곡 장유谿谷張維 · 택당 이식澤堂李植 · 상촌 신흠象村申欽과 함께 한문사대가漢文四大家로, 아버지는 백주 이명한白洲李明漢, 손자는 청호 이일상靑湖李一相으로 3대에 걸쳐 모두 대제학을 지냈는데, 이단상은 이정구의 손자이고 이명한의 차자이자 이일상의 아우이다. 이단상을 제외한 직계 3대의 묘는 여기에서 멀지 않은 가평군 상면 태봉리에 있다.

20년도 넘은 예전에 가평군 지역을 조사한 바, 조선 역사에서 유일한 '3대 대제학의 묘'이야기라는 흥미로운 이야기가 생각났다. 월사 선생 3대의 묘는 조선 유일(?)의 역장逆葬 묘이다. 곧 조부손祖父孫의 묘가 위에서 아래로 자리한 게 아니라, 손자 이일상의 묘가 맨 위쪽에 자리하고, 중간에 아들 이명한의 묘, 맨 아래에 할아버지 이정구의 묘가 자리한다. 그 까닭은 역적이 나올 수 있는 묘 자리이기 때문에 역장을 했다는 것이다.

그러나 당시 묘지기의 설명에 의하면 대제학이 더 이상 나오지 않게 하기 위해서 역장을 썼다고도 했다. 한 집안에서 대제학이 계속 나오다보면 자칫 민심과 덕망이 한 가문에 쏠리게 되고, 그러다보면 작은 잘못에도 역모逆謀의 모함을 입

게 되어, 자칫 멸문의 화를 입을 수 있기 때문에 대제학이 나오지 않게 하기 위해서였다는 것이었다. 그러나 조부손 3대에 걸쳐 대제학이 나올 묘자리란 것은 흔히 명당 발복發福 설화에나 있는 이야기이지 명당의 발복 예언이 정말로 맞아떨어질 줄을 누가 장담했겠는가. 그리고 처음부터 역적이 나올 자리라면 어디 감히 묘를 쓸 생각이나 했겠는가? 아마도 손자인 이일상이 죽은 다음 일부러 이장을 해서 자리바꿈을 했으리라. 그리고 이단상은 차자이기 때문에 이곳 진접 내각리로 분가해서 살았을 것이라고 미루어 짐작하기 어렵지 않았다. 그리고 20여 년 전 월사 선생의 묘를 보고 난 후 흥미를 느끼다가 다시 세월이 흐른 후 이곳 내각리 밤섬 태극정에서 월사 선생의 손자 이단상을 만나게 되니, 기억에 남아 있는 흥미로운 명당 발복 이야기가 여기서 나오게 될 줄 내 또한 어찌 알았겠는가? 나 혼자만의 우연이 아닌 필연이란 생각과 감상에 젖어 밤섬 주위를 맴돌았다. 밤섬은 지금 사유지라 출입을 할 수 없을 뿐더러 앞으로는 높다랗게 고가다리가 놓여 있어 사진촬영을 할 수 없었다.

그 밖에 이 밤섬에 관해서는 1980년 구비문학조사 때, 이곳에 '장자못 전설'이 있다는 증언을 들었던 일이 생각난다. 장자못 전설은 인색한 부자가 중(또는 거지)에게 쇠똥을 주었다가 벌을 받았다는 내용이 전반부를 이루고, 시아버지의 악행을 부끄럽게 여겨 몰래 시주한 며느리가 중이 제시한 금기(어떤 소리가 나더라도 뒤돌아보지 말라)를 어겨 그 자리에서 바위(며느리바위, 미륵바위, 벼락바위 등)가 되었다는 내용이 후반부를 이루는데, 전국적으로도 백여 군데 이상에 산재된 이야기고, 이곳 밤섬과 가까운 구리시에도 장자못이 있다. 욕심慾心은 보통 사람들 누구에게나 있는 것이지만, 도를 넘은 탐욕貪慾은 곧 응징을 받게 된다는 것을 경계한 것이니, 현대인들에게도 시사하는 바가 자못 적지 않다 하겠다.

밤섬을 오른쪽에 두고 내각리 입구 교차로에서 왼쪽으로 방향을 틀면 내각리 內閣里로 들어서게 된다. 내각리는 조선시대부터 한말까지 양주군 접동면 지역으로, 1914년 내동리의 '내內'자와 비각리의 '각閣'자를 따서 '내각리'라 하여 진접면에 편입하였다. 내각리에는 풍양궁豐壤宮이 있었다고 하여, 이곳 사람들은 흔히 '대궐터'라고 부른다. 이곳은 한때 연안이씨延安李氏들의 집성촌으로 번성했지만, 지금은 대부분 타지로 나가고 외지인들이 들어와 많은 아파트와 상가를 조성했기 때문에 이제는 원주민들은 만나보기조차 어려울 정도가 되었다.

우선 풍양궁 및 관련 자료들을 옛 기록에서 찾아보면 다음과 같다.

풍양궁(豐壤宮) 풍양현 동쪽에 있다. 연희궁(衍禧宮) 주 서쪽 59리 지점에 있다. 봉선전(奉先殿) 봉선사(奉先寺) 동쪽에 있다. 우리 세조의 초상을 봉안하였다.(『신증동국여지승람』 궁전 조)

풍양행궁(豐壤行宮) 풍양의 옛 현 동쪽에 있으며 우리 태조(太祖)·태종(太宗)이 이곳에서 주필(駐蹕)하셨다. 지금도 유지가 있다. 영종(英宗) 31년 2월에 풍양 구기(舊基)에 각(閣)을 건축하고 태조대왕이 친히 글을 써서 비(碑)를 세웠으니 상왕(上王) 때의 구궐(舊闕)에 유지가 12자 남아 있다.(『대동지지』 궁실 조)

내각리 풍양궁 구궐유지비 비각 나랏일에 서슬파란 임금과 정승 대감들이 들락거렸을 궁궐은 어디가고 비각마저 아파트숲에 가려 찾아가기 쉽지 않다.

내각리의 자연마을로는 대궐터, 비각촌, 내동內洞, 새말 등이 있다. '대궐터'는 조선조 태조 태상왕太上王과 정종 상왕上王이 왕위에서 물러나 머물던 곳이라 하여 붙여진 이름이다. '비각촌'은 태조가 정종에게 왕위를 물려주고 상왕으로 있을 때 행궁이었음을 밝히는 비각에서 생겨난 이름이다. '내동'은 태조가 비각마을에 행궁을 정했을 때 왕비 강씨가 임시로 거처했기 때문에 붙여진 이름이고, '새말'은 '새로 생긴 마을'이라는 뜻으로, 임진왜란 때 온 마을이 불타버린 후 이곳을 중심으로 새로 마을이 형성되어 생긴 이름이라 한다.

태조가 이곳에 머물던 이야기는 앞에서 언급한 바 있으므로, 여기서는 정종에 대해서 잠깐 알아보려 한다. 1400년 11월 정종은 불과 2년 만에 왕좌를 아우 정안군[태종]에게 넘겨주고 치병차 휴양을 구실로 이곳 내각리 풍양궁터에 거주했다. 태조가 이곳에 살았던 때는 정종이 머물렀던 이후의 일이다. 태종도 말년에는 세종에게 왕위를 넘긴 뒤 이곳 풍양궁에 자주 행차하여 사냥을 하며 시간을 보냈다고 한다. 이러한 사실은 『세종실록』 제94권 갑술(11일) 기사에서 찾아볼 수 있다.

> 임금이 승정원에 이르기를, "어제 집현전에서 상서하기를, '풍양궁과 낙천정은 모두 선왕이 유람하면서 오르내리던 장소입니다. 그러나 지금은 모두 잡초가 무성하게 되었습니다만 어찌 이곳의 탑만 이렇게 되었겠습니까?' 하였는데 나는 이 말이 심하다고 생각한다. 비록 늘 다니는 장소라 하더라도 하루만 가지 않으면 뜨락의 풀들은 다시 자라난다. 풍양궁과 낙천정은 비록 선왕께서 왕래하면서 머물던 장소이기는 하나 늘 계시던 곳은 아니다…" 하였다.

낙천정樂天亭은 서울 광진구 자양동 대산臺山 정상에 있던 정자로, 태종이 말년에 왕위를 세종에게 물려준 후 그곳에 정자와 별궁을 짓고(1419, 세종 1) 자주 왕래하며 자연풍광을 즐기기도 하고 국정을 의논하던 곳이다. 나중에는 태종과 왕비가 아예 거처를 이곳으로 옮기다시피 했다고 한다. 태종 사후에 낙천정은 차차 퇴락하여 없어지고, 현재는 옛터 부근(광진구 자양로3가길 43)에 새 건축물이 세워졌다.

내각리 안마을로 순강원(順康園, 내각2로 84-31, 사적 제356호)을 찾아갔다. 순강원은 선조의 후궁이자 인조의 할머니인 인빈 김씨(仁嬪金氏, 1555~1613)의 묘이다. '국가지정문화재 공개제한지역'이라 출입허가신청서를 들고 입구에서 서성거렸더니 관리하는 분이 연락을 받았다며 이내 알아차리고 반갑게 문을 열어 주었다. 지난 가을에 왔을 때 순강원 재실 사진이라도 찍으려고 뒤꿈치를 들고 담장 밖에서 서성거리다가 쫓겨난(?) 적이 있었다.

선조는 첫 번째 왕비 의인왕후 박씨(懿仁王后朴氏)가 후손이 없이 죽자, 두 번째 계비 인목왕후 김씨(仁穆王后金氏)를 맞아 영창대군(永昌大君, 1606~1614)을 낳았는데(김제남의 외손), 첫째 빈嬪 공빈 김씨(恭嬪金氏) 사이의 임해군(臨海君, 1572~1609)·광해군(光海君, 1575~1641)보다 30여 살이나 아래였고, 임진왜란을 겪는 중이라 선조는 권정례(權停例, 절차를 다 밟지 않고 거행하는 의식)를 통해 광해군을 세자로 책봉한 후였다. 그러나 선조는 정비正妃 소생인 어린 영창대군을 세자로 개봉改封하려는 뜻을 가지면서 영창대군의 후일을 걱정하였다. 선조와 인빈 김씨는 전란 중에도 금슬이 좋았던지 여러 명의 빈嬪과 귀인貴人, 숙의淑儀보다도 가장 많은 4군君 5옹주翁主를 낳았다. 선조는 끝내 영창대군을 세자로 개봉하려는 뜻을 이루지 못하고 승하하였고, 광해군은 칠서지옥七庶之獄이라고도 하는 계축옥사(癸丑獄事, 1613년에 대북파大北派가 영창대군 및 반대세력이었던 소북파小北派를 제거하기 위하여 일으킨 옥사)를 통해 자신의 왕위 문제의 근원이었던 어린(8살) 영창대군을 증살蒸殺시키는 마지막 폐륜까지 자행하기에 이른다.

선조와 인빈 김씨 사이의 소생 4군 중 셋째 아들 정원군定遠君은 첫째 정비 의인왕후 박씨의 양자로 있으면서 능양군綾陽君을 낳게 되니, 이가 곧 혼군昏君 광해군이 폐위(인조반정)된 다음 왕위를 이은 인조仁祖이다. 따라서 인빈 김씨는 인조의 할머니가 되고, 셋째 아들 정원군은 정원대원군에서 원종(元宗, 1580~1619)으로 추존된다. 그리고 인빈 김씨는 59세의 나이로 1613년(광해군 5년) 세상을 떠났으나, 바로 추숭追崇되지 못하고 영조 때에 이르러서야 비로소 임금의 생모 대접을 받기에 이른다. 즉 영조 31년(1755)에 임금은 여기에 사우祠宇를 봉안하고 증축하려 하였으나 국법에 어긋난다는 논의가 있었으므로, 시원임대신時原任大臣과 예관禮官을 불러 토의한 결과 육상궁(毓祥宮 : 조선시대의 사우로, 역대 왕이나 왕으로 추존된 이의 생모인 일곱 후궁의 신위를 모신 곳으로 칠궁七宮이라고도 하는데 현 서울 종로구 궁정동에 위치한다.)의 전례를 좇아서 사우는 저경궁(儲慶宮 : 원래 인조의 생부인 원종의 구저舊邸이자 인조가 왕위에 오르기 전 살던 잠저潛邸로 서울 중구 남대문로 3가에 해당하는 남부 회현방會賢坊 송현松峴에 있었는데, 1908년(순종 2) 인빈의 위패를 궁정동에 있는 육상궁으로 이안移安한 것이다), 묘는 순강원順康園으로 하였다. 역사役事가 끝나자 영조는 몸소 순강원에 나가 제사를 지냈다.(이때 위패가 이곳에 모셔졌다가, 순종 2년 역대 왕이나 왕으로 추존된 이의 생모인 후궁들의 위패를 칠궁七宮으로 모실 때 함께 옮겨졌다.) 그 뒤에도 이 묘원은 수차에 걸쳐서 개수되었고, 종9품의 수봉관守奉官 두 사람이 맡아 관리하게 하였다.

내각리 순강원 인빈 김씨의 묘(좌)와 재실 전경(우) 원(園)은 왕세자·왕세자빈 및 왕의 사친(私親)의 무덤을 일컫는다. 묘역에는 일반 빈(嬪)의 묘와는 다른 왕의 사친으로서의 품격이 느껴진다.

순강원 인빈 김씨의 묘역은 일반 다른 빈과 군의 묘와는 품격이 달랐다. 인조대왕의 할머니로서의 대우를 한 것이다. 능이 아님에도 정자각과 재실이 있으며, 묘역에도 빈의 묘에서는 볼 수 없는 좌우 문인석文人石은 물론이고 석호石虎와 석양石羊의 석수石獸가 단아하게 배치되어 있으며 보존도 완전했다. 특히 혼유석魂遊石 좌우에 동자석童子石까지 세운 것은 혼이 나와 노닐 때 시중을 들게 함일 것이다. 묘 주위로 곡장曲牆이 둘러 있으며 묘비석을 비롯하여 각종의 석물들이 남아 있다. 또한 묘소 앞에는 정자각丁字閣과 비각碑閣이 있으며 묘소 진입로에 신도비神道碑와 재실이 있다. 『대동지지』〈능침〉 조에는 순강원에 대하여 다음과 같이 기록하고 있다.

「순강원. 풍양에 있으며 인빈 김씨의 원이니 기일은 10월 29일이다.」

순강원 인빈 김씨 묘역 약간 오른쪽 하단에는 그녀의 넷째 아들인 의창군 광(義昌君珖, 1589~1645)과 양천군부인 허씨陽川君夫人許氏의 합장묘가 있다. 이 의창군

순강원 인빈 김씨 묘 오른쪽 하단에 있는 넷째 아들 의창군 광의 묘 묘비에는 양천군허씨부좌(陽川郡許氏 祔左)와 조선국왕자의창군증시경헌공광지묘(朝鮮國王子義昌君贈諡敬憲公珖之墓)라 새겼다. 어머니와 막내아들이 한 원에 묻혔으니 모자지간에 오르내리며 외롭지는 않으리라는 생각이 들었다.

에게도 영창대군만큼은 아니지만 아픈 사연이 있었다. 의창군은 왕위를 넘볼 위치도 아니었거니와 글과 서예에 특별한 재능이 있었다. 그런데 유배를 떠나야 할 불가피한 사건이 부인 허씨를 통해 일어났다. 부인 허씨는 당대 동인의 영수였던 허엽(許曄, 1517~1580년)의 첫째 아들 허성(許筬, 1548~1612년)의 딸이었다. 허성 밑으로 허봉許篈과 허균許筠 그리고 우리나라 최고의 여류문인으로 평가받는 허난설헌許蘭雪軒이 있었다. 그런데 의창군의 부인에게는 숙부이자 우리나라 최초의 한글소설 〈홍길동전〉의 작가인 허균(許筠, 1569~1618년)이 역모혐의로 저자거리에서 능지처참을 당하게 되니 평소 광해군의 패륜을 못내 한탄하던 의창군 역시 처가 쪽 역모사건에 연좌되어 훈작勳爵을 삭

탈당하고 유배될 수밖에 없었다. 약 5년간의 유배 끝에 인조반정(1623년)으로 풀려나와 왕실의 종친으로서, 그리고 사사로이는 조카뻘인 인조仁祖로부터 총애를 받는다. 그러나 성문에 불이 나니, 그 화가 연못 속 물고기에게까지 미친다고 했던가. 문학사에 획을 긋는 〈홍길동전〉을 지은 자유분방한 허균의 행적이 조카딸 내외에게까지 화를 미친다.

돌아보건대 광해군은 선조의 세자 개봉改封 문제가 늘 마음에 걸렸

의창군 묘 앞의 머리 깨진 문인석 세월의 풍화일까, 혹시 당쟁의 소용돌이 속 간신들의 허접한 행태는 아니었을까? 역사는 반복된다는데 오늘날에도 이런 모습이 없다고 할 수는 없으려니. 씁쓸한 생각에 마음이 무거웠다.

으리라. 당시 대북과 소북의 첨예한 대립 속에 어린 영창대군을 죽인 것이나, 허균의 역모사건에 연좌하여 의창군을 유배 보내는 등 권좌와 관련된 사건에는 추호도 여지가 없었음을 알 수 있다. 모든 패륜의 불행한 사건은 동기지친同氣之親의 피를 나누었음에도 권좌 앞에서는 피도 눈물도 없는 것을 한두 번 보아온 것이 아니지만, 의창군이 겪었던 아픔 또한 예외일 수 없었다.

순강원을 나와 인빈 김씨와 의창군의 원찰願刹이었던 인근의 봉영사奉永寺를 찾아갔다(내각2로 84-77). 이 절은 천점산天岾山 자락에 위치하는데, 대한불교조계종 제25교구 본사인 봉선사奉先寺의 말사이다. 신라 진평왕 21년(599)에 창건되어 봉인암奉仁庵으로 불리다가 영조 31년(1755) 인빈 김씨의 묘가 순강원으로 승격되면서 봉영사로 개명하고 인빈 김씨와 의창군의 명복을 비는 원찰이 되었다. 절의 대웅전에는 1853년 제작된 아미타후불탱화와 1903년 제작된 신중탱화산신탱화[산신도]가 모셔져 있다. 그 밖에 유물로는 혜공선사공덕비와 사적비가 전한다.

순강원 원찰 천점산 봉영사 운악산 줄기 천점산에 위치하여 경내에는 맑은 약수가 솟아나와 아침마다 약수를 뜨러오는 인근 주민들의 발길이 그치지 않는다.

절에 도착했을 때는 마침 점심 공양시간이었다. 신도들이 점심 공양을 받고 있는 걸 보고 덩달아 식당으로 들어가 음식과 반찬을 접시에 담아 식사를 했다. 자원봉사자인 듯싶은 분들이 신도도 아닌 객들에게도 반찬을 더 가져다주는 등 따뜻한 마음에 밥 한 그릇 이상의 뿌듯한 포만감을 느꼈다.

봉현(蜂峴) 유래담과 장현리의 광동학교와 영빈묘(寧嬪墓)

내각리에서 나와 다시 금강로로 나섰다. 세 개의 산모퉁이를 지났다. 이 모퉁이를 현지인들은 '비냥'이라고 하는데, 필자도 어렸을 때 이 비냥을 수없이 걸어서 넘곤 했다. 비냥들 사이엔 인가가 한 채도 없어 혼자 걷자면 너무나 무서워 종종걸음을 치곤했는데, 지금은 아파트 단지와 아울렛, 각종 상가들이 즐비해 상전벽해를 실감할 정도다. 세 번째 비냥을 지나 장현리입구교차로에서 직진하면 광릉이고, 장현대교에서 우회전하면 진건면 오남리로 가게 된다. 필자는 이 교차로에서 좌회전하여 장현로로 들어서 봉현蜂峴 쪽으로 진입했다.

여기서 잠깐 필자가 1980년에 채록했던 봉현 유래담을 간단히 소개할까 한다. 봉현 유래담에도 왕실의 번영을 위한 풍수지리설의 명당에 대한 신뢰와 집착을 볼 수 있다. 한자 지명인 '봉현'을 현지 마을 사람들은 흔히 '보루개/벌우개'라고 한다. 이 괴상한 이름에 대하여 필자도 어린 시절 늘 궁금증을 가졌지만 끝내 해답을 얻지 못했다. 보루개 사는 친구들에게 물어봐도 그 뜻을 모른다거나 장난기 어린 답만 해가며 웃을 뿐이었다. 마침내 그럴 듯한 설명을 들을 수 있었던 것은 20여 년이 지나 대학 강단에 서고 난 후인 1980년에 이르러서였다. 당시 구비문학 자료조사를 하러 이곳에 들렀을 때 복수의 제보자에게 각각 다른 날에 유사한 내용의 지명유래담을 들을 수 있었다.(조희웅, 『한국구비문학대계』, 1-4. 경기도 의정부시·남양주군편).

조선 세조(世祖, 재위 1455~1468) 때로, 세조가 승하하자 능지로 광릉이 선정되었다. 그런데 묘 터에 이미 썼던 무덤들이 있어 이를 모두 이장하라는 나라의 명이 떨어졌다. 그 중에는 동래정씨東萊鄭氏의 조상 무덤(정창손의 조부인 정흠지의 묘)도 있었다. 정씨들이 조상 무덤을 파내어 옮기려는데 광중壙中에서 벌들이 쏟아져 나오더니 앞길을 인도하듯 주춤주춤 앞장서 날아갔다. 정씨들이 벌들을 좇아 고개를 넘어 지금의 봉현 땅에 이르러 묘 터를 잡아 썼다는 이야기다. 요컨 대 벌이 명당을 안내한 셈이다. 그래서 '벌[蜂] 고개'가 '벌우개/보루개'처럼 변했고, 한자 지명인 '봉현'이라 하게 되었다는 것이다.

장현리입구교차로에서 장현로를 따라 한 5분쯤 가다가 자그마한 사거리에서 좌회전하여 잠시 가다보면 장현로 광동1길이란 표지가 나타난다. 그곳이 광동고등학교(장현리 603-5번지)로 향하는 길이다. 광동학교는 불교재단에 소속된 학교로 해방 이듬해 4월에 고승 운허耘虛 스님이 창립한, 당시엔 전국 유일의 불교계 중학교였다. 한국전쟁 직후인 1952년 고교과정까지 만들어져 광동산림고등학교가 설립됐다. 이 역시 전국 유일의 산림고등학교였다. 초기에는 학교 부지가 광릉숲에 있었기 때문에 통학 문제로 많은 고충을 겪었다. 그 후 1978년에 지금의 봉현에 교사를 신축하여 이전하였고, 이듬해 교명도 광동실업고등학교로 바꿨다가, 2001년 다시 광동고등학교로 변경하여 오늘에 이른다.

광동학교로 들어가니 토요일인 관계로 몇몇 학생들이 운동장에서 공놀이를 하고 있고, 교사의 모든 출입문은 잠겨 있었다. 운동장에서 운동을 하고 있는 학생들에게 물어보니 공휴일에는 두 시경이나 돼야 당직 선생님이 나온다고 했다. 시계를 보니 15분가량 남았다. 잠시 기다리다보니 운동장 가에 몇 기의 비석들이 보여 다가가 살펴보았다. 그 중에는 찾아보려던 교가비校歌碑도 세워져 있었다. 운허 스님의 좌상과 교가비를 사진에 담았다. 나름대로 광동학교를 찾아온 보람을 찾은 셈이다.

여기서 잠깐 광동학교 설립자이신 운허(耘虛, 1892~1980년)스님과 교가를 작사한 춘원 이광수(春園李光洙, 1892~1950년)의 관계를 살펴보겠다. 먼저, 근세 불교계의 거목이며 최고 고승 중 한 분으로 이론이 없을 운허 스님의 속명은 이학수李學洙이다. 한편 한국문학의 초창기를 개척한 춘원 이광수는 운허의 육촌 형님이다. 운허는 젊은 시절 만주 봉천으로 망명하여 독립운동에 임하다가 귀국 후 1921년 금강산 유점사에서 득도하여 불교계에 귀의했다. 이후에도 독립운동을 계속하는 한편 광동학교를 세워 후학 양성에 힘쓰고 불경 역경사업에도 심혈을 기울였다. 그 결과 1952년부터 『능엄경(楞嚴經)』을 비롯한 여러 불경을 번역했다. 1936년부터는 봉선사에 홍법강원을 개설하여 불교계 인재양성에 힘쓰는 한편 1946년 봉선사 등 5개 사찰의 재산을 모아 광동중학교와 광동산림고(현 광동고) 설립을 주도하여 교장에 취임했다. 운허는 교사가 결근한 날에는 스스로 국어와 수학을 대신 가르치기도 했다고 한다. 이 무렵 춘원도 봉선사에 머무르며 광동학교 학생들을 가르쳤다.

하지만 춘원은 일제 말기 친일행적이 문제되어 반민법으로 구속되었다가 병보석으로 출감했으나 한국전쟁 때 납북됐다. 이후 생사조차 모르다가 훨씬 후에야 1950년 만포滿浦에서 병사한 것으로 확인되었다. 한편 운허는 1957년부터 역경사업에 힘써 1961년 최초로 『불교사전』을 편찬하였고, 이어 팔만대장경 번역 책임을 맡았다. 1964년에는 동국대에 동국

광동중·고등학교 교정에 있는 설립자 운허 스님 좌상 독립운동가로 교육자로, 불교계 큰스님으로 바쁘게 살아온 행적 끝에 득의한 듯 온화한 모습이 인상적이다.

역경원을 설립하여 초대 원장과 역경위원장을 맡아 이후 수많은 불경을 번역했으며, 1980년 봉선사에서 89세로 입적하였다. 이러한 인연으로 현재 광동학교와 봉선사에는 운허 스님의 자취가 고스란히 남아 있다.

광동학교의 교가는 춘원 이광수가 작사하고 현제명玄濟明이 작곡했다. 춘원의 문학적 위상은 두말할 여지도 없지만, 현제명도 〈가고파〉, 〈고향생각〉, 〈희망의 나라로〉 등 많은 명곡을 남긴 우리 음악계의 거장이다. 하지만 두 사람 다 친일반민족행위자로 비난을 받는다는 점에서는 똑같은 공과功過를 지닌다. 어쨌든 우리나라 최고의 문학가와 음악가로 칭해지는 두 사람이 광동학교의 교가를 만든 셈이니 이 교가는 예사롭지가 않다.

광동고등학교 교정과 운동장 한편의 교가비 운허스님이 불교재단으로 세운 학교로 이광수가 글을 쓰고, 현재명이 곡을 부친 이 학교의 교가가 예사롭지 않다.

특히 춘원 이광수에 대해서는 문단에서 그동안 납북이니 월북이니 설왕설래했던 적이 있어, 필자가 우연치 않게 입수한 '실향사민신고서'(원 명칭은 '납북자신고서'인데 북측을 자극하지 않으려고 '실향사민'이란 용어를 썼다고 함)를 제시해 본다. 이 신고서는 한국전쟁이 끝난 후 납북자 송환을 위해 대한적십자사에서 신청을 받은 것이며, 춘원의 두 번째 부인 허영숙이 작성한 것이다.

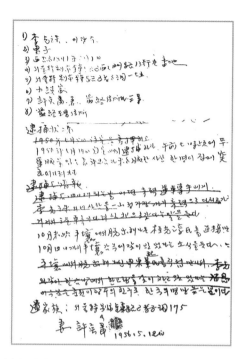

춘원 이광수의 납북상황이 적힌 '실향사민신고서' '체포상황'란에 '1950년 7월 14일자택(自宅)에서 체포(逮捕)하다. 오전 7시경군복(午前 七時頃 軍服)을 입은 청년(靑年)2명(名)과 사복(私服)한 사람 한 명이 집에 (?)하여 데려가다. / 10월말경 평양(月末頃平壤)에서 탈출(脫出)해 나온 계광순씨(桂光淳氏)를 직접(直接)만났는데, 10월 12日 까지 평양(平壤)감옥에 갇이 있었다는소식을 듯다. 유가족 처 허영숙(遺家族 妻 許英肅). 1956. 5. 12일 – 반세기도 훨씬 세월이 흘렀지만 빛바랜 사진첩처럼 전쟁의 쓰라린 상처의 유흔이 담긴 부인 허영숙씨의 애절하고도 간절한 마음을 읽을 수 있다.

교가 가사 중에 '운악산'이 나오는데, 이는 학교가 현 위치로 옮겨지기 전 광릉 내 즉 운악산(935m) 자락에 있었기 때문이다. 운악산은 가평군 조종면과 포천시 화현면의 경계를 이루며 남북으로 솟아 있는 산이다. 남동쪽의 산 중턱에 고찰 현등사懸燈寺가 자리 잡고 있어 현등산이라고도 한다. 운악산은 화악산華嶽山 · 관악산冠岳山 · 감악산紺岳山 · 송악산松嶽山과 함께 경기 5악산에 속하는데, 산수가 수려한 곳으로 유명하여 '운악8경'이라 일컫는다.

봉현마을 다음에는 장현마을이 이어진다. 장현長峴은 1914년 이웃한 장승리의 '장'자와 봉현리의 '현'자를 따서 장현리라 하여 진접면에 편제된 마을이다. 때문에 이 마을은 사실상 진접면의 중심지였다. 한국전쟁 이후만 하더라도 장현초등학교를 중심으로 민가가 10여 채에 불과했지만, 인근에서 유일한 5일장이 매월 2일과 5일에 열렸다. 이 장터에는 면내 유일했던 2층집과 방앗간이 일제 때부터 있었으며, 면사무소와 파출소가 장현과 전동마을 경계에 있었다. 이곳을 관통하던 흙먼지 날리던 자갈길은 포장도로로 바뀌었지만 도로 폭은 옛날이나 다름없이 2차선 도로이다. 그 길로 서울 시내를 오가는 버스들이 무수히 왕래한다. 마을 크기로 말하면 이제는 마을이라고 부르기 어색할 정도로 대도회지가 되었다. 예전에는 점점이 떨어져 있던 봉현, 장현, 전동, 장승 네 마을이 경쟁적으로 도심을 확장하며 이제는 완전히 연결되어 아파트와 고층빌딩들로 즐비하다. 금강로는 읍의 외곽을 흐르는 왕숙천 연변을 따라 이 네 마을을 지나는 외곽도로이다.

장현초등학교는 1922년 개교하여 어언 100여 년의 역사를 지녔다. 필자는 이 초등학교 29회(1955년) 졸업생이다. 1949년 9월 이웃해 있는 진건면 오남학교에 입학하였다가 한국전쟁이 나던 해 봄 선친이 장현초등학교로 전근되는 바람에 이곳으로 전학하였다. 이후 선친께서 십수 년간(1950~1961년) 이 학교에 봉직하였던 연고로 우리 7남매는 모두 여기 초등학교를 다녔고, 졸업할 때까지 교정 서편에 있던 기숙사에서 자랐다. 한국전쟁으로 피난을 갔다 돌아오니 단층 목조건물이었던 교사는 폭격으로 전소되었고, 휑한 빈 운동장 뒤편에 있던 자그마한 단층 목조건물 한 채만 남아 있었다. 그래서 초옥이나마 가건물이 지어질 때까지는 내각리초등학교로 통학을 하기도 했으며, 겨우 남았던 작은 '과학교실'에서 1~6학년 모두가 합반 수업을 받기도 했다. 당시 학급 수는 전 학년 한 반씩이었고, 수업은 한두 분의 교사가 전 학년을 담당하였다.

지금은 학교 건물이 4층 현대식 건물이고, 전 학년 총 30학급에 병설유치원과 체육관까지 건립된 매머드급 학교로 변신했다. 필자가 초등학교 때부터 대학 입학 때까지 살았던 사택 자리와 텃밭이 있던 곳은 '장현관'이란 현판을 걸고 생활관이 들어서 있었다. 어렸을 때 기억으로는 대로에서 학교정문까지가 몇 백 미터쯤 되는 것 같았고, 운동장도 엄청나게 컸던 것으로 기억하는데, 지금 와서 보니 너무 작게 보였다. 운동장 구석에 서있던 느티나무가 아직도 남아 있는데 하늘을 찌를 듯하다고 생각했던 이 나무도 지금 보니 그렇게 큰 것이 아니었다. 아직까지 변하지 않고 남아 있는 건 이 느티나무 정도였다. 어릴 때 보았던 사물들이 나이 들어서 다시 보면 왜소하게만 느껴지는 모양이다.

선친께서 남기신 유품 중에는 장현초등학교 1회와 2회 및 그 밖에 여러 회의 졸업사진들이 있다. 전쟁으로 소실되기 전 옛 학교모습을 살펴본다는 뜻에서 비교적 선명한 편인 2회 졸업사진을 골라 보았다.

장현초등학교 우측에는 장현천이라는 작은 시내가 흐르고, 천변을 따라 광릉을 질러 갈 수 있는 장현천로가 나 있다. 전에는 초등학교 우측 장현천 가에 있는 전동

장현공립보통학교 제2회 졸업기념 사진(1926)

리 쪽 낮은 동산에 한힌샘 주시경(周時經, 1876~1914) 선생과 외솔 최현배(崔鉉培, 1894~1970) 선생의 묘소가 있었다. 한힌샘의 묘소는 1914년 작고하신 후 서대문 밖 수색 고택골(현 서울시 은평구 신사동)에 임시로 모셔졌다가, 1960년 10월 이곳으로 이장되었고, 다시 1981년 12월 동작동국립묘지 국가 제2유공자 묘역으로 이장되었고, 외솔은 이곳에 안장되었다가 2009년 9월 국립대전현충원에 이장되었다.

장현천로를 따라 올라가면 좌측에 산림교육원(장현천로 197)을 만나게 된다. 어렸을 때에는 수업이 끝나면 종종 이곳 골짜기로 와 계곡을 따라 올라가며 가재를 잡다가 폭포수 밑에 이르러 목욕을 하기도 했다. 그 폭포는 어느 해 큰 장마에 사라져 버리고 말았다. 한번은 폭포수에서 산꼭대기까지 올랐던 일이 있는데 그곳이 요즈음 등산객들이 많이 찾는다는 매봉이다. 매봉은 태조 이성계가 함흥에서 매사냥꾼들을 동반하여 남하하다가 이곳에서 매사냥을 했기 때문에 생긴 이름이라는 전설도 있다. 그러나 '매봉'이라는 이름은 우리나라 도처에 있으며, 대체로 매가 앉아 굽어보듯이 급하고 험한 산봉우리에 흔히 붙는 이름인 점으로 보아, '매사냥' 운운은 호사가의 희작일 것이다.

산림교육원이 이곳에 들어서면서부터 광릉으로 통하는 이쪽 입구는 통행이 금지되었다. 입구가 차단되기 전까지는 산길을 통해 광릉을 수시로 드나들 수 있었다. 이 길을 계속 가다 보면 좌측 숲속에 평화원(고아원) 건물이 보이고, 조금 더 나아가면 포천군 소흘면을 통과하여 광릉으로 들어오는 광릉수목원길과 만나게 된다. 초등학교 시절에는 6년 내내 매년 봄가을로 두 차례씩 있었던 소풍을 전교생이 이 길을 걸어서 광릉으로 갔었다.

장현로 또는 금강로를 따라 가다 보면 장현로 147번길과 만나게 된다. 이 길로 들어서서 얼마 가면 곧 영빈길이 나오고 이어 영빈묘(장현리 175)를 만날 수 있다. 그런데 영빈묘로 가는 길에 접어들었는데 경고푯말이 눈에 띤다. '운전 미숙차량 진입금지'라고 쓰여 있다. 잠시 긴장하지 않을 수 없었다. 그러나 기온은

35~6도를 오르내리고, 내리 쬐는 폭양이 무섭고, 얼마나 걸어야 되는지도 알수 없으니 그냥 진입할 수밖에 없었다. 양쪽 사이드미러가 거의 벽면에 긁힐 정도로 좁은 도로였다. 울퉁불퉁하고 구불구불한 길 2~3백 미터를 진행하니 산아래에 영빈묘 안내판이 서 있었다. 영빈묘 역시 '국가지정문화재 공개제한지역'이다. 그러나 협소한 진입로를 생각하면 굳이 공개제한을 하지 않아도 자연스레제한될 수밖에 없다는 생각이 들었다. 관할 사무실로 전화를 했더니 답사시간이 점심시간과 겹칠 것 같아서 열쇠를 미리 열어두었다고 했다. 관리원의 배려에감사의 뜻을 전하고 들어갈 수 있었다.

여름 한낮의 뜨거운 정적 속에 매미소리만 솔숲을 울리고 있었다. 한낮 더위는별로 멀지 않은 산길을 더디게 만들고, 소금보다 더 짠 땀을 줄줄 흘려야 했다. 문득

남양주시 진접읍 장현리 175번지에 위치한 **영빈묘** 비문 전면에 '유명조선국영빈안동김씨지묘(有明朝鮮國寧嬪安東金氏之墓)'라 쓰여 있다. '유명(有明)'은 중국 왕조인 명(明)을 의미한다. 중원대륙은 이미 청(淸)나라 세상이되었는데도 두 차례 침범을 받았음인지 청조(淸朝)를 인정하지 않았던 것이리라. 영빈 김씨는 세자 책봉 문제로내명부와 조정의 암투가 극에 이른 가운데 인현왕후와 부침을 함께했던 숙종 대 유일한 간택 후궁이었다.

옛날 마을 어르신들이 여름철 마을 정자에 누워 낮잠을 청하다가 매미소리가 귀청을 울리면 시끄러워 화를 내다가도, '그래, 너희들도 여름 한철이지.'하면서 다시 밀짚모자를 코끝에 올려놓고 잠을 청하던 모습이 떠올랐다. 숙종 대 내명부의 치열한 암투에 희생된 인현왕후仁顯王后와 영빈寧嬪, 역사에서 희빈 장씨禧嬪張氏는 알아도 이 두 사람은 잘 알지 못한다. 한 여름철 매미 목숨보다 못한 인생인 것을.

영빈묘는 조선 숙종(肅宗, 재위 1674~1720년)의 후궁 영빈 김씨(寧嬪金氏, 1669~1735년)의 묘소로 사적 제367호이다. 숙종 대 유일하게 인현왕후 민씨(仁顯王后閔氏, 1667~1701년)에 의해 간택되어 숙의淑儀로 입궐하여 소의昭儀, 귀인貴人을 거쳐, 인현왕후 사후에 영빈寧嬪에 책봉되었다. 숙종은 3명의 비妃와 4명의 빈嬪 그리고 귀인貴人과 소의昭儀 한 명씩을 두었는데, 영빈은 4명의 빈 중 끝이었다. 그동안 조정에서는 서인과 남인의 대립 속에 첫 번째 빈인 장씨가 낳은 왕자 균(昀, 후일 경종景宗, 재위 1720~1724년)의 세자책봉 문제로 대립하면서 1689년 기사환국(己巳換局 ; 서인이 축출되고 남인이 정권을 장악)이 일어나고, 다시 5년 후인 1694년 갑술환국(甲戌換局 ; 남인이 축출되고 소론과 노론이 다시 정권을 잡음)을 거치면서 격랑의 물결 속에 요동치고 있었다.

이런 가운데 인현왕후가 폐출되고 희빈 장씨가 왕비에 오르자, 영빈 김씨 역시 궁중의 기밀을 누설하고 유언비어를 날조했다는 죄목으로 궁에서 사가로 쫓겨난다. 인현왕후 폐출을 후회하던 숙종은 희빈 장씨가 취선당就善堂 서쪽에 신당神堂을 설치하고 인현왕후 민비가 죽기를 기도한 일이 발각되자 희빈 장써에게 사약을 내리고, 폐출되었던 인현왕후와 영빈 김씨를 궁의 정비로 돌아오게 한다. 하지만 인현왕후는 35세 젊은 나이로 세상을 뜬다. 두 비와 빈 모두 후사를 생산하지 못한 것이다. 인현왕후의 어진 덕성과 희빈 장씨 사이의 파란만장한 생애는 당시 한 궁녀가 쓴 것으로 추정되는 『인현왕후전(仁顯王后傳)』이 전하고 있어, 국문학 자료는 물론이고 궁중풍속과 생활의식을 보여 주는 귀중한 사료로 평가 받는다.

영빈 김씨는 조선왕조 최고의 악녀로 꼽히는 희빈 장씨의 검은 치맛자락에 휩쓸리고, 예의 바르고 덕성이 높아 국모로서 추앙받던 인현왕후에 가려 존재감을 드러내지 못하였다. 그러나 인현왕후가 손수 간택할 만큼 부덕婦德이 높았고, 더욱이 숙종의 두 번째 빈인 숙빈 최씨淑嬪崔氏의 소생 연잉군(延礽君, 훗날 영조)을 자신의 소생이 아님에도 잘 보살펴, 연잉군이 어릴 때 '어머니'라고 부르며 잘 따랐고, 이로 인해 영조英祖는 영빈 김씨가 죽은 후 직접 후한 예로 장사지내어 지금의 장현리에 묘소를 조성하였다.

영빈 김씨의 묘소에 올라 묘역을 사진에 담고 잠시 소나무 그늘에 앉아 땀을 식혔다. 묘역은 입구부터 말쑥하게 잡초를 베고 장마 후 물에 패인 곳 등도 잘 손질되어 있었다. 높고 낮고, 가늘고 길게 매미소리는 끝이 없다. '죽어봐야 저승길을 안다'고 했던가. 아니면 '인간의 모든 지식과 지혜는 죽음을 인식한 것으로부터 비롯되었다'는 어느 사회심리학자의 말이 떠오른다. 모든 것에는 죽음(끝)이 있다는 것을 알고 살아간다면, 악보다는 선 쪽으로 옮겨가며 살아가지 않을까? 어쩌면 희빈 장씨의 악행은 인현왕후의 선행과 대비되었기 때문에 더 부각되지는 않았을까. 매미소리를 뒤로 하고 영빈 김씨 묘역을 내려왔다.

쥐를 잡아 사람을 죽인 궁골[宮谷] 경빈 박씨(敬嬪朴氏)와 복성군(福城君) 묘

왔던 길을 거슬리고 시간을 거슬러야 했다. 영빈 김씨의 묘역을 나와 금강로에서 우회전하여 다시 내각리 입구로 내려갔다. 내곡교차로에서 오남읍 쪽으로 좌회전하면 차례로 연평교차로와 동연평교차로를 지난다. 동연평교차로를 지나면 큰 길 옆으로 빠져나가는 작은 도로가 있는데, 그 길로 4~5백 미터쯤 가면 '능이명가'라는 제법 큰 식당이 나온다. 식당 옆으로 난 작은 좁은 길로 들어가면 산길로 접어든다. 행정구역상 주소명(남양주시 진접읍 연평리 33-47번지)보다는 현지에서는 '궁골'이라고 부른다.

조선시대 희빈 장씨와 함께 2대 악녀로 알려진 경빈 박씨敬嬪朴氏와 그의 아들 복성군(福城君, 1509~1533년)의 묘를 찾아가는 길이다. 세간에는 경빈 박씨보다는 '작서지변(灼鼠之變)'으로 잘 알려진 모자의 묘를 찾아 나선 것은 사실 이번이 두 번째였다. 며칠 전에도 주소를 내비게이션에 입력하고 찾아갔으나 아파트 단지 뒷길 전혀 엉뚱한 곳을 안내해 허탕을 친 적이 있다. 근처의 지역 주민을 만나 물어보았으나 자기들도 모르겠고, 얼마 전에도 어떤 사람들이 경빈 박씨 무덤을 못 찾고 돌아갔다는 말만 전해 들었었다. 마음이 내심 초조 했고, 날씨는 8월 초순이라 훅훅 찌는 무더위 속의 강행군이었다.

역사유적지를 찾아다니다가 특히 산길에서 갈림길을 만나면 곤혹스럽기 짝이 없다. 주위에 인가는커녕 물어볼 사람 하나 없으면 더욱 그렇다. 이때는 감感과 촉觸을 최대한 살리는 수밖에 없고 엊그제도 그랬으나 허탕을 친 것이다. 다시

경빈 박씨의 묘(좌) 혼유석 위 바람에 불려온 나뭇잎 몇 잎은 '작서지변'의 억울한 누명을 쓰고 5백년 세월이 지나도록 몸부림친 흔적인가. 희빈 장씨와 함께 '조선의 2대 악녀'라는 오명은 씻어지지 않는데. / 복성군 묘(우) 어머니 경빈 박씨 무덤 앞에 영문도 모르고 까닭도 없이 어머니와 함께 사약을 나누어 마시고 긴긴 세월 누워만 있다.

되돌아보니 경빈 박씨 무덤으로 가는 소로 앞에 무덤이 하나 있었고, 그 무덤 뒤편으로 좁다란 오르막 산길이 보일 듯 말 듯 나 있었다. 위로는 고가농수로가 지나고 있어 풀숲이 더욱 우거질 수밖에 없다. 엊그제 가던 길을 버리고 무덤 뒤로 난 작은 산길로 숨을 헐떡이며 나무와 무릎까지 우거진 풀숲을 헤치고 올라갔다. 안내판 하나 없었지만 그래도 다행인 것은 사람이 다닌 발자국 흔적이 있었다. 백여 미터를 올라가자 다소 편편한 산마루에 무덤 두 기가 앞뒤로 나란히 있었다. 무덤 앞과 옆에 세워진 석물을 보니 예사 무덤이 아니다. 속으로 안도의 한숨을 쉬며 무릎을 굽혀 문드러지고 이끼 낀 비문을 더듬더듬 읽어내려 갔다. '복성군 미(福城君嵋)' 네 글자가 분명했다.

1527년(중종 22) 2월 26일 동궁전의 아침은 쌀쌀한 날씨에도 3일 후 있을 동궁(東宮, 훗날 인종)의 생일잔치를 준비하느라 차분하면서도 분주했다. 그런데 동궁전 후원 은행나무에 시커멓고 뭉툭하게 생긴 괴상한 물체 하나와 물통 나무 조각에 쓴 방서榜書가 걸려 있었다. 나인들을 시켜 살펴보니 사지와 꼬리를 자르고 입과 눈과 귀를 불로 지진 쥐새끼 한 마리였다. 나인들은 놀라 기겁을 하고 사색이 되어 어찌할 바를 몰라 허둥댔다. 동궁을 저주하려 했던 것만은 분명한데 범인은 잡을 수가 없었다. 그런데 며칠 후 이러한 사건이 다시 임금의 침실 전란(殿欄, 궁전의 난간)에서 일어나니, 쉬쉬하며 더 이상 범인 색출을 미룰 수 없었다. 범인을 잡기 위해 많은 궁중 나인과 시녀들이 고문을 못 이겨 거짓 자백을 하거나 맞아 죽기도 하는 가운데 경빈 박씨敬嬪朴氏의 소행이라고 지목된다. 그런데 경빈 박씨가 지목된 데에는 조정 대신들 간의 권력다툼과 왕위에 대한 갈등이 그 배경으로 작용하고 있었다.

역사에서 '정유년(丁酉年, 1537년 중종 32) 삼흉(三凶)' 중 하나로 평가받는 김안로(金安老, 1481~1537년)는 중종반정이 일어나던 해(1506년)에 장원급제하였고 글재주가 좀 있기는 하나 간사하다는 평판을 받았다. 그러나 기묘사화(己卯士禍,

1519년)를 계기로 조광조趙光祖 일파가 몰락한 뒤 이조판서가 되고, 아들 김희(金禧, ?~1531년)가 중종과 장경왕후 사이의 소생 효혜공주孝惠公主와 혼인하여 부마駙馬가 되자 권력을 휘두른다. 게다가 장경왕후 윤씨章敬王后尹氏가 세자를 낳고 산후통으로 7일 만에 25세의 젊은 나이에 죽자, 어린 동궁(東宮, 인종) 보호를 구실로 거듭 옥사를 일으켜 수많은 정적들과 대신들을 유배 보내거나 사사시킨다. 심지어는 왕실의 지친과 공경대신들까지 죽이고 귀양 보내는 일을 서슴지 않았다.

그 정적 중에서도 김안로의 눈엣가시는 중종의 첫 번째 빈嬪인 경빈 박씨 사이의 소생 복성군福城君과 두 옹주翁主의 부마들이었다. 부마는 첫째 혜순옹주惠順翁主의 남편 광천위光川尉 김인경(金仁慶, 1514~1583년)과 둘째 혜정옹주惠靜翁主의 남편 당성위唐城尉 홍려洪礪였다. 김안로는 중종의 총애를 받는 경빈 박씨가 어린 세자를 폐위시키고 자기의 아들 복성군을 세자로 책봉시키려는 야망을 가졌으며, 그 배후에 경빈의 사위인 김인경과 홍려가 있다고 생각했다.

마침 중종의 세 번째 계비인 문정왕후도 생각이 같았으므로 김안로는 아들 김희를 시켜 작서지변灼鼠之變을 꾸몄고, 이 흉계는 맞아떨어져 홍려는 장을 때려 죽였고, 김인경은 유배 보내고, 경빈 박씨와 복성군은 폐서인으로 강등시켜 박씨의 고향인 상주로 유배 보냈다. 그러나 궁중 안의 흉측한 일이 그치지 않았으니 곧 소위 '목패木牌의 변' 또는 '가작인두假作人頭의 변'이라고 부르는 사건이 터지고, 이 또한 경빈 박씨의 잔당들이 일으킨 사건이라고 누명을 씌워 유배지에 있던 경빈 박씨와 복성군에게 사약을 내리니, 이 해가 정유년(1533년)이었고, 복성군의 나이 24살이었다.

그러나 하늘은 무심치 않았다. 김안로·김희 부자의 간교는 이종익李宗翼의 실토로 만천하에 드러나고, 중종도 함부로 손댈 수 없을 만큼 권력이 커진 김안로 부자를 제거하기 위해 치밀한 계획을 세우고, 김안로의 다른 아들 김지의 혼삿날에 체포한다. 그러나 실록의 경빈 박씨에 대한 기사를 보면,

「경빈은 성품이 공손하지도 않고 만족할 줄도 몰라서 사랑을 얻으려는 술책만 힘썼다. 은총을 믿고 멋대로 방자하게 구는가하면 분수에 넘친 마음을 품고 뇌물을 널리 긁어 들였으므로 간청하는 사람이 구름처럼 몰려들었다. 그러고도 전혀 경계할 줄을 모르다가 이런 화를 저지른 것이다. 그러나 시론(時論)은 박씨만의 죄가 아니라 역시 임금이 지나치게 총애한 소치라고 했다.」 - 『중종실록 58권』 중종 22년(1527. 4월 26일) 1번째 기사.

제 발등을 제가 찍은 저주 때문이었을까. 어리석은 간신 김안로·김희 부자가 꾸민 저주가 정말로 세자에게 미친 것이리라. 어릴 적부터 병약했던 인종은 재위 8개월 여 만에 붕어한다(재위 1544.11~1545.7월). 고장난명孤掌難鳴이라고 역사의 비극 또한 마찬가지일 터. 간신 김안로 부자와 경빈 박씨의 탐욕이 부딪친 칼끝의 잔해들이 500여 년이 지난 지금 남양주 진접 연평들 건너 산골짜기에서 한 줌의 흙으로 녹고 풍화되어 찾는 이 없는 돌덩이로 남아 잡초에 묻혀 있다. 경빈 박씨와 복성군의 묘를 8월 뙤약볕 아래 어렵게 찾아 사진에 담고, 그늘의 잡초를 깔고 앉아 잠시 땀을 식혔다. 삶의 지혜를 얻으려거든 역사를 읽으라 했던가. 나 같은 검수(黔首 ; 일반백성)들이 저 높은 왕조의 뒷이야기를 반추해 본들 얼마나 지혜로워지겠는가마는, 똑 같은 사람으로서 그래도 타산지석이라는 말이 허튼 말은 아니려니 생각하고 산을 내려오는데 개똥쑥 줄기가 자꾸 옷자락을 당겼다.

팔현리(八賢里) · 팔야리(八夜里) · 금곡리(金谷里)와 유순(柳洵) 묘를 찾아

궁골 경빈 박씨와 복성군 묘를 내려와서 인근의 팔현리와 팔야리로 길을 잡았다. 먼저 팔현리는 '여덟 명의 현인이 은거했던 마을'이라 데서 유래해 '발안, 배라니, 배래니'라고도 부른다. 또는 '여덟 선녀가 이 마을에 내려와 목욕을 하고 올라갔기 때문'이라고도 한다(『남양주 땅이름』, 풍양문화시리즈02). 팔현리는 1.2구 두 골짜기로 나뉘어 가늘고 길게 이어지면서 골짜기마다 많은 자연부락을 안고 있다. 여기에 은거했던 여덟 명의 현인들이 누구인지 알고 싶었으나, 점필재

김종직(佔畢齋金宗直, 1431~1492년)과 망세정 심선(忘世亭沈璿, ?~1467년) 외에는 알 수 없었다.

김종직은 가까이로는 정몽주鄭夢周·길재吉再의 학통을 이어받은 아버님 김숙자(金叔滋, 1389~1456년)로부터 배웠으며, 아래로는 김굉필金宏弼, 조광조趙光祖, 정여창鄭汝昌, 김일손金馹孫 등 걸출한 인물들을 배출시켜 조선 초기 도학의 정통을 지켜가며 정의와 의리를 숭상한 올곧은 학자다. 그러나 그가 쓴〈조의제문(弔義帝文)〉은 세조의 단종 왕위 찬탈 사건 곧 계유정난癸酉靖難을 초楚나라 의제義帝를 죽인 항우項羽에 빗댄 것인데, 그의 제자 김일손이 사초史草에 기록하였다가 탄로 나, 자신은 부관참시剖棺斬屍되고 무오사화(戊午史禍, 1498년)의 원인이 되었다. 그런 김종직이 이곳 팔현리에 유유자적하였다니, 이곳을 노래한 그의 해타(咳唾 ; 어른의 말씀)를 찾으려고 문집『점필재집(佔畢齋集)』등을 상고해보았으나, 무오사화 때 많은 저작들이 소실된 관계로 접할 수 없음이 안타깝다.

팔현리 입구에 세워진 표석과 계곡 마을 골짜기가 깊고 풍광이 순후하여 은둔처사들이 음풍농월하기에 적당한 곳이라는 느낌이 들었다.

심선은 그의 아들 심안의沈安義가 세종과 숙원 이씨淑媛李氏 사이의 소생 정안옹주貞安翁主와 혼인하여 척리(戚里, 임금의 내척과 외척을 이르는 말)가 된 관계로 경기도·황해도 관찰사 등을 지냈다. 그러나 벼슬에는 뜻이 없어 고매한 기풍을 지닌 처사를 자처하고 이곳 풍양땅에 망세정을 짓고 은거하였다 하나, 이곳을 노래한 그의 시품 또한 상고할 수가 없음이 못내 아쉬웠다.

다시 금강로로 되돌아 나왔다. 금강로에서 직진하여 광릉쪽으로 가다보면 좌측에는 장현리의 맨 북쪽마을

금곡리(쇠푼이마을) 안마을에 세워진 망세정 심선 신도비 그가 노래힌 풍류는 간 곳 없고 아파트단지 뒤쪽에서 칡넝쿨만 얼키설키 감싸고 있다.

인 '장승배기'가 있다. 예전에 마을 입구에 장승이 서 있었다고 해서 생긴 이름인데, '매봉재'라 부르는 사람도 있다. 광릉으로 가려면 이 마을 끝쯤에서 좌측길로 가야 한다. 금강로에서 장승배기로 직진하지 않고 금곡교차로에서 우회전하여 금곡리 쪽으로 진입했다. 〈장자못 전설〉의 현장인 벼락소를 보려 함이다.

벼락소는 명칭만으로는 늪이나 연못이 될 터인데 실제로는 왕숙천변의 깊은 물웅덩이이다. 교차로에서 금곡리 쪽으로 들어서자마자 금곡교를 건너기 전에 주차한 후 천변 산책로를 따라 북쪽으로 걸어가거나 아니면 교차로를 지나 처 첫번째 삼거리에서 우회전하여 장현11리 마을회관에서 하차하여 천변 산책로를 따라 걸어 내려가면 만날 수 있다. 최근 근처에 두리공원도 조성되었으므로 찾아갈 때 참고해도 좋다. 벼락소에 얽힌 〈장자못 전설〉은 너무나도 유명한 전국 분포

장자못 전설이 내려오는 왕숙천변 벼락소 왕숙천변 산책로를 따라 걷다
보면 만날 수 있는 벼락소의 풍경.

의 이야기이니 다시 소개할 필요도 없겠다. 최근 고등교육을 받은 사람이라면 제
7차 고등학교 국어교과서 상권 2단원에 실려 있는 〈용소와 며느리바위〉의 내용
을 잘 알고 있을 것이다. 이 책에 실린 이야기는 원래 필자가 1979년 5월 13일 서
울시 수유동 수유노인정에서 전직 교장이셨던 김용규(남, 80세, 황해도 장연군
용연면 용정리 출신) 옹을 만나 채록했던 것을 구어체로 수록했던 것이다.

벼락소 이야기의 전체적인 내용은 유사하지만 이 지역에서는 악행을 행했던
이가 조선조 초기 금곡리에 살았던 신감역이라는 점이 특징이다. 물론 결론 부
분에 착한 며느리가 동정을 베풀었던 노승의 말, 즉 어떤 소동이 벌어져도 '뒤돌
아보지 마라'는 부탁을 잊고 뒤돌아본 결과 산 중턱에서 돌로 변했다고 하며, 집
터가 깊은 못으로 변하고 말았다는 점은 여느 이야기와 조금도 다르지 않다.

먼저 금곡리를 잠깐 살펴보자. 금곡리는 현지에서는 '쇠푸니'라고 부른다. 이 지
역에서 쇠가 많이 났었기 때문이라고 하는데 사실 여부는 알 수 없다. 다만 금곡리
를 품고 있는 철마산鐵馬山 이름도 쇠와 관련된 점으로 보아 전혀 터무니없는 이름

인 것 같지는 않다. 한편 금곡리와 인접한 주곡리周谷里는 삼면이 산으로 둘러싸인 골짜기다 하여 생긴 이름으로, 예전에는 '주리골'이라 부르던 곳이다. 주곡리에는 류(유)柳씨들이 많이 살았으므로 '주류골/주리골'이라 했다는 설도 있다. 두 마을 역시 지금은 산지와 전답을 모두 밀고 깎아 내어 고층 아파트와 상가들이 꽉 들어 차 있다. 특히 주곡리 입구를 제외하고는 삼면이 산으로 둘러싸인 막다른 동내였는데, 지금은 경복대학교가 건립되면서 경복대로가 뚫려 진벌리까지 연결된다.

경복대로를 따라 진벌2리 마을회관에 이르렀다. 진벌榛伐의 '榛'자는 '개암나무'를 뜻한다. 그러므로 진벌은 '개암나무 벌판'을 가리키는 말이겠다. 아마도 예전에 이 곳에는 개암나무가 많았던 모양이다. 어떤 사람은 '벌(伐)'자는 '베다'는 뜻이어서 예전에 많던 개암나무를 베어내고 마을을 만들었기 때문에 진벌이 되었다고도 한다. 두 주장의 차이는 '벌'자가 '벌판'이냐 '베다'냐 하는 점이 다를 뿐 그리 큰 차이가 있는 것 같지는 않다. 한편 이곳 사람들은 '진벌'을 '갬벌'로 많이 부르고들 있다.

진벌2리 마을회관 근처에서 좌회전을 하면 부평리나 팔야리로 들어갈 수가 있다. 팔야리에 있는 유순(柳洵, 1441~1517)의 묘를 찾기 위해 내비게이션에 '유순 묘(팔야리 668-2)'를 입력하고 길을 찾아갔다. 유순 묘의 위치에 대하여 『신증동국여지승람』〈능묘〉 조에는 '유순 묘(柳洵墓) 주 동쪽 40리 지점에 있다.'고만 되어 있다.

팔야리는 앞서 언급했듯이 '여덟뱀이/여덟배미'라고도 하는데, 왕자의 난을 겪고 난 태조가 한때 함흥으로 갔다가 돌아올 때에 이곳에 이르러 '여덟 밤[八夜]'을 묵었다 해서 생긴 이름이라 한다. '독점마을', '독쟁이'[도곡(陶谷)]라고도 하는데, 고려시대에 이곳에 옹기점이 있었기 때문이라고 한다. 자연마을로는 학림, 단산, 원팔야 등이 있다. '학림'은 '황림黃林'이 변한 말로, 예전에 황씨와 임씨가 살았기 때문이라 하며, 단산은 흑단黑丹이라고도 하는데, 마을 동쪽 산이 해가 뜰 때에는 검게 보이고, 해가 질 때에는 붉게 보인다 하여 생긴 이름이라 한다. '원팔야'는 원래부터 있었던 팔야 마을이란 뜻이다.

오늘날 팔야리에는 여러 전설이 전래되고 있다. 그 중 태조가 이곳에 이르렀을 때 목이 너무 말라 우물가에서 물을 긷는 처녀에게 물을 요청하였다. 그런데 처녀는 급히 물을 떠 주려다가 우물가 버드나무 잎을 훑어 띄워 주었다. 태조가 그 이유를 묻자 처녀는 목이 마른 김에 급히 물을 마시면 체하기 쉽기 때문이라 대답했다. 이에 태조는 처녀의 지혜로움에 매우 감탄했다고 한다.(팔야리 전설에는 태조와 처녀와의 이후 후일담은 전해지지 않는다.) 이 이야기는 다른 곳에서도 전해지니, 가령 함경남도 함주咸州의 '호연천好緣川' 전설에는 처녀가 나중에 신의왕후神懿王后가 된 한씨韓氏라 하고, 황해도 곡산 읍내를 흐르는 용봉강龍峯江 전설에는 신덕왕후 강씨神德王后姜氏라 하고, 또 전남 나주 완사천浣紗泉 전설에는 고려 왕건과 장화왕후 오씨莊僖王后吳氏라 하고, 『고려사(高麗史)』 왕비열전에는 정주貞州의 유씨柳氏로 되어 있다. 이처럼 이 이야기는 일종의 광포전설廣布傳說로서, 어떤 특정인과 결부시킴은 그다지 의미가 없을 듯하다.

팔야리에는 '아작고개'가 있는데, 고개이름에 이런 전설이 있다. 옛날에 인근에는 호랑이가 많이 출몰했는데 종종 이 고개에서 사람을 '아작'하고 잡아먹었다고 한다. 또는 흉년에 배가 고픔을 이기지 못한 농부가 이 고개에서 제 자식을 잡아먹어서 이런 이름이 생겼다는 이야기도 있다.

내비게이션으로 팔야리 유순 묘의 지번을 찾는 데는 별문제가 없었으나 정작 도착해 보니 무덤을 찾을 수가 없었다. 부근에서 공사를 하고 있던 사람들에게 물어보아도 아는 사람이 전혀 없었다. 결국 유순 묘를 찾기 위해 상당 시간을 허비했다. 여러 번 돌고 돌다가 주소를 잘못 찍은 줄 깨닫고 스마트폰에서 다시 '팔야리 산10번지'란 주소를 알아내어 내비게이션에 다시 찍고 찾아갔다. 유순 묘가 있는 '독점마을'은 우리가 앞서 헤매던 곳과는 전연 거리가 먼 금강로 건너편에 있었다.

유순柳洵은 중종반정 2등 공신으로, 자는 희명希明, 호는 노포老圃, 시호는 문희文僖이다. 이 분은 바로 필자의 직계조상이신 조계상曹繼商·조계은曹繼殷 할아버지와 함께 중종반정이라는 역사적 사건에서 공신반열에 올랐던 인물임을 알게 되어 더욱 관심이 갔다. 유순은 부제학·형조참판을 지낸 후 무오사화로 한때 파직되었다가 호조판서·우의정·좌의정을 거쳐 영의정까지 올랐으니 인신人臣으로서는 최고위까지 오른 셈이다.

시부詩賦에도 뛰어나 왕명에 의해 서거정徐居正 등과 중국 원나라 채정손蔡正孫이 펴낸 시 작법에 관한 책 『연주시격(聯珠詩格)』을 한글로 번역하기도 했다. 시로 이름이 높았는데, 성종이 미인도를 내 놓고, '시를 지어 올리라.'하니 그 시의 끝구에, 「임금이 여색을 멀리하여, 그림을 펴 보고도 오히려 한번 눈살을 찌푸린다.(君王自是疎聲色 殿畵猶應寄一矉)」라고 지어 올려, 성종이 크게 칭찬하였다고 한다(『연려실기술』 제6권). 조선왕조 계보도를 상고하면 비빈妃嬪과 후궁後宮의 숫자에서 태종(20명) 다음으로 성종(17명)이 두 번째로 많다. 그런데도 '임금이 여색을 멀리한다.'고 지어 역설적으로 여색을 좋아하는 성종을 넌지시 암유暗喩했으니,

진접읍 팔야리 산110번지에 있는 문희공(文僖公) 유순(柳洵)의 묘 정치적 격변기를 살면서도 시종일관 진솔한 자세로 큰 환난을 면할 수 있으니, 현재를 살아가는 우리들에게 어떻게 살 것인가를 시사해주는 바 적지 않다 하겠다.

유순의 처세는 기지機智인가 아부阿附인가. 성종과 연산군를 거쳐 중종반정에 큰 공을 세우지 않았음에도 높은 벼슬을 유지하면서 큰 미움을 받지 않았다. 이는 시종 일관 진솔했기 때문임을 알 수 있으니 현재를 살아가는 우리들에게 어떻게 살 것인가를 시사해주는 바가 적지 않다 하겠다. 시를 잘 지어 당시 열 명의 시수상詩首相에 들기도 했는데, 문집이 남아 있지 않아서 그의 글을 많이 접할 수 없음이 아쉽다.

유순 묘에 접근하기 위해 추수를 끝낸 남의 밭을 가로질러 묘소로 올라갔다. 내려올 때 보니 팔야리 안쪽으로 차가 오르내릴 수 있게 멀쩡한 큰 길이 있어서 낭패감을 느끼기도 했지만, 초행길에는 으레 있어온 일이었다. 명성에 걸맞게 무덤의 규모는 상당했다. 원형 봉분에 활개를 갖추었으며, 봉분 앞에는 여러 석물이 갖추어져 있었다. 둘레석은 최근에 개비한 듯했지만, 오래된 묘석들은 무덤 주인공의 영화를 증언해 주는 듯했다. 봉분 오른쪽 묘갈墓碣은 비신碑身 및 이수螭首를 갖추고 있었는데, 이수에는 구름 속에 발가락이 4개인 쌍룡이 여의주를 움켜잡고 있는 모습으로 앞뒤를 조각했다.

남편 정조대왕을 그리는 휘경원(徽慶園)의 풀벌레소리

유순 묘를 둘러보고 나오니 해는 이미 기울고 있었다. 서둘러 부평리 쪽으로 나아갔다. 부평리는 1914년 부동리富洞里와 후평리後坪里가 합해져 진접면에 편제되면서 생긴 이름이다. 현지에서는 부동리를 '분토골'이라 하고, 후평리는 '뒷벌/뒤뜰'이라 한다. '뒤뜰'을 '새광내/샛광내[신광(新光)]'라 하기도 한다. '분토'는 '반토(頒土)', 즉 '임금이 땅을 나눠 준다'는 뜻으로, '분토골'은 광릉을 조성한 후 나라에서 능지기에게 토지를 분배했기 때문에 생긴 이름이다. 또 부평리에는 광릉 초입에 '능내/능안'이란 마을이 있는데, 능 안쪽에 있다 해서 붙여진 이름이다.

광릉 앞에 있는 벌판을 '살내벌'이라고 하는데, 여기에도 전해오는 이야기가 있다. 옛날에 차수복이라는 사람이 있었다. 국법에 임금의 능을 참배할 때 백성들은 부채로 얼굴을 가려야 했는데, 그는 무엄하게도 얼굴을 가리지 않고 갔다. 때문에 그는 불경죄로 목을 베이게 되었는데, 동구 밖까지 끌려가면서도 그는 춤을 추었다. 마침 능을 참배하고 오던 임금이 그 모양을 보았다. 임금은 곧 죽을 놈이 춤을 춘다며 그를 살려 주라고 하고 자신의 부채까지 하사했다. 그때부터 수복이 춤을 추었던 곳을 임금이 '살려 주라'한 곳이라 해서 '살내벌'이라 부르게 되었다고 한다.

포천으로 뻗어 있는 47번 국도를 따라 가다 '국립수목원' 안내판을 따라 빠지면 왕숙천으로 흘러드는 봉선천과 능안 마을을 끼고 광릉으로 향할 수 있다. 길은 수목 보호가 우선이기 때문에 노거수들 사이로 구불구불하게 나있다. 이번 진접면 중심의 용들의 발자취를 따라 가는 마지막 답사코스는 휘경원과 광릉 그리고 봉선사를 끝으로 잡았다. 시간적 순서로는 광릉을 먼저 들러야 하지만 휘경원부터 들리기로 했다. 휘경원도 순강원이나 영빈묘처럼 공개제한지역이라 출입허가서에 기록된 날짜에 답사와 촬영을 마쳐야 했기 때문이다. 사실 몇 달 전 이곳을 찾았다가 헛걸음을 한 적이 있다. 철책 문은 닫힌 채 문에는 관리자 연락처만 써 붙여 있었다. 전화를 거니 얼마 안 있어 안쪽에서 관리자가 나왔다. 찾아온 목적을 간단히 말하고 사진 촬영을 부탁했으나 이곳은 사전에 문화재청의 허락을 받지 않으면 안 된다고 했다. 그래 안내판만이라도 찍게 들여보내 달라 했더니 그건 허락하겠다며 문을 열어주었다. 그래 관리자가 지켜보는 가운데 안내판만 찍은 다음 물러나올 수밖에 없었다. 휘경원은 봉선사 입구 주차장 맞은편으로 봉선천을 건너는 작은 다리를 지나 안내 푯말을 따라 사오백 미터쯤 들어가면 된다.

휘경원은 조선 22대 임금인 정조의 후궁이자 23대 임금인 순조(純祖, 재위 1800~1834년)의 생모인 유비 박씨(綏妃朴氏, 1770~1822년)의 능이다. 휘경원을 둘러보기 전 명칭문제를 먼저 확정해야 했다. '비妃'인가 '빈嬪'인가 하는 문제다. 곧 '수빈 박씨綏嬪朴氏 · 수비 박씨綏妃朴氏'로 기록되기도 하고, '유비 박씨綏妃朴氏'로 기록하기도 한다. 먼저 '비 · 빈' 문제는 대한제국 때인 1901년(고종 38, 광무 5)에 순조가 황제로 추존되자 유비 박씨를 임금의 사친이므로 특별히 빈에서 비로 추봉하였다. 이어 '수(綏)'의 한자음은 '수·유' 등으로 읽으나, 보편적으로 '수'라 많이 읽는다. 그러나 한국학중앙연구원 장서각에 소장되어 있는 장례식(순조 23, 1823년)의 진향문(進香文 ; 나라에서 지내는 제사 때나 임금·왕후 등이 죽었을 때, 그 신위나 영전에 향을 올리면서 읽는 글)은 한문으로 쓰고 한글음이 함께 적혀 있는데, 명칭이 '유비 박씨'라고 쓰여 있다. 서두 부분만 인용해 보면 다음과 같다.

> **顯穆綏嬪卒逝于昌德宮之寶慶堂**(현목유빈졸셔우챵덕궁지보경당)
> 현목 유빈이 창경궁 보경당에서 죽다. ~(이하 생략)

현목顯穆은 유비 박씨의 시호이고, 창덕궁 보경당에서 졸서卒逝했다고 한다. 이후 휘경원이 광릉 앞 현 위치에 자리하기까지는 두 차례 이장을 거친다. 처음에는 양주시 배봉산拜峰山 아래(현 서울시 동대문구 휘경동 산 7~8번지 일대)에 있던 것을 1855년(철종 6) 순강원(順康園, 남양주시 진접읍 내각리) 우측 언덕으로 옮겼다가 풍수지리가 좋지 않다고 해서 1863년 다시 이곳으로 옮긴 것이다. 박씨는 1787년(정조 11) 후궁 간택에 뽑혀 수빈에 봉해지고 가순궁嘉順宮이라는 궁호를 받았으며, 정조와의 사이에 1790년(정조 17) 순조를 낳았고, 이어 1793년(정조 17)에 숙선옹주淑善翁主를 낳았다. 『대동지지』〈능침〉 조에는 다음과 같이 기록되어 있다.

> 「휘경원(徽慶園) 달마동(達馬洞)에 있는데 처음에는 배봉(拜峯)에 장례했으나 철종 계해년에 다시 이곳으로 옮겼다. 유빈(綏嬪) 박씨의 원이니 기일은 12월 26일이다. ○ 영(令)과 참봉이 한 사람씩이다.」

그러나 유비 박씨의 부군인 정조는 조선왕조사에서 가장 비극적 죽음을 맞이한 아버지 장헌세자(莊獻世子, 사도세자思悼世子, 추존 장조莊祖)가 묻힌 융릉(隆陵, 경기도 화성시 안녕동1-1) 곁에 효성이 지극했던 부인 효의선황후孝懿宣皇后

휘경원(徽慶園) 유비 박씨(綏妃朴氏) 능　행실이 착하고 말수가 적으며 부덕을 갖추어 '현빈(賢嬪)'으로 칭송이 높았다. 광무 5년(1901)에 유비(綏妃)로 추존되었다. 신위는 칠궁(七宮 ; 조선시대 역대 왕으로 추존된 이의 생모인 7명 후궁의 신위를 모신 곳)에 모셔져 있다. 효심 깊은 부군이었던 정조대왕[健陵]과는 멀리 떨어져 있다.

와 함께 안장[능호 건릉(健陵)]되는 관계로 멀리 떨어져 있어야만 했다. 휘경원은 입구가 매우 좁아 처음에는 잘못 들어선 줄 알았다. 그러나 골목길로 들어서서 막다른 곳까지 가니 휘경원이 나타났다. 허가서를 보여주고 능침까지 올라 갈 수 있었다. 능내는 깨끗하고 단아하며 잘 손질되어 있었다. 이름은 원園이지만 입구에는 홍살문이 있고 금천교禁川橋를 파 물이 흐르고, 정자각에 이르는 길은 향로香路와 어로御路로 나뉘고, 곡장曲墻을 둘러쌓고 능을 에워싼 석양石羊과 석호石虎, 문인석과 망주석 등 능침의 석물로 보면 능의 모습이 완연했다.

　한여름 뜨거운 해가 설핏 기우러가자 폭염도 좀 가시기 시작하고 풀벌레소리는 소나무 긴 그림자에 묻혀갔다. 진접 일원의 공개제한지역 답사 마지막코스라고 생각하니 휘경원 정경을 더욱 뚜렷이 눈에 담고 싶어 능을 내려오는 발길이 지칫지칫 망설여졌다. 혼이 있다면 한강 건너 멀리 경기도 화성 땅에 잠든 부군 정조대왕을 그리워하고 있을 것이라고 생각했다.

광릉(光陵), 크낙새는 날아가고

해가 더 기울기 전 지척에 있는 조선 제7대 세조(世祖, 재위 1455~1468년)와 정희왕후 윤씨(貞熹王后尹氏, 1418~1483년)가 묻힌 광릉光陵으로 발길을 옮겼다. 남양주시 진접면 일원에 있는 '용의 발자취'로는 마지막인 셈이다. 세조가 살아생전 이곳 광릉에 신후지지身後之地를 정하기까지의 풍수담 일화는 앞서 잠시 언급했던 장현리 봉현(蜂峴, 벌우개) 마을 지명유래담과 하나의 이야기로 묶여진다.

세조가 자신의 신후지지를 구하기 위해 애쓰다가 진접에 살고 있는 이생원이란 사람이 명풍수名風水라는 말을 듣고 그를 찾아갔다. 이생원을 찾아가는 도중에 어떤 사람이 상을 당해서 묘를 쓰고 있었는데, 일반인이 보아도 알 수 있을 만큼 아주 좋지 않은 악지惡地에 묘를 쓰고 있는 것이 보였다. 그냥 지나치기에 안타까워 신분을 숨기고 돈 300냥을 주며 다른 곳으로 옮겨 묻기를 권했다. 그리고는 묘 자리를 잡아준 풍수가 누구냐고 물어보았다. 그랬더니 다름 아닌 바로 세조가 찾아가던 이생원이라고 대답했다. 세조는 괴이하게 여겨, 이생원을 만나 조금 전 무덤을 쓰려던 사람의 묘 자리의 길흉을 물었다. 그러자 이생원은 그 근처에 길지가 있지만, 그 사람이 쓰려던 묘 터는 당장 300냥의 큰돈이 생기는 곳이라 가난한 상주에게 금시발복今時發福할 자리를 정해 주었다는 것이었다. 그 말을 듣고 속으로 경탄한 세조는 그처럼 용한 사람이 왜

광릉 입구에 세워진 조선왕릉 유네스코 세계유산 지정 기념비 조선 왕릉은 인류의 문화유산으로 탁월한 보편적 가지를 인정받아 '세계문화 및 자연유산의 보호에 관한 협약'에 따라 2009년 6월 30일 유네스코 세계유산으로 등재되었다. 원(14기)과 묘(64기)를 제외한 능은 모두 42기이며, 이 중 40기가 남한, 2기는 북한에 있다.

홍살문에서 바라본 광릉의 정자각 정자각을 중심으로 왼쪽이 세조의 능이며 오른쪽이 정희왕후의 능이다. 세조의 치세(治世)에 대한 공과(功過)와 함께 그의 배후에서 큰 역할을 했다는 정희왕후 능에 눈길이 더 쏠렸다.

이 같은 산골에서 고생을 하고 사느냐 물었다. 그러자 이생원은 자신이 살고 있는 터는 어림지지(御臨之地 ; 임금이 친히 찾아옴)이기 때문이라고 하며, 갑자기 짚자리를 깔더니 엎드려 자신의 무례함을 사죄했다. 이에 놀란 세조는 이생원을 데리고 다니며 묘 터를 찾다가 지금의 광릉을 능자리로 정했다는 것이다.

세조가 승하하자(1468년 9월) 광릉에 능을 파는데, 산일을 주관하던 그 풍수는 그곳에서 큰 벌이 나올 것이라며 2~3km 떨어진 장현리 봉현으로 대피하여 큰 독을 뒤집어쓰고 있었다. 능을 파기 시작하자 정말 뒤웅박만한 벌이 나와서 장현리까지 날아가 풍수가 쓰고 있는 독을 쏘았지만 독을 뚫지 못해 풍수는 목숨을 구할 수 있었다. 그 뒤부터 그 동네 이름이 '봉현(蜂峴/벌우개)'이 되었다고 한다.

왕실을 중심으로 한 능묘에 관한 풍수담은 벌써 세 번째이다. 물론 이러한 이야기들은 민간에서 구전되던 이야기로, 사실이라기보다는 허구일 가능성이 높다. 당시 숭유억불을 내세우던 지배층의 통치철학으로 보면 풍수담은 이단異端이거나 폄시貶視 당해야 하지만, 왕조의 무궁한 번영과 발전을 기원하며, 미래에 대한 불안감을 명당 발복에 의지하였으니, 풍수지리설(학)에 대한 믿음은 강하고 확고했던 것으로 보인다.

'용들의 발자취'를 찾아 나선 이번 코스가 고궁이나 고성古城, 고찰古刹이 아닌 바에야, 고총古塚이 위주가 될 수밖에 없으니 능묘에 대한 구전 일담逸譚은 피할 수 없는 언급일 터. 아울러 왕실에 관한 이야기이니 사실은 더욱 증폭되고 과장 확대될 수밖에 없음도 당연한 일일 것이다. 어떤 사실에 대하여 의문을 품고, 풀어내려는 민중의 노력과 지혜는 재미난 문학적 상상력으로 재구성되어 나타났다는 점은 사실 여부에 관계없이 흥미와 삶의 지혜를 겸비하고 있다 하겠다.

세종의 둘째 아들로 태어나 수양대군에 책봉되고(첫째 아들은 제5대 문종文宗, 재위 1450~1452년), 권력에 대한 야심이 커 제6대왕 단종(端宗, 재위 1452~1455년) 즉위 1년 후인 1453년 계유정난癸酉靖難을 일으켜 문종의 고명대신顧命大臣인 황보인·김종서 등을 제거하고, 바로 아랫동생인 안평대군安平大君마저 왕위를 넘본다는 죄목으로 강화도로 귀양 보내 사사한다(1453년, 단종 1). 세조는 그 후로도 왕권을 흔들려는 기미가 있을 시에는 추호의 여지도 없이 정적들을 제거한다. 심지어 당시 경상도 순흥에 유배 중이던 자신의 넷째 동생 금성대군 유(錦城大君瑜, 노산군魯山君에게는 숙부)도 노산군 복위를 계획하자 가차없이 사사한다(1453년, 단종 1).

단종 복위를 모의했지만 거사계획이 탄로됨을 두려워한 김질金礩의 고변으로 세조는 사육신死六臣을 비롯해 70여 명의 신하들을 처형한다(1456년, 세조 2). 그리고 노산군이 살아있는 한 이러한 복위운동은 그치지 않을 것이라 판단하고, 강원도 영월에 유배 중이던 17살 어린 조카 노산군에게마저 사약을 내린다(1457년 10월, 세조 3). 두 명의 동기지친同氣之親을 죽인 태종의 '왕자의 난'이 이복형제들을 죽인 것이라면, 세조는 이에 못지않게 안평대군과 금성대군 두 명의 친아우를 죽인데다가, 나아가 어린 조카마저 죽인 것이니, 권력에 대한 무한 탐심인가 나라와 역사의 발전을 위한 냉혹함인가.

단종은 8살(1448년, 세종 30)에 왕세손이 되고, 10살(1450년, 문종 1)에 왕세자에 이어 12살(1452년)에 왕이 되더니, 재위 3년 여 만에 첩첩산중 강원도 영월 땅에 유폐되었다가 불귀의 객이 되고 만다. 지금도 영월 청령포구에는 당시 사약을 들고 남한강 물줄기를 따라 올라가 단종에게 사약을 먹이고 죽음을 확인한 후, 다시 배를 타고 한양으로 돌아와야 했던 의금부도사 왕방연王邦衍의 참담한 심정을 읊은 시조 한 수가 시비로 서있다. 세조를 생각하면 함께 떠오르는 단종에 대한 기억은 연민의 정일까. 역사란 무엇인가에 대한 답답한 마음에 왕방연의 시조를 인용해 본다.

> 천만리(千萬里) 머나먼 길에 고운 님 여의옵고
> 이 마음 둘 데 없어 냇가에 앉아보니
> 저 물도 내 안 같아 울어 밤길 가는구나.

'고운 님'은 물론 단종을 말한다. '이래서는 안 되는데.' 하는 생각이 드는데, 사약을 들고 와서 어린 임금을 죽여야 하는 왕방연의 심정, 그러나 절대적 왕명에 승복하고 따라야 하는 복합된 심정을 '둘 데 없어' 가누지 못하고, 다시 한양으로 돌아가는 배에 올라야 한다. 포구와 뱃전을 치는 여울물 소리와 함께 밤 뱃길에 오른 무거운 육신의 삶이 스스로도 안타깝기만 하였으리라. 시대를 통탄치 않을 수 없는 어두운 역사와 참담한 현실이 캄캄한 밤에 흐르는 검은 물과 함께 떠가야 했으리라.

이러한 공과功過와 영욕榮辱을 세조 뒤에서 내조를 다한 왕비가 바로 광릉 오른쪽에 누워있는 정희왕후(貞熹王后, 1418~1483년)다. 당시 강원도 홍주(현 강원도 홍천군) 현감이었던 증영의정 윤번贈領議政尹璠의 딸로 태어나 세조의 계유정난을 독려하고, 조선왕조 최초로 수렴청정을 한 왕비로 역사에 기록되고 있다. 이보다 앞서 김종서를 제거하기 위한 거사가 사전에 누설되어 수양대군이 거사를 포기하고 돌아와 대문을 지나 중문으로 들어서자, 정희왕후가 갑옷을 들고 나아가 입혀주면서 거사를 결행케 했다는 고사는 유명하다. 또한 예종(睿宗, 재위 1468~1469년, 세조의 둘째 아들)이 14세 어린 나이로 등극하자 조선왕조 최초로 수렴청정을 한다. 이어 예종이 등극 1년 2개월여 만에 죽자, 첫째 아들 의경세자(懿敬世子, 추존 덕종德宗)의 두 아들, 곧 큰 아들 월산대군月山大君이 있었음에도 불구하고, 둘째 아들 자을산군者乙山君을 예종이 붕어한 날 왕(성종成宗, 재위 1469~1494년)으로 등극시킨 것도 모두 정희왕후의 결단으로 조종조祖宗朝에 전례 없는 일이었다. 성종의 등극 또한 13세의 어린 나이였기 때문에 이후 7년 동안을 섭정하게 된다.

1428년(세종 10) 수양대군과 가례嘉禮를 행하고 궁궐로 들어 온 후, 위로는 문종의 단명(재위 2년 3개월여)과 단종의 비극(재위 3년 1개월여)을 보았고, 부군 세조가 『경국대전(經國大典)』 편찬 등으로 채 갖추어지지 않은 치국위민治國爲民의 틀을 세우고자 하였으나, 세조 또한 그리 길지 않게 왕위에 있었고(재위 13년여), 아래로는 예종(재위 1년 2개월) 또한 짧았기 때문에, 정희왕후는 조선왕조의 명운에 커다란 불안감을 느꼈을 것이고, 섭정을 통해서라도 왕조의 불꽃을 지피고 싶었을 것이다. 그리고 성종이 20살 성년이 되고 왕위가 안정을 찾자 온양행궁에서 죽으니(성종 14년) 수가 66세였다. 지금도 강원도 홍천군 수타사 앞을 흐르는 덕치천 건너편 산길로 접어드는 편편한 곳에 정희왕후의 태실胎室로 추정되는 터가 전하고 있다.

『연려실기술(燃藜室記述)』 성종조 고사본말에는 정희왕후가 큰 아들 월산대군이 있었는데도 둘째 자을산군을 왕으로 등극시킨 것에 대한 고사가 전하고 있다.

「(성종)임금은 타고난 자질이 총명하고, 기국과 도량이 웅걸(雄傑)스러웠으므로 세조가 특별히 사랑하였다. 일찍이 같은 어머니 소생의 형인 월산군과 함께 궁중에 있을 때, 마침 뇌성이 진동하여 비가 갑자기 쏟아졌다. 내시 백충신(白忠信)이 곁에 있다가 벼락을 맞아 죽으니, 좌우에 있던 사람이 모두 넘어지고 넋을 잃었으나 (성종은)홀로 조금도 얼굴빛 하나 변하지 않았다. 세조는 더욱 이상히 여겨 일찍이 이르기를, '이 애의 기국과 도량은 우리 태조를 닮았다'하였다. 예종이 세상을 떠나니 아들(인성대군)이 어리고 어리석었으므로 정희왕후가 (성종으로서)대를 잇도록 의논·결정하였다.」

깊지 않은 역사지식으로나마 세조 치적의 외양을 살펴보자면, 할아버지인 태종의 정치를 데자뷰(?)한 것처럼 보인다. 첫째, 태종이 왕자의 난을 통해 혈육인 두 동생(무안대군 방번撫安大君放蕃과 의안대군 방석宜安大君芳碩)을 죽인 것과, 세조가 두 동생(안평대군 용安平大君瑢과 금성대군 유錦城大君瑜)을 죽인 점. 둘째, 태종이 형인 정종으로부터 왕위를 양위(?) 받은 것과, 세조가 계유정난을 통해 조카인 단종에게서 왕위를 물려받은 점. 셋째, 태종이 처남으로 권세를 부리던 원경왕후 민씨元敬王后閔氏의 두 동생(민무구閔無咎·민무질閔無疾)을 사사한 것과, 세조가 처남이면서 치부를 일삼던 정희왕후 윤씨貞熹王后尹氏의 동생(영평군 윤사반鈴平君尹士昐)을 죽게 한 점. 넷째, 태종이 절대적 왕권강화를 위해 관료제를 추진하던 정도전을 죽인 것과, 세조가 문종의 고명대신이었던 황보인과 김종서 및 사육신을 죽인 점. 다섯째,

정희왕후가 태어났다는 강원도 홍천의 수타사(좌) 건너편 정희왕후 태실 터로 추정되는 산길 초입(우) 여걸(女傑)은 간 데 없고 표석도 간 데 없어 흔적을 더듬는 길손에게 추측만 무성케 한다.

태종이 정종 때 다시 개성으로 옮긴 도읍을 한양으로 환궁하여 경복궁을 정궁으로 확실히 한 것과, 세조가 통치의 기본이 되는 통일법전『경국대전(經國大典)』을 완성 반포한 점. 여섯째, 태종이 큰 아들 양녕대군과 둘째 아들 효령대군을 물리치고 셋째 아들 충녕대군(제4대 세종)을 왕세자로 삼은 것과, 세조가 병약한 예종의 후계자로 덕종(德宗, 추존)의 큰 손자 월산대군을 물리치고 둘째 손자 자을산군(제9대 성종)을 지목한 점 등은 이른바 '역사의 데자뷰(?)'처럼 여겨진다.

얕은 역사적 지식이라 더 깊게는 말할 수 없어도, 이외에도 태종과 세조의 유사점은 더 많으리라 여겨진다. 왕권강화와 왕조의 안정 그리고 왕위의 정체성에 도전하는 자들에게는 추호의 아량도 베풀지 않고 냉혹하게 제거했다는 점 또한 공통점이라고 하겠다.

세조와 정희왕후가 묻힌 광릉의 봉분에서도 다른 왕릉과 몇 가지 차이점이 보인다. 우선 정자각을 중심으로 왕릉과 왕비능을 좌우로 모신 동원이강同園異岡의 형태다. 다음으로는 봉분을 두른 곡장과 난간석은 있으나 봉분을 보호하는 병풍석은 두르지 않았다는 점이다. 또한 관과 광중壙中 사이를 돌로 쌓는 석실과 석곽 대신 석회를 다지는 회격灰隔 방식으로 백성들의 노동과 비용을 줄였다는 점 등은 모두 세조의 유언에 따른 것이라고 한다. 세조가 생전에 자신의 능을 만들 때 석곽과 묘실을 만들지 말라고 한 것은, 시신을 빨리 썩게 함과 동시에 간소한 장례 행차를 감안한 당부였다. 광릉에 대한 문헌기록을 찾아보면『신증동국여지승람』〈능묘〉조에,

「광릉(光陵) 본조 세조(世祖)의 능이다. 정희왕후(貞熹王后)를 부장하였다. 고을 동쪽 41리 지점인 주엽산(注葉山) 직동(直洞)의 남쪽이다. 서울과는 60리쯤 되는 거리이다.」

라고 되어 있다.『대동지지(大東地志)』〈진전(眞殿 ; 조선 역대 왕들의 어진御眞을 모신 전각)〉조에 의하면 광릉에 세조의 어진을 봉안했던 봉선전奉先殿을 두었다가 후일 폐지되었음을 알 수 있다.

「봉선전(奉先殿) 광릉(光陵) 국내(局內)에 있으며 세조(世祖) 어진(御眞)을 봉안하였는데 임진란 때에 강화로 옮겨 봉안하였다. 또다시 묘향산 보현사(普賢寺) 영변(寧邊)으로 옮겨 봉안하였다가 또다시 개성(開城)에 봉안하였다가 다시 경도(京都)의 영희전(永禧殿) 때문에 봉전을 폐했다.」

　광릉은 조선조 역대 임금들 중 가장 대표적인 왕릉이다. 한국전쟁 와중에도 이곳의 울창한 숲은 그대로 보존되어 산림박물관, 산림욕장, 야생동물원 등을 포괄하는 광릉수목원이 조성되었다. 광릉수목원(광릉수목원로 415, 직동리 51-7)은 산림청 중부임업시험장 소속의 국립수목원으로, 2010년 '유네스코 생물권보전지역'으로 지정되었다. 이곳에서는 자연학습 교육과 산림역사에 관한 자료를 보존 전시하고 있다. 봉선사 입구에서 수목원으로 이르는 길은 능이 조성된 이래 약 500여 년간 잘 보존되어 아름드리나무들이 양편으로 하늘을 가릴 만큼 빽빽이 늘어서 있다.

봉선사 입구에서 수목원 이르는 길(좌)과 국립수목원 입구 풍경(우)
국립수목원은 유네스코 생물권 보존지역으로 지정되어 있으며, 다양한 식물은 물론 야생동물원도 갖추고 있다. 수목원 앞으로는 봉선사천이 흐르는데, 왕숙천과 합수된다.

봉선사(奉先寺) 저녁 종소리

휘경원과 광릉을 본 후 마지막으로 광릉의 원찰이었던 인근의 봉선사(奉先寺, 진접읍 봉선사길 32, 광릉수목원로 354)로 향했다. 그림자는 길어지고 날은 이미 어둑해지고 있었다. 마침 종루에는 해말갛게 삭발하고 잘 다린 먹물 빛 장삼을 늘어뜨린 스님이 저녁 예불을 알리는 사물四物을 치고 있다.

춘원 이광수가 머물렀다는 다경향실茶經香室 마루에 걸터앉아 잠시 쉬어간다. 네 발을 가지고 가죽을 둘러쓰고 죄가 무엇인지도 모르고 살아가는 가죽중생들을 위해 친다는 법고(法鼓, 북)에 이어, 이승에서 온갖 죄를 짓다가 지옥에 떨어져 온갖 벌을 받느라 쉴 틈 없는 혼령들을 잠시나마 쉬게 하기 위해 서른세 번을 친다는 지옥중생을 위한 대종(大鐘, 범종梵鐘), 날개를 가진 날짐승을 위해 구름 문양을 새겨 허공중생들을 위해 치는 운판(雲版, 장판長板 또는 판종

봉선사 다경향실과 표석 춘원 이광수는 이곳 다경향실에서 머물며 광동학교에서 학생들을 가르치기도 하고 서울을 오가며 자신의 친일행적에 대해서 고뇌하며 '어떻게 살 것인가'에 대해 번민했으리라.

봉선사 범종각 저녁 예불을 알리는 법고, 범종, 운판, 목어를 차례로 두드리자 수풀의 새들도 둥지로 찾아드는 듯했다.

板鐘), 비늘을 가지고 물속에 사는 수중중생을 위한 목어(木魚, 어고魚鼓 또는 어판魚板)들이 차례대로 제각각의 소리를 내어 시방대천 삼천세계에 울리고, 주위에 몰려든 구름 관람객들의 마음에 잔잔한 물결을 이룬다.

봉선사가 광릉의 원찰인 만큼 저 소리들이 광릉에 잠들어 있는 세조와 정희왕후의 능까지도 들리리라. 세조는 무엇이 되어 듣고 있을까? 단종을 죽였으니 영월 장릉 앞 청령포구 물속에서 한 마리 물고기가 되어 목어소리를 듣고 있을까. 권좌를 위해 능지처참했다는 사육신들과 함께 저 허공중천에서 떠도는 새가 되어 운판소리를 듣고 있을까. 아니면 서른 세 번의 범종 소리가 보다 긴 여운으로 울려 잠시라도 더 쉬기를 바라고 있을까. 수백 년이 흘렀으니 이승의 업장도 이끼 낀 비석의 글씨처럼 무디어지고 희미해졌을까.

봉선사 대웅전 '큰법당'(좌) '큰법당' 한글글씨는 운허 스님이 쓴 우리나라 최초의 한글 현판이라고 한다. 전형적인 일당일탑(一堂一塔) 양식이다. 향로에 피울 마음의 향 한 자루가 없음이 안타까웠다.

살아있거나 죽었거나 물고기처럼 늘 눈을 뜨고 있으라 했던가. 봉선사 대웅전 네 귀퉁이 처마 끝에 매달린 물고기는 잠시도 가만있지 못하고 풍경을 흔들어 울리고 있다. 촌각이라도 마음속 경계의 끈을 놓지 말고 번뇌와 잡념에 빠지지 말라는 뜻인가.

경내를 걸어 나와 봉선사 앞 널따란 연밭 두렁 벤치에 앉았다. 이 연밭은 몇 년 전만해도 지역 주민들의 논이었다. 일제강점기 때 운허耘虛스님이 광동학교를 설립하고 독립자금을 대느라 봉선사 소유의 논밭을 모두 팔았다고 한다. 그 후 수십 년이 지난 최근에야 주지 월운月雲스님이 이 땅을 다시 찾고자 신도들에게 '땅 한 평 사기 운동'을 해서 모여진 시주금으로 논을 다시 사들여 연밭으로 만들었다고 한다. 일찍이 송宋나라 주돈이周敦頤는 〈애련설(愛蓮說)〉을 지어 연의 덕을 노래했으니, 그 중 연의 속성과 덕을 가장 잘 표현하는 구절이 있다.

「~(전략)~ 나는 홀로 연꽃이 진흙에서 나왔으면서도 물들지 않고, 맑은 물결에 씻기면서도 요염하지 않으며, 속이 비어 있고 겉이 곧으며, 덩굴을 뻗지 않고 가지도 치지 않으며, 향기는 멀수록 더욱 맑고, 우뚝하고 깨끗하게 서 있어, 멀리서 바라볼 수는 있으나 함

부로 가지고 놀 수 없음을 사랑한다.(予獨愛蓮之出於淤泥而不染 濯淸漣而不夭 中通外
直 不蔓不枝 香遠益淸 亭亭淨植 可遠觀而不可褻翫焉) ~(후략)」

처염상정處染常淨을 말한 것이리라. 누가 어디에 살든 맑고 청정하면 그곳이 곧
도량이 아니겠는가. 저물어가는 데 광릉숲 소쩍새소리가 멀어졌다가 가까워졌
다가 들릴 듯 다시 멀어진다. 소쩍새(두견이)는 일명 촉조蜀鳥 또는 망제혼(望帝
魂 ; 촉蜀나라 두우杜宇의 넋이 새가 되었다 함)이라고도
부르는데, 광릉의 천연기념물로 알려진 크낙새는 멸종
되었다고도 한다. 크낙새를 '큰惡새'라고 부르면 조류
애호가들에게 야단맞을 일이지만, 악한 마음 악한
일들이 더 이상 일어나지 않는 세상이 되기를 봉선

봉선사 앞 연밭 연꽃이 불가의 꽃인 것은 사람들에게는 처염상정(處染常淨)의 삶을 살라고 말한 것이리라.

사 저녁 예불 범종소리에 마음을 실어 두 손 모아본다. 걱정 근심도 내려놓지 못해 나그네도 되지 못한 채 자리에서 일어났다.

진접 일원의 '용들의 발자취'로는 이상의 것 말고도 사릉(思陵 ; 조선 6대 단종비 정순왕후 송씨端宗妃定順王后宋氏의 능, 남양주시 진건면 사릉리 산65-1), 홍릉(洪陵 ; 조선 26대 고종황제와 명성황후 민씨의 능, 남양주시 금곡동 141-1), 유릉(裕陵 ; 조선 27대 순종황제純宗皇帝와 원비 순명효황후純明孝皇后, 계비 순정효황후純貞孝皇后의 삼합장릉, 장소는 홍릉과 동일), 태릉(泰陵 ; 조선 11대 중종中宗의 제2계비 문정왕후文定王后의 능, 서울시 노원구 공릉동 산223-19),과 강릉(康陵 ; 조선 13대 명종明宗과 인순왕후 심씨仁順王后沈氏의 능, 장소는 태릉과 동일) 등이 더 있어, 한양을 중심으로 동북방 지역 최대 왕릉 집합지라고 할 수 있다.

Bibliography 참고문헌

* 『용비어천가(龍飛御天歌)』 제1 · 2장(한문본 원본)
* 『신증동국여지승람(新增東國輿地勝覽)』
* 『대동지지(大東地志)』
* 네이버지도
* 『팔도명승고적』
* 『한국민족문화대백과사전』
* 『연려실기술(燃藜室記述)』
* 『남양주시의 전래지명』, 남양주문화원 간
* 『고문진보(古文眞寶)』
* 『한국구비문학대계』, 1-4. 경기도 의정부시·남양주군편, p.1002 참조
* 『진접읍지명유래』
* 『세종실록(世宗實錄)』
* 『여지도서(輿地圖書)』
* 『정관재집(靜觀齋集)』
* 〈실향사민신고서〉
* 『중종실록(中宗實錄)』 58권
* 『남양주 땅이름』, 풍양문화시리즈02
* 『점필재집(佔畢齋集)』
* 『고려사(高麗史)』
* 〈조선왕릉답사수첩〉(문화재청)
* 〈조선왕릉과 왕실계보〉(문화재청 조선왕릉관리소)

조희웅

천개의 달빛이
흐르는 곳

천개의 달빛이 흐르는 곳

어림지지의 흔적을 찾아 (강원도 홍천군 수타사)

왜 『월인석보』가 수타사에?

밤마다 수타사에는 알 수 없는 고기가 나와 헤엄쳐 다닌다
연못은 보이지 않는데 물그림자 지고 바람 없는데 나뭇잎이 젖는다
어디 숨었다가 밤이면 나와 파문을 던지는 걸까
밤마다 수타사에는 바람결 지는 잣나무 숲 달빛 사이를 빠져나와
산문을 열어 놓고 만상의 매듭을 풀며 노니는 고기가 산다
풍경 끝 맞닿은 그대 가슴 울리며 먼 길을 열어 주는 목어가 산다
(허림 저, 『신갈나무 푸른 그림자가 지나간다』 중 '목어')

홍천의 토박이 시인 허림은 수타사에 있는 목어木魚를 이렇게 노래했다. 수타사 홍회루興懷樓에 매달린 목어가 밤이면 수타사 인근 산과 냇물이며 나무들을 휘젓고 흔들고 다닌단다. 온몸으로 홍천을 훑고 다니며 뼈 속까지 홍천을 느끼고 살아 온 허림 시인은 수타사 홍회루 목어를 밤에도 보았을지 모를 일이다. 허

시인처럼 홍천을 몸으로 부대끼며 마음으로 접할 수는 없다. 밤이면 달빛 속을 물속인양 헤엄쳐 다닌다는 것이리라. 달은 하나인데 비추는 강물이 천 개면 달의 모습도 천 개라 하는데, 수타사를 비추는 달과 달빛은 다르다는 말인가. 부처는 하나인데 부처를 바라보는 마음이 천만 개 억만 개이니, 부처의 모습도 천만 개 억만 개로 다르다는 말인가. 그렇다면 수타사 깊은 밤 달빛 속을 헤엄쳐 다니는 목어는 달빛 어리는 잎사귀마다 달그림자를 떨구며 무슨 언어로 부처의 말씀을 설법說法했을까. 알 수 없는 노릇이다.

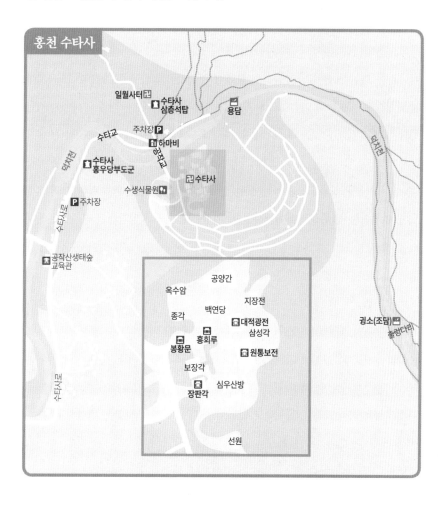

188 - 189

그러나 수타사에 대해 나만의 묘한 매력을, 아니 긴장과 의문을 느낀 것은 수타사에 소장된 『월인석보(月印釋譜)』때문이었다. 무슨 연유로 『월인석보』가 수타사에 있게 된 걸까?

수타사는 강원도 홍천군 동면 덕치리 공작산

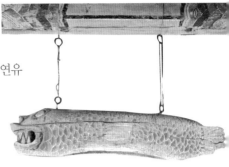

수타사 흥회루에 매달린 목어 밤마다 달빛 흐르는 수타사 계곡을 헤엄쳐 다니며 풀잎이며 나뭇가지며 찰랑이며 흐르는 물살과 풀벌레와 처마 끝 풍경소리로 변해 설법(說法)한단다.

孔雀山 남서면에 있는 천년고찰로 대한불교조계종 제4교구 본사인 월정사의 말사이다. 최초 창건연대는 708년(신라 성덕왕7)이며 '우적산 일월사(牛跡山日月寺)'로 이름 지었다. 『수타사사적(水墮寺事蹟)』에 의하면 '일월사'라는 이름은 산세가 아름다워 붙여진 이름이라고 한다. 일월사는 현 수타사 앞 덕치천 건너편 백여 미터의 거리 우적산 산자락에 있었는데, 터를 암시하는 기단석과 옥개석만 있는 3층 석탑이 남아 있다. 그 후 1457년(세조 3)에 덕치천 건너 공작산 남쪽 현 위치로 옮겨 지으면서 '공작산 수타사(孔雀山水墮寺)'로 이름을 바꾼다. 우적산에서 공작산으로 이건移建한 것이다(이건 연대는 문헌에 따라 차이가 있으며, 여기서는 『민족문화대백과사전』에 의거한다.). 그 후 임진왜란 병화로 완전히 소실되었다가 여러 차례 중수를 거쳐 옛 모습을 되찾으며, 현재의 이름 '수타사(壽陁寺)'로 한자 표기를 바꾼 것은 1811년(순조 11)이다.

명당(明堂), 사람이 먼저인가 풍수(風水)가 먼저인가

물과 산이 어우러진 수타사 주위의 산세를 '공작포란지지(孔雀抱卵之地)'라 한다. 곧 공작새가 알을 품고 있는 형국이란 뜻으로, 풍수지리학에서 최상의 명당자리를 뜻한다. 그러면 최근 새로 만든 수타사 입구의 공작교에 새겨진 두 마리의 공작새 중 작은 아기공작새는 그 알에서 깨어난 새끼 공작새이리라. 수타사 주변의 산세에 대해 최고의 명당이라 하여 다음과 같이 풀이하고 있다.

東聳孔雀(동용공작) 동쪽은 공작새가 날아오르는 형국이며
西馳牛迹(서치우적) 서쪽은 달리는 소의 발자국 모양이며
南橫飛龍(남횡비룡) 남쪽은 나는 용이 가로지르는 형세이며
北流龍潭(북류용담) 북쪽에는 용담이 흐르고 있다.

수타사 주변 산천의 형세를 금수禽獸의 형상에 유추하여 지세와 길흉을 판단하기 쉽게 풀이한 것이다. 예부터 풍수설화에서는 인간과 자연의 관계를 산천의 형세를 위주로 설명해왔다. 그리고 가끔 사람이 먼저인가 풍수가 먼저인가, 곧 '유명인물이 나왔다'라는 과거형 설명도, '유명인물이 나올 것이다'라는 미래형 설명도 모두 설득력 있는 것도 사실이다. 이 땅에 태어나서 우리 문화에 익숙한 사람이라면 조상의 묘 자리가 명당이라든가, 살고 있는 집터가 길지라든가 하는 말을 들으면 귀가 솔깃하지 않을 사람이 없다. 그러나 유명한 사람이 나와서 그 자리가 명당인지, 명당이기 때문에 유명한 사람이 나온 것인지는 아직도 애매한 부분이다. 부처님이 계시는 대부분의 절터 또한 어떤가. 흔히 명산대찰(名山大刹 ; 이름난 산과 큰 절)이라 하듯이 명산에는 큰 절이 있기 마련이고, 공작산과 수타사 역시 이 말에 딱 어울린다 하겠다. 누구든 풍수에 문외한이라도 이 산골에 들어서면 눈앞에 펼쳐진 아름다운 자연풍광과 거기에 포근히 안겨 있는 가람을 보면 감탄하지 않을 수 없다.

『석보상절』·『월인천강지곡』
– 부모 죽어 산에 묻고, 자식 죽어 가슴에 묻으며 쓰다

수타사의 『월인석보(月印釋譜)』. 공식적인 기록에는, 1447년(세종 29) 세조世祖가 수양대군首陽大君으로 있을 당시 어머니 소헌왕후 심씨(昭憲王后沈氏, 1395~1446년, 세종의 비, 세수 52세)의 명복을 빌기 위해 석가모니의 가계와 일대기를 기록한 『석보상절(釋譜詳節)』을 짓는다. 그러자 아버지 세종이 이를 보고

다음 해인 1447년과 1448년 사이에 전문 580여 곡(추정) 악장 형식의 노래인『월인천강지곡(月印千江之曲)』을 짓는다. 그러나 불행히도『세종실록』전문을 상고詳考해 보아도 세종이 직접『월인천강지곡』을 언제 지었다는 구체적인 기록은 없고, 간행시기에 대해서는『석보상절』에 의거하여 추정하고 있을 뿐이다. 다만『세종실록』세종 30년(1448) 8월 5일 두 번째 기사 '수양과 안평대군이 궁금宮禁 옆에 불당佛堂을 설치하다'에서,

「대간(臺諫)이 불당의 역사(役事)를 정지하기를 두세 번이나 청하였으나, 마침내 회답하지 아니하였다. 임금이 만년에 병으로 대신과 접견하지 못하였는데, 광평(廣平)과 평원(平原) 두 대군(大君)이 연하여 죽고, 소헌왕후(昭憲王后)가 또 승하하니, 임금의 마음이 힘입을 데가 없었다. 이에 수양대군(首陽大君, 世祖)과 안평대군(安平大君) 이용(李瑢)이 사설(邪說)에 혹하여 먼저 뜻을 열고 인도하여 궁금(宮禁) 옆에 불당을 두므로, 일국의 신료가 극진히 간하지 않는 사람이 없었으나, 오히려 하늘을 돌이키지 못하여 성덕(聖德)에 누를 끼쳤으니, 이것은 실로 두 대군의 계적(啓迪 ; 가르쳐 이끌어 줌)한 허물이었다.」

라고 쓰고 있다. 이때는 세종도 만년에 병을 앓고 있었으니, 붕어崩御하시기 3년 전 일이다. 세종 본인의 병도 병이지만, 이보다 3년 전에 5남 광평대군 여(廣平大君 璵, 1425~1444년)가 20세에 요절하고, 다시 2년 전에는 7남 평원대군 임(平原大君 琳, 1427~1445년)이 19세에 요절하였으며, 바로 1년 전(1446년)에는 소헌왕후 심씨昭憲王后 沈氏를 떠나보낸 다음 해이다. 특히 소헌왕후 심씨가 떠난 해는 지상 최고의 문자인『훈민정음(訓民正音)』을 반포한 해이니, 하늘이 무너지는 비통한 심정의 돌덩이를 가슴에 담고도 국사를 소홀히 하지 않은 세종대왕의 제왕적 통치력과 인간적 삶의 경지를 우리는 감히 상상이라도 할 수 있을까. 절로 외경심이 우러나온다.

특히 7남 평원대군은 겸손한 성품에 효행과 우애가 남달랐던지라, 세종의 각별한 사랑을 받고 있던 차에 떠났으니, 세종의 상심은 대단했으리라. 그리하여 종교(불교)에 의지할 수밖에 없었을 것이고, 그런 와중에 세자 수양대군이 지어 올린『석보상절』의 의미는 남달랐을 것이다. 조정 대소신료들이 아무리 내불당 설치를 집요하게 반대하여(『세종실록』30년 7월 22~8월 3일 기사 참조. 총 34건의 상소) 국정이 마비될 지경이었음에도 불구하고 세종은 눈을 내리 감고 내불당 짓는 것을 밀어붙인다. 여기에 아버지의 쓰라린 마음을 잘 아는 두 아들 수양과 안평대군이 곁에서 아버지의 뜻을 든든하게 받쳐주고 있었다.

지금까지 각종 영상물을 통해 세종의 인간적인 모습이 극화되어 여러 차례 방영되었다. 그럼에도 이렇게 장황하게『월인천강지곡』의 제작 배경을 세종 왕실가족의 변고와 상사喪事에 포커스를 맞추어 설명하고자 한 것은, 상말에 '죽어봐야 저승길을 안다.'고 했던가. 종교를 믿는 계기는 사람마다 다르겠지만 3년 내리, 사랑하고 아끼던 사람을 떠나보내야 했던 찢어지는 아픔과 본인에게도 다가오는 죽음의 그림자를 받아드려야 했던 속마음을 헤아려보자는 뜻이다. 그럼에도 그 마음을 헤아려주지 못하고, '임금이니 그러면 안 된다.'고 하면서 숭유억불崇儒抑佛과 충이라는 명분으로 어심御心의 아픈 마음에 돌덩이를 던졌던 유자儒者들과 대소신료들이 안타깝기만 하다.

세종은 그리움 반 괴로움 반의 난고難苦와 난산難産 끝에 눈물로 수양대군이 쓴『석보상절』을 보고 자신이『월인천강지곡』을 썼으리라. 그리하여『세종실록』세종 30년(1448) 12월 5일 첫 번째 기사 '불당을 완성하고 경찬회를 베풀다'에서,

「~ 신곡(新曲)을 지어 관현(管絃)에 올리고, 악기(樂器)를 모두 새로 만들어서 공인(工人) 50명과 무동(舞童) 10명으로 미리 연습시켜서 부처에게 공양하여, 음성공양(音聲供養)이라고 일렀다.」

실록은 도학자들이 쓰는 것이기 때문에 찬불가讚佛歌인 『월인천강지곡』의 본 이름을 밝히지 않고 이렇게 '신곡(新曲)'이라고 했을 것이다. 이는 '조선시대의 편사정신編史精神은 성리학을 근본으로 하여…'라고 성리학적 관점 이외의 역사적 사실 서술에 대해서는 가급적 걸러내는 태도 때문으로 여겨진다(조동걸 외, 『한국의 역사가와 역사학』). 그러나 세종은 모든 악기를 새로 만들고 미리 연습시킨 것으로 보면, 부처님께 올리는 지극정성이 얼마나 대단했는지 쉽게 짐작이 간다. 그러니 이것은 지어진 전후사정으로 보나 당시 모습을 서술하고 있는 내용으로 봐도 '신곡'은 『월인천강지곡』임이 분명하다. 곧 『월인천강지곡』의 제작연도는 늦어도 1448년까지인 것을 알 수 있다. 곧 『석보상절』과 『월인천강지곡』은 어머니를 여읜 아들 세조와 자식과 부인을 잃은 세종이 망자亡子들의 극락왕생을 기원하는 비원이 서린 글들임을 알겠다.

그 후 세조는 부왕이 쓴 『월인천강지곡』이 압축된 시적 표현과 당시 사람들에게는 익숙하지 않은 악장체로 되어 있어 이해하기 어려우므로, 다시 『월인천강지곡』의 본문에 각 소절마다 자신이 지은 『석보상절』을 해설문 형식으로 합편한 것이 『월인석보(月印釋譜)』이다. 쉽게 정리하면 다음과 같다.

[석보상절 ; 수양대군 31세, 세종 재위29. 석가일대기, 산문, 1447년] + [월인천강지곡 ; 세종 재위29, 악장체 찬불가, 운문, 1447~8년] → [월인석보 ; 세조 재위5, 본문(월인천강지곡)+해설(석보상절), 운문+산문, 1459년]

누구보다 세조는 대군시절부터 아버지 세종 곁을 지키면서 불도에 대한 유생과 대소신료들의 극렬한 반대를 목격했다. 하지만 세조는 즉위 5년만(1459년)에 『월인석보』를 펴낸다. 그 배경에는 부왕 세종만큼이나 개인적인 아픔이 있었으니, 다름 아닌 단종端宗을 윽박질러 왕위를 찬탈(1455년, 계유정난癸酉靖難)한 지 3년 만에 세조와 정희왕후貞熹王后 사이의 맏아들 의경세자 장(懿敬世子 暲,

1438~1457년, 추존 덕종德宗, 성종成宗의 아버지)이
20세에 병으로 요절한 것이다. 맏아들만 죽은 것
이 아니었다. 이 해는 단종을 노산군魯山君으로 강
봉降封시키고, 강원도 영월로 유배 보낸 후 17살 어린
조카에게 사약까지 내려 죽인 해(1457년 10월)이기도 하다. 우
연의 일치인가, 인과응보였을까. 사랑하는 아들은 죽었고, 지존至尊의 자리에 있
던 어린 조카를 죽였다. 두 사람 죽음의 선후를 따지는 것은 무의미하리라. 『월인
석보』는 이렇게 쓰이게 된 것이다.

『월인석보』 – 죽은 사람의 영혼과 죽인 사람의 원혼을 위한 노래

세조가 죽인 사람이 한둘이 아닐 터. 세조는 25대 조선왕조 임금 중에서 역사적
으로 가장 많은 사람을 죽이고 왕이 되었으며, 왕이 된 후에도 가장 많은 사람을 죽
였다고 평가받는다.(『한국민족문화대백과사전』 참조). 무속에서 당신堂神으로 '세조
대왕신(世祖大王神)'을 모시는데, 이는 둘 중의 하나다. 남에게 철천지한徹天之恨을
사서 신이 되거나, 뼈에 사무치는 원한을 품고 죽었을 때 신으로 섬긴다. 세조대왕
신을 동제洞祭에서 당신으로 모시는 경우는 바로 전자에 해당한다고 하겠다.

그리고 후자에 해당하는 신은 누구보다도 억울하게 죽은 '단종대왕신(端宗大
王神)'으로, 지금도 강원도 영월과 정선 일대의 서낭당에서 당신으로 섬기고 있다.
단종이 노산군魯山君으로 강등되어 영월에 있을 때 산머루를 따다가 진상하고 단
종이 죽자 자결한 충신 추익한秋益漢과 단종의 시신을 거두어 영월 서북방 동을지
산(冬乙旨山, 장릉莊陵)에 묻고, 죽어서도 단종을 지키고자 가시 돋친 '엄나무'가
되어 서낭당 서낭목으로 서 있는 엄흥도嚴興道도 모두 태백산산신령이 되었다.

세조는 권좌를 얻기 위해 두 동생 안평대군과 금성대군 그리고 조카 단종을
죽였으며, 충신 중의 충신 김종서金宗瑞와 황보인皇甫仁 그리고 성삼문·박팽년·하

위지·이개·유성원·유응부 등 6명의 사육신死六臣을 죽였다. 죽이지 말아야 할 사람을 죽여야 함에는 나름 이유가 있고 논리가 있으련만. 천륜과 인륜을 합하고 천명을 더해도 쉽사리 납득되지 않는다. 납득이 되지 않는 이유는, 공자께서 말씀했듯이, '하늘에 죄를 얻으면 빌 곳이 없다(獲罪於天 無所禱也).'라 했기 때문일 것이다. 끝내 세조가 무슨 병으로 훙薨했는지는 알 수 없다.

전설에 의하면 세조가 피부병을 앓게 된 내력으로, 단종에게 사약을 내리자 단종의 모후母后이자 문종文宗의 비인 현덕왕후 권씨顯德王后 權氏가 세조의 꿈에 나타나 '더러운 인간'이라고 하며, 침을 뱉은 후라고 한다. 자식 잃은 어머니의 원한서린 독침(타액唾液)이 몸에 묻어서 생긴 병이라고 하니, 쉽게 나을 수 없었을 것이다. 속말에 여자가 한을 품으면 오뉴월에도 서리가 내린다고 했으니, 그래도 사람이 죄를 짓고 빌 곳이 있다면 마음은 조금 편해지는 것일까. 세조는 지존의 자리에 앉은 몸이니 누군들 벌을 줄 사람은 없었을 것이고 부처님께 귀의해서 죄를 빌고자 했을까.

거두절미하고 앞서 이야기했듯이, 세조는 죽은 사람의 영혼과 죽인 사람 원혼의 명복을 빌기 위함일까. 이로부터 2년 후인 재위 5년(1459) 만에『월인석보』를 펴낸다.『세조실록』5년 2월 9일 두 번째 기사에,

「김수온(金守溫)·성임(成任)은 일찍이 행직(行職)으로서 우선당(友善堂)에 출근하여『월인석보(月印釋譜)』를 선사(繕寫 ; 옮겨 씀)하였는데, 이때에 이르러 그 공(功)으로 모두 관직을 받았다.」

세종·세조실록에서『석보상절』이나『월인천강지곡』이라는 명칭은 철저하게 은휘(隱諱 ; 꺼리어 숨기고 피함)되었으나『월인석보』라는 이름은 정식 명칭으로 보인다. 그리고 상기 기록에서 눈여겨봐야 할 사람은 김수온(金守溫, 1410~1481년)이다. 김수온은 수양대군과 안평대군이 경애하였고, 세종을 도와 훈민정음 창제에 결정적

공을 남겼다는 고승 신미信眉의 동생이다. 신미는 세조의 행적을 좇아 수타사의 『월인석보』 소장 경위를 추적하는데 자주 거론해야 할 인물 중의 한 사람이다.

수타사로, 어림지지(御臨之地)의 행적을 찾아

수타사로 향했다. 이번이 네 번째 행보다. 그러나 마음이 가볍지만 않은 것은 8월의 더운 날씨 때문이 아니고 풀어야 할 몇 가지 의문 때문이었다. '왜, 언제, 어떻게, 누구에 의해, 월인석보가 수타사에 있게 되었을까'에 대한 궁금증을 풀고자 함이다. 그러나 자칫 이런 의문에 대한 답을 찾기에 급급하다보면(곧 알고 이해하려 하다보면), 자칫 필자가 바라는 수타사에 대한 '느낌'을 놓치고, 앞서 『월인석보』 제작 경위처럼 경직되고 논리적인 이야기만 할 수 있다는 우려가 마음을 더욱 무겁게 만들었다. 그러나 이런 물음들과 함께 수타사를 살펴보노라면 자연스럽게 느낌이나 감흥도 일지 않을까 애써 마음을 달래본다.

남한강변을 따라 양평 방면으로 달리다가 양평읍으로 진입하기 전 홍천·횡성 방면 북한강변 쪽으로 길을 잡았다. 길은 주말이 아니면 비교적 한산하다. 여유롭게 달려도 한 시간 삼십여 분이면 서울 경계에서 홍천읍내에 도착할 수 있다. 지금은 여러 가지 편리한 교통안내시스템이 있어 굳이 도로며 교통편에 대해서 쓰지 않아도 된다. 오고가는 길의 특별한 풍광도 도로가 거의 고속도로 수준이어서 눈에 들어올 여지가 없다. 요즘 여행은 목적지 중심의 여정이다 보니, 오고가는 길에 펼쳐지는 아기자기한 주위의 풍경에 눈길을 주지 못한다. 목적 달성 위주의 현대인의 삶이 여행에서도 나타난다. 과정을 즐기지 못하고 차가 막힌다는 등 불평하다보면 여행이 짜증스럽다는 안타까운 생각이 든다. 남한강변을 끼고 가다가 홍천읍에 들어서면 북한강 지류인 홍천강을 만난다. 다시 홍천읍을 빠져나갈 즈음 홍천강 원류와 헤어져 덕치천 지류를 따라 올라가면 홍천읍에서 동북간에 위치한 수타사 경내로 들어서게 된다.

수타사 입구 부도군 기울었어도 적당히 기울었으므로 넘어질 것처럼 불안하게 느껴지지는 않았다. 풍우의
세월 속 바람에 나부꼈을까 새소리와 풀벌레 소리에 귀 기울이느라 몸도 기울었을 것이다.

　수타사 입구 주차장에서 백 미터쯤 걸어 들어가면 오른편에 부도탑군이 있다.
10여 개의 부도들이 앞으로 혹은 옆으로 넘어질 듯 기울어 일렬로 서 있다. 관광
객들은 부도군에 대해서 으레 눈길도 주지 않는 것이 예사로 오래된 고찰에는 당
연히 있는 것이라, 특별한 명문이나 사연이 전하는 것 말고는 그저 푸르스름한 이
끼를 나이테 삼아 세월의 흔적을 온몸에 묻히고 있다. 덕치천이 수타사 입구에서
휘돌아 흐르는 관계로 두 개의 다리를 건너야 한다. 점점 수타사가 가까워지자 이
제는 길이 눈에 익어선지 다소 친근감이 든다. 곧 세조가 이곳에 들렀다는, 그리
하여『월인석보』를 하사했다는 어림지지御臨之地의 흔적을 찾아야 한다.

하마비(下馬碑)의 의미는?

　첫 번째 다리 수타교를 건너 예쁘게 꾸며 놓은 화원을 지나 두 번째 다리 공작
교를 건넌다. 그런데 공작교를 건너기 전 왼편에 거무스레한 작은 돌에 빛바랜

검은 붓글씨가 눈에 띈다. 예사로 보아서는 흐릿해서 보이지 않는데, '下馬碑(하마비)'라고 쓰여 있으며 검은 빛깔 돌이라 더욱 읽기가 수월치 않다.

어림지지의 첫 번째 증거물을 만난 셈이다. 하마비는 아무데나 누구든지 마음대로 세우는 비가 아니다. 비碑라고 하지만 자연석에 쓴 일종의 푯돌(標石)인 셈이다. 하마비는 조선 3대 태종 때(1413년) 예조에서 처음 실시한 것인데, 처음에는 나무 푯말(標木)을 세우고 전면에 '大小官吏過此者皆下馬(대소관리과차자개하마 ; 대소 관리로서 이곳을 지나가는 자는 모두 말에서 내리라.)'라고 썼다고 한다. 그 후 줄여서 '大小皆員下馬(대소개원하마)'라고 썼다. 종묘나 궐문 앞에는 반드시 세워져 있고, 이외에도 장

공작교 왼쪽의 하마비 '下馬碑(하마비)'의 글씨는 자세히 보아야 흐릿한 글씨나마 읽을 수 있다. 하마비는 다듬지 않은 자연석에 대충 썼다손 치더라도 누구나 아무 곳에나 세울 수 있는 푯돌이 아니다.

공작교에 조각된 두 마리 공작새 '공작산 수타사'임을 상징하는 두 마리의 공작새가 조각되어 있다. 옆의 작은 공작새는 '공작포란지지(孔雀抱卵之地)'에서 갓 알에서 깨어난 아기공작새인 듯. 엄마와 아기가 다정스레 방문객들을 맞이하고 있다.

군·고관·성현들의 출생지나 무덤 앞에 세워놓기도 한다. 간혹 사찰에 세워진 경우도 있는데, 그 사찰이 왕실과 관련된 원찰願刹일 경우이다. 원래 하마비를 세운 의도는 존경심의 표현으로 지위나 신분에 따라 말에서 내려 걷는 거리에 차이가 있었다고 한다. 곧 수타사가 범상한 사찰이 아님을 증명하는 첫 번째 증거물을 만난 것이다. 더욱이 종묘나 궁궐이 아닌 일반 사찰 앞에 세워진 경우는 매우 드물기 때문이다. 첫 번째 증거물이라고 생각하니, 그렇다면 임금이나 이에 버금가는 사람이 수타사와 인연을 맺고 왕림했을 것이리라. 또 다른 증거물을 찾을 수 있을까. 궁금증이 일었다.

무언가를 감추고 부릅뜬 사천왕의 눈

공작교를 건너 절로 향하면 오른쪽 약간 높은 곳에 연지蓮池가 있고, 왼쪽으로 완만하게 돌아가면 나지막한 산문으로 들어서게 된다. 이 산문山門이 대부분 오래된 고찰의 공통된 구조처럼 사천왕四天王을 모신 문이다. 그런데 절의 정문 격인 사천왕문이 웬만한 양반 사대부가의 솟을대문만도 못한, 아니 행랑채처럼

수타사 산문(山門) 봉황문 나지막한 문이 들어서는 사람들로 하여금 친근감을 느끼게 한다.

소박해서 다소 의아스럽다. 대부분 사찰의 사천왕상은 높은 누각 아래 있어, 처음 경내로 들어서는 사람들은 대부분 밑으로 지나게 되어 있고, 그 밑으로 지나면서 사천왕상을 바라보면 위압감이랄까 어린 애들은 무서워 할 정도이고, 마음 속 불경스런 마음을 경건하게 고쳐 잡도록 한다.

그러나 수타사 사문寺門은 의외로 단층이며 높이도 나지막하여 친근한 생각이 든다. 현판 액호는 봉황문鳳凰門이라 하였다. 건너온 다리가 공작교孔雀橋이고 이 문이 봉황문이니 이름만으로 잘 어울린다 하겠다. 다른 절에서 흔하게 볼 수 있는 불법의 진리를 함축하거나 자연경관이 빼어남을 강조하는, 예를 들어 청풍루(淸風樓 ; 광릉 봉선사 누각) 등의 이름이 아니다.

봉황문에 들어서면 네 구의 사천왕상이 좌우에 있다. 사천왕은 천상계의 낮은 곳에 위치하고, 불법을 수호하는 신들이다. 이들은 고대 인도의 신들이었는데 부처님께 귀의하여, 석가모니가 성불한 수미산須彌山 중턱에서 사방을 지키며 사바세계의 중생들이 불도에 따라 올바르게 살아가는지를 살피고, 그들을 올바른 길로 인도하는 역할을 한다고 한다.

봉황문 안 사천왕상은 좌우 2구씩 모두 4구가 봉안되어 있다. 오른쪽 앞에 있는 것이 남방 증장천왕增長天王으로 오른손에 여의보주, 왼손에는 용을 쥐고 있으며 자신의 위덕을 증가하여 만물이 태어날 수 있도록 덕을 베풀며, 증장천왕 옆에는 동방 지국천왕持國天王으로 오른손에 보검을 들고 있으며 안민安民·권선징악勸善懲惡을 관장한다. 왼쪽의 앞에 있는 것은 북방 다문천왕多聞天王으로 왼손에 당비파唐琵琶를 들고 부처의 설법을 돕는 역할을 하며, 그 옆에는 서방 광목천왕廣目天王으로 기다란 당幢을 쥐고 입을 크게 벌리고 있으며 악인을 처벌하여 불심佛心을 일으키게 한다. 하나같이 퉁방울눈을 부릅뜨고 있고 손에는 무기를 들고 있어 무서운 형상이다. 아무리 악귀를 물리치고 청정도량을 신성케 한다고 하더라도 불교에 귀의하지 못하거나 모르는 사람들에게는 낯설게 느껴질 수밖에 없다.

홍천수타사 소조사천왕상 강원도 유형문화재 제121호로 지정되어 있으며, 왼쪽부터 차례로 남방 증장천왕, 동방 지국천왕, 북방 다문천왕, 서방 광목천왕의 모습이다.

　이렇게 장황하게 사천왕상에 대해 설명한 것은 하마비에 이어 두 번째 증거물로『월인석보』(강원도 유형문화재 18호)가 봉황문 내 동방 지국천왕의 복장(伏藏 ; 불상을 만들 때, 가슴속에 금·은·칠보 등을 넣는 일)에서 발견되었기 때문이다. 홍천수타사 봉황문 사천왕상은 국내 몇 안 되는 진흙으로 만든 소조塑造 사천왕상이라 한다. 대부분의 사천왕상이 목조임에 비해 수타사 사천왕상은 나무로 지주를 만들고, 그 위에 새끼를 감아 모양을 잡은 후 진흙을 붙여가며 마무리했고, 보검·여의보주·당·당비파 등은 목재를 사용했다.

『월인석보』가 발견된 수타사 봉황문의 사천왕상 중 동방 지국천왕 홍천수타사 소조사천왕상 중 보검을 쥐고 있는 동방 지국천왕과 여의보주를 쥐고 있는 남방 증장천왕이 나란히 앉아 있다.

수타사 『홍천현 동공작산 수타사사적(洪川縣 東孔雀山 水墮寺事蹟)』에 의하면 봉황문은 1674년(현종 15) 법륜法倫이 건립하고, 사천왕상은 1676년(숙종 3) 여담汝湛이 최초 조성한 것으로 나온다. 그 후 한국전쟁 등을 거치면서 모양이 퇴락해지자 1956년부터 2년에 거쳐 복원 수리하던 중 동방 지국천왕의 복장에서 『월인석보』가 나왔다고 한다. 『월인석보』 최초 간행이 1459년(세조 5)이고 수타사 소장본 또한 초간본이므로, 200여 년은 수타사에서 보장寶藏하고 있었으리라. 그러다가 사천왕상 조성을 계기로 복장 유물로 넣어 영구보존 되다가 다시 280여 년 만에 세상에 그 모습을 나타냈으니, 멈추어버린 시계가 다시 돌아가기 시작한 것이리라. 절에서 가장 안전한 곳은 법당에 모신 본존불의 복장이거나 아니면 사천왕의 복장일 것이라는 사실은 쉽게 수긍이 간다. 더욱이 칼을 든 무서운 모습이니 누군들 쉽사리 훔쳐 갈 생각을 했을까. 어림지지와 『월인석보』 관련 두 번째 증거물(?)을 만난 셈이다.

봉황문을 지나 먼저 『월인석보』가 전시된 수타사 성보박물관인 오른편 보장각 寶藏閣으로 향했다. 문화재 해설을 맡고 있는 안금돌安今乭 님께서 반갑게 맞이해 주고, 필자가 지닌 의문점들에 대해서 많은 조언을 해주었다.

"그런데 안 선생님, 저기 공작교 건너기 전 하마비는 왜 있는 겁니까?"

"아마도 그 하마비는 우적산 산자락에 있었던 것으로 추정되는 세조의 비 정희왕후貞熹王后의 태실胎室 때문에 세워진 것으로 생각됩니다. 그러니까 수타사로 이름을 바꿔 이곳으로 이건하기 전의 일월사日月寺가 태실을 보호하던 원찰願刹이었던 셈이지요."

"아하, 그렇군요. 여기가 세조비 정희왕후가 태어난 곳이군요."

"그렇지요. 지금은 태실의 모든 석물들이 도굴되어 증거가 될 유물이 하나도 없어 추정만 하고 있습니다만, 정희왕후의 아버지 윤번(尹璠, 1384~1448년)이 여기 홍천현감을 지냈는데, 정희왕후는 그때 홍천관아에서 태어난 것으로 알려져 있습니다."

세조의 어림지지가 될 수 있는 세 번째 증거를 들은 셈이어서 마음속에 흥이 일고 가벼워졌다. 그리고 안금돌 선생님의 설명을 듣고 당장 일월사 터와 정희왕후의 태실을 찾아 나서고 싶었지만, 먼저 경내를 둘러보는 것이 순서라 여겨 참기로 했다.

다시 『월인석보』 앞에 서다

수타사 보장각에 전시된 많은 불교 유물 중 단연 눈길은 중앙 유리케이스 안에 전시된 『월인석보』로 향했다. 앞서 설명했듯이 세조가 재위 5년(1459)에 직접 쓴 『석보상절』과 부왕 세종이 지은 『월인천강지곡』을 합편한 것이 『월인석보』이다. 이렇듯 임금이 손수 쓴 초간본이 어찌하여 여기에 있게 되었을까? 인연과 연유가 심상치 않다. 세조가 직접 이곳에 들러 하사한 것이라면 이곳이 어림지지임을 증명할 수 있는 네 번째 증거가 된다. 벌써 서너 번째 대하면서도 다소 긴장된 마음으로 진열장 앞에 섰다. 『월인석보』는 말이 없다.

수타사 성보박물관 보장각에 전시 중인 『월인석보』 더 이상 책장은 넘어가지 않았다. 몇 달에 한 번씩 진열장을 열고 몇 장씩 넘겨가며 전시하고 있다고 한다. 목판 초간본으로 장정이 단아하다.

돌이켜보면『월인석보』는 2대에 걸쳐 임금들이 직접 쓰고 왕실에서 간행되었음에도 불구하고, 궁궐 안에 보장되지 못하고 퇴출당해 전국 사찰에 2권씩 혹은 몇 권씩 뿔뿔이 흩어져 보관될 수밖에 없는 비극적인 떠돌이 운명(?)을 타고 이 세상에 나온 듯하다. 기록에 의하면『월인석보』를 보장하고 있거나 보장했던 전국 사찰로는 희방사(喜方寺, 경북 풍기), 비로사(毘盧寺, 경북 풍기), 보림사(寶林寺, 전남 장흥), 광흥사(廣興寺, 경북 안동), 무량굴(無量崛, 전북 순창), 쌍계사(雙溪寺, 충남 은진) 등이 있으며, 이후 부분적으로 수합되어 각 대학도서관과 개인들이 소장하고 있었는데, 최근에야 통합본으로 전질이 맞추어진 상태다.(2005년 세종대왕기념사업회) 논의할 때만 연구자들이나 종교계의 내로라하는 인사들이 온갖 미사여구를 써가며 이 책의 중요성을 강조하면서도 학계, 심지어는 팔 걷어붙이고 나서야할 불교계에서조차도 손을 놓고 있었던 것이다. 학문의 발전은 물론이고 종교적 차원의 연구 또한 요원한 것으로 보여 참으로 안타깝기 그지없었다.

수타사에 소장된『월인석보』17·18권의 내용과 수타사와는 혹 어떤 관계가 있는 것일까. 이 문제에 앞서 세조가 이곳 수타사에 거둥하였는가를 알아내는 것이 우선이었다. 그리고 보장각 옆 장판각藏板閣은 액호額號도 없다. 수타사에 보장

수타사 성보박물관 보장각 옆의 장판각에 있는 『월인석보』 17·18권 목판 2009년에 복각하여 보관하고 있다.

된 『월인석보』가 판본만 있어, 이것을 바탕으로 지난 2009년에 문화재청과 강원도 그리고 홍천군에서 새로 목판으로 복각하여 보관하고 있다고 한다.

수타사 대적광전 용마루 청기와의 푸른 빛

보장각을 나와 법당으로 향했다. 봉황문과 금당인 대적광전大寂光殿 사이에는 흥회루興懷樓가 있다. 그런데 여느 사찰의 경우 설법 등 대형 불교의식을 행하면서 강당으로 쓰는 누의 경우 2층 누각으로 짓고, 그 밑으로 법당을 향하게 되어 있는데, 흥회루는 단층이라 참배객들은 흥회루 양 옆으로 돌아서 대적광전으로 향한다.

무엇보다 누의 이름 흥회興懷는 한자로 풀이하면 '감회나 감개가 일어남'을 뜻한다. 여느 사찰에서 흔하게 볼 수 있는 불교경전 문구나 불심을 돋우는 이름이 아니다. '흥회'는 중국 진晉나라 왕희지王羲之의 『난정기(蘭亭記)』에 쓰여 잘 알려진 말이다. 『난정기』 전문은 거두절미하고, 해당 부분을 잠시 인용해보자면 '흥회루'의 의미가 더욱 야릇하다.

「向之所欣 俛仰之間 已爲陳迹 尤不能不以之興懷 況脩短隨化 終期於盡 古人云死生亦大矣」
(향지소흔 면앙지간 이위진적 우부능불이지흥회 황수단수화 종기어진 고인운사생역대의)

"조금 전까지 기뻐했던 것이 고개를 숙였다 드는 사이에 이미 옛 자취가 되어버리니, 더더욱 이 때문에 감회를 일으키지 않을 수 없다. 더구나 (사람은)장수하거나 단명하거나 간에 조화에 따라 끝내는 없어지고 마니, 옛 사람이 이르기를 '죽고 사는 것이 또한 크다.' 하였으니, 어찌 애통하지 않겠는가."

이곳 흥회루에 앉아 있으면 공작산 계곡 아름다운 산천에 취해 불심보다는 자연에 대한 감회가 더 일어나리라는 뜻인가. 그러나 전후 내용을 보자면 살면서 느끼는 기쁨도 고개를 숙였다 드는 사이만큼 잠시라는 뜻이다. 어디 기쁨뿐이랴. 슬픔도 외로움도 머리를 쥐어뜯게 하는 미움과 불길처럼 번졌던 증오도, 심연을 알 수 없는 그리움도 일탄지경(一彈指頃 : 손가락을 한 번 튕기는 시간) 곧

봉황문에서 바라본 흥회루(興懷樓)(좌)와 흥회루 현판 (우) 봉황문을 들어서면 흥회루와 대적광전 법당문이
일직선으로 배치되어 있다. 모든 속세의 잔상을 떨치고 곧바로[直指(직지) ; 직접 궁극의 진리를 지시하는 것]
불도를 깨달으라는[頓悟(돈오) ; 바로 깨닫는 것] 뜻인가. 흥회루 정면에는 '수타사'라는 옛 현판이 걸려 있고,
흥회루 현판은 흥회루 안쪽에 걸려 있다.

찰나刹那라는 것이리라. 그러니 이곳 흥회루에 앉아 속세에서 묻혀온 온갖 잔상
殘像을 잠시나마 떨쳐버리고 무색, 무미, 무취의 사념에 젖어 불심을 일으켜보란
(興懷) 뜻인가. 나 또한 찰나의 감상에 젖는 사이 흥회루 한켠에 매달린 목어가
가만히 길을 잃고 헤매는 중생 한 사람을 측은히 내려다보고 있다.

　흥회루를 살펴보고 법당으로 향했다. 그런데 금당인 대적광전大寂光殿은 다른
사찰의 금당에 비해 몇 가지 특이점이 있다. 먼저 대적광전 앞마당에는 그 흔한
불탑이나 석등이 하나도 없다. 수타사가 천년고찰임을 감안하면 상당히 의외다.
이는 수타사의 이건과 연관이 있다. 현재의 수타사가 이곳에 자리 잡기 훨씬 이
전인 신라 성덕왕 7년(708) 덕치천 건너편 우적산 아래 일월사日月寺를 창건하였
고, 이후 이 사찰을 1457년(세조 3) 현 위치로 옮기면서 일월사에 있던 삼층석탑
등은 미처 옮기지 않았기 때문이다. 실제 일월사 터에는 탑신은 없어지고 옥개석
만 남은 탑이 남아있어 이를 반증한다. 수타사 대웅전은 임진왜란으로 완전히
불타 없어졌다가 1636년(인조 14)에 다시 지은 것이다.

수타사 대적광전과 용마루 청기와 금당 앞마당에는 석탑이나 석등이 없다. 용마루 중앙에는 2개의 청기와(❶)가 덮여 있고, 양쪽 지붕 처마 끝부분 수키와에는 흰 연꽃도자기(❷ 하얀 점으로 보이는)가 장식되어 있는데, 특별한 의미는 없고 기와가 흘러내리는 것을 고정시키기 위함이라고 한다.

　어림지지의 다섯 번째 증거물은 다름 아닌 대적광전 용마루 중앙에 있는 2장의 청기와다. 원래는 3장이었는데 중수하는 과정에서 한 장이 없어졌다고 한다. 사찰 용마루 청기와는 곧 최고 지도자의 방문을 기념하기 위해 청기와 안쪽에 이름과 방문날짜 등을 적어, 용마루에 올려 영원토록 기념하기 위함이라 한다. 곧 아무 사찰이나 대웅전에 함부로 올리는 것이 아니다. 필자가 알고 있기로 가장 최근에 대웅전 용마루에 청기와를 올린 곳은 안동 봉정사鳳停寺로, 1999년 4월 영국 엘리자베스 여왕과 다시 20년 후인 2019년 5월 그녀의 차남 앤드류왕자가 방문했을 때 청기와에 이름과 방문 일시를 기록해 남긴 것이 있다. 이 청기와는 처음 대웅전 용마루에 올렸는데, 관람객들이 보기 어렵고 기후변화로 파손 우려가 있어 최근 두 장의 청기와를 봉정사 대웅전 안으로 옮겨 전시하고 있다고 한다. 곧 수타사 대적광전 용마루 청기와 또한 범상치 않음을 알 수 있다. 누군가 최고 지도자가 다녀갔을 것이고, 조선시대로 말하며 임금이 다녀간 어림지지임이 분명하다 하겠다.

수타사 금당인 대적광전大寂光殿으로 들어갔다. 금당의 명칭이 대적광전인 경우 주불主佛로 모시는 부처님은 비로사나불毘盧舍那佛이고 대체로 협시불脇侍佛이 없는 경우가 대부분이다. 수타사 금당도 마찬가지로 비로사나불 한 분만 모셔져 있다. 비로사나는 원래 '태양신'을 이상화한 것으로 불지(佛智 ; 진리를 깨달은 부처의 지혜)의 광대무변廣大無邊한 것을 상징하며, 무량겁해無量劫海에 공덕을 쌓아 정각正覺을 잡는 연화장세계蓮華藏世界의 교주를 말한다. 그리고 좌대는 대개 대웅전 북쪽 벽에 붙여짓는 것이 일반적인데, 수타사는 중앙에 있어 참배객들이 부처님을 중심으로 한 바퀴 돌아볼 수 있다. 연유를 묻자 금당 앞마당에 탑이 없어 탑돌이를 할 경우 법당 안에서 부처님을 중심으로 돌 수 있게 한 것이라고 한다. 특히 꽃비[雨花]라도 내리는 날이면 법당 안에서 탑돌이를 대신할 수 있으니 매우 좋다고 한다.

불교를 잘 모르는 사람들이 절에 가면 갖는 공통된 의문이 하나 있다. 그것은 다름 아닌 '웬 부처가 그리 많으냐?'는 것이다. 갖가지 형상의 부처들이 죄다 가부좌를 틀고 앉아 있거나 서있으니, 어느 불상이 진짜 석가모니불인지 모르겠다

수타사 대적광전의 비로사나불 금당인 대적광전에는 주불로 비로사나불을 모셨는데, 금당 중앙에 배치되어 있어 탑이 없는 수타사에서도 탑돌이를 가능케한다.

는 것이다. 그리고 심하면 '그러니까 곧 우상偶像이 아니냐?'라고 한다. 그러나 필자의 극히 피상적이고 짧은 지식이지만, 불교는 믿음의 종교가 아니라 깨달음의 종교이므로 가르쳐 주고 스스로 깨달을 수 있게 돕는다고 한다. 그럼 무엇을 가르쳐 주고 무엇을 깨닫느냐고 하면, 우리가 일상생활에서 왜 고통을 겪는지 그 원인을 찾아 그로부터 자유로워지는 것과 또 하나는 진정한 내가 무엇인지를 깨닫는 것이라고 한다.(혜민스님, 「마음산책」 중에서). 가르침은 누구에게나 어떤 책을 통해서나 받을 수 있지만, 깨닫는 것은 스스로가 깨달아야 하는 것이리라. 곧 자각自覺이거나 자득自得이리라.

필자가 어렸을 적 사랑채 툇마루에서 할아버지께 천자문千字文이나 학어집學語集을 배우며 읽기 싫은 한문책을 뒤적이노라면, 할아버지 친구께서 찾아오시곤 했다. 인사를 드리면 내가 배우고 있는 한문책을 들춰보시곤 어린 내가 기특했는지, '한문이란 모름지기 문리文理가 통해야 하는 법이야.'하고 말씀해 주시던 것이 기억난다. 지금 생각하면 그때 말씀하시던 문리가 자득인지 깨달음의 경지인지는 모르겠으나, 그 높은 문리의 경지를 어린 나에게 왜 말씀하셨는지. 할아버지 앞에서 하는 한문 공부가 지겨우면 눈길이 자꾸 대문께로 가면서 할아버지 친구께서 찾아오시지는 않나 하고 은근히 기다렸던 것이 생각난다. 그리고 지금 깨달음을 얻으면 부처가 된다는 말을 알면서도 깨달음을 구하려고 하지 않는 나를 수타사 대적광전 비로사나불은 반개半開의 눈으로 내려다보고 있다. 대적광전을 살며시 나왔다. 할아버지 친구분이 오실 때 슬그머니 한문책을 덮고 대문을 빠져 나와 친구들에게 줄행랑쳤던 그때처럼.

수타사는 세조(世祖)의 처갓집 말뚝(?)

경내에서 찾아볼 수 있는 어림지지의 흔적들은 다 본 셈이다. 대웅전을 나와 봉황문을 지나서 잠시 왼쪽의 완만한 오르막길을 올라 연밭으로 갔다. 연은 불가를 상징하는 꽃이다. 절 밖에 또 다른 절이 있고, 가르침 밖에 또 다른 가르침이 있는 곳인가. 연화장蓮花藏의 연꽃은 7~8월에 피고 8월 하순이면 연밥을 맺고 사라진다. '처염상정(處染常淨 ; 더러운 곳에 있더라도 늘 깨끗함을 유지하라)'이라고 깊은 산속 청정도량에서 수행하는 것도 어렵지만, 세간에서 시정잡배들과 어울리면서도 몸과 마음을 다잡고 청정심으로 살아야 하는 것을 연의 생태를 통해 암시한다. 하지만 세간에서 늘 몸과 마음을 청정하게 가진다는 것은 결코 쉬운 일이 아니다.

다시 공작교를 건너 맞은편 우적산 발치의 삼층석탑이 있는 일월사 터로 걸음을 옮겼다. 삼면이 경사진 산자락이고 평지는 사방 백여 미터 정도여서 가람 터로는 좁다는 생각에 이르니 현 위치로 옮길 수밖에 없었던 이유가 이해가 됐다. 그런데 우연의 일치인가. 일월사에서 현재의 위치로 옮기면서 이름을 수타사로 바꾼 해가 1457년(세조 3)인데, 이 해는 세조의 지방 행행行幸의 거둥과 무관치

정식 명칭은 '수타사삼층석탑'이다. 우적산 발치에 있으며, 현 수타사가 있는 공작교를 건너기 전 왼편 산자락에 있다. 그런데 일월사 원래 위치는 이마저도 확실치 않아 덕치천 상류 8km 부근에 또 다른 삼층석탑이 무너진 곳이 있어 이곳이 일월사 터였다는 주장도 있다. 기단부와 1층 몸돌만 있으며 2층, 3층 몸돌은 없어지고 옥개석만 남아 올려 있다.

않고 또한 『월인석보』를 완성하기 2년 전이다. 이점에 대해서는 마무리하면서 좀 더 자세히 살펴보기로 한다.

우람지도 정교하지도 않은, 그냥 화강암을 툭툭 찍어 올린 듯이 보이는 작은 삼층석탑을 사찰을 이건移建하면서 왜 함께 옮겨가지 않았을까 하는 의문이 들었다. 거리도 멀지 않다. 다만 중간에 덕치천이 있어 냇물을 건너 옮기는 것이 힘들어서 그랬을까. 어쩌면 여느 사찰에도 법당을 옮기면서 탑까지 옮겼다는 기록을 읽은 적이 없는 것을 보면, 아마도 불가의 관습일지도 모르겠다. 아니면 수타사를 갑자기 옮기다보니 탑까지 옮길 엄두를 못 냈을 수도. 그렇다! 처음 일월사 터에서 현 자리로 옮긴 해가 세조 3년이고, 원래 자리 조금 위쪽에 정희왕후 태실 자리로 추정되는 곳이 있으니, 왕실에서 법당 이건에 어떤 역할을 했을지도 모른다. 곧 왕비의 태실을 보호하는 원찰로는 자리가 너무 비좁으니 왕실의 시주로 갑작스럽게 옮기느라 미처 탑까지 옮기지 못했을지도 모른다.

'세월에 장사 없다.'는 말처럼 탑은 많이 이지러지고 뭉그러졌다. 2, 3층 탑신은 없어지고 옥개석 위에 또 옥개석이 올려 있다. 옥개석 네 귀퉁이 처마가 약간 들려져 있는 것이 이지러지고 뭉그러진 형상이 확연하다. 아마도 법당을 건너편으로 이건한 후 오랫동안 잡초 속에 버려진 탓이리라. 아니 무심한 세월이 더 컸으리라. 없어진 몸돌은 누군가 주어다가 집 주춧돌이나 논고랑 물막이로 쓰지 않았겠나 하는 추측이 들기도 했다. 몇 개월간의 발굴 작업에도 별다른 유물은 나오지 않았다고 한다.

동그마니 서 있는 탑을 보고 조금은 실망한 마음으로 일월사 터에서 내려와 다시 덕치천을 따라 50미

세월의 흔적이 물씬 풍기는 수타사삼층석탑 무심한 세월 속에 2, 3층 탑신은 사라지고 옥개석 위에 또 옥개석이 올려 있다.

터 쯤 오르다 왼편 골짜기로 올라갔다. 세조비 정희왕후 태실貞熹王后胎室 터 추정 지로 향한다. 아무런 표지판이나 안내 간판도 없다. 조금 전 문화해설사의 말대로, 올라가다 보면 큰 소나무 아래 '아아! 이곳이 태실 터였겠구나.'하는 감感이 느껴진다면 바로 그곳이 태실 터일 것이라고 한 말이 생각났다. 계곡으로 길을 잡아 다시 40~50미터 쯤 올라가자 널따란 평지가 있었다. 이곳일까? 아니 더 올라 가볼까. 이곳이라고 생각하자. 바닥을 툭툭 발로 차면서 무슨 돌조각이라도 나타날까 싶어 서성이며 몇 차례 이곳저곳 차보았다.

정희왕후는 어떤 사람인가. 『연려실기술(燃藜室記述)』 세조조고사본말世祖朝故事本末에 '영락무술(永樂戊戌, 태종 18년, 1418년) 11월 11일에 홍주洪州 군아郡衙에서 탄생하여'로 기록하고 있다. 홍주는 지금의 홍천洪川이고, 당시 홍주군수 윤번尹璠의 딸로 태어나, 11살에 한 살 아래인 수양대군과 혼인하였다(1428년, 세종 10). 세조가 수양대군 시절 계유년(癸酉年, 단종 1년, 1453년)에 고명대신顧命

정희왕후 태실 터로 추정되는 일월사 동쪽 뒤편 공터 『신증동국여지승람(新增東國輿地勝覽)』 〈홍천현(洪川縣) 산천(山川)〉 조에, '공작산은 (홍천)현 동쪽 25리에 있으며, 정희왕후 태실이 안장되어 있다(孔雀山在縣東 二十五里安 貞熹王后胎)'라고 기록되어 있다. 하지만 태실로 추정할 만한 돌 받침 하나 찾을 수 없다. 그러나 감(感)과 촉(觸)을 살려서, 아니 이곳이 태실 터였으리니 하는 억지 추측을 펴면서 서성거려보았다.

大臣이었던 김종서金宗瑞·황보인皇甫仁 제거를 계획한다. 그러나 거사 전 누설되었다며 측근들이 만류하자, 포기하고 집으로 돌아와 중문을 들어서는데 정희왕후가 갑옷을 입혀서 대문 밖으로 밀어내 용병用兵을 결행케 했다. 그리고 세조를 이어 14세 어린 예종(睿宗, 재위 1468~1469년)이 즉위하자, 2년여에 걸쳐 조선왕조 최초로 수렴청정垂簾聽政을 한 왕비다. 이어 예종이 단명하고 예종의 아들 제안대군齊安大君은 너무 어리고, 성종에게는 형 월산대군이 있었는데도, 예종이 죽은 그 날로 어린 13세 성종(成宗, 재위 1470~1494년)을 즉위케 하는 결단을 내리고, 다시 7년 동안 수렴청정을 한 인물이다. 곧 문종 이후 3대에 걸쳐 보위에 오른 단종(12살), 예종(14살), 성종(13살) 세 임금이 모두 15살 미만이었으니 측근과 권신들의 발호發號 등으로 자칫 왕조가 위기에 처할 수 있었지만 수렴청정으로 왕권을 지켜낸 가히 여장부라 할 만하다.

그렇게 세조 즉위 3년째인 1457년 자신의 태실 보호 원찰인 수타사를 현 위치로 옮길 때 아무런 조처도 취하지 않았다고 생각하기 어렵다. 그렇지 않았다면 태실 보호에 책임이 있던 홍천관아에서 불경不敬 죄가 두려워 미리 수타사 이건과 확장을 조정이나 내명부에 상주上奏하였을 것이다. 예로부터 왕실 원찰은 나라로부터 토지와 노비 등 많은 직간접적 지원을 받았음을 감안하면, 수타사와 왕실 또는 정희왕후와의 특별한 관계를 예측하기 어렵지 않다. 감히 여기가 어딘가. 홍천관아는 세조의 처갓집인 셈이고, 태실은 처갓집 말뚝이 아닌가? 『신증동국여지승람(新增東國輿地勝覽)』〈홍천현 산천(洪川縣山川)〉 조에, '공작산은 (홍천)현 동쪽 25리에 있으며, 정희왕후 태실이 안장되어 있다(孔雀山在縣東 二十五里安 貞熹王后胎)'라고 기록되어 있다.

홍천 지역에 전해지는 말로, '홍천현감을 하겠는가? 아니면 수타사 주지를 하겠는가? 라고 물으면, 수타사 주지하겠다.'라는 말이 전해질 정도였다고 한다(5대째 수타사 입구에서 '느티나무식당'을 운영하는 안영현 사장의 이야기다). 산이 많아 농토가 적은 지역임을 감안해도, 원찰인 수타사가 소유하고 있던 농토가 적지 않았을 것이니, 주지의 세력이 홍천현감 세력에 뒤지지 않았음을 예상할 수 있는 말이다.

세월 탓인지 도굴 탓인지. 제대로 된 받침돌 하나 남김없이 사라진 정희왕후 태실(추정)에서 서성이는 마음이 허허롭기 짝이 없다. 만약 도굴꾼 때문이라면 정말 섬찟한 일이다. 일개인의 사리사욕이 실상은 '역사 지우기'라는 생각이 들면서….

수타사에 가면 꼭 봐야 할 덕치천 용담과 귕소

여기가 태실 터일지 모른다는 억지 추측을 접으면서 골짜기를 빠져나와 덕치천이 흐르는 여울목 용담龍潭으로 내려갔다. 덕치천에서 꼭 봐야 할 두 곳이 있다고 했다. 하나가 바로 수타사 옆 우적산과 공작산을 나누며 흐르는 덕치천 용담이고, 다른 하나는 용담 상류 1.5km가량 위에 있는 귕소(조담槽潭)다.

용담 또는 용소龍沼는 수타사 공작교에서 물길을 따라 2~3백 미터쯤 올라가면 오른쪽으로 시퍼런 물이 고인 못이 보이는데, 이곳이 바로 용담이다. 소沼인가 담潭인가. 소는 깊지 않은 늪 정도이고, 담은 깊은 못 곧 심연深淵이니, 전설에 이 용담은 깊이를 알 수 없어 명주실 한 타래를 풀어 넣어도 끝이 닿지 않았다고 하

수영금지를 알리는 용담의 경고판과 현수막 피서객들이 물리는 여름철에는 수상안전요원이 상주하면서 익사사고를 예방하고 있다. 용담은 수심이 깊고, 차서 위험하다는 경고판부터 현수막은 물론 익명구조를 위한 구명튜브도 배치되어 주의를 환기시키고 있다.

니 소보다는 담이 어울릴 성 싶다. 용담 옆에는 박쥐굴이란 것이 있어 이 굴을 통해 용이 승천했다고 하는데, 지금은 메워졌다고 한다. 그리고 또 다른 하나는 옛 이름 일월日月에서 수타水墮로 바꾸었더니, 해마다 스님들이 이곳에 빠져 죽는 변고가 일어났다고 한다. '수타水墮'는 곧 '물이 떨어지다. 물에 잠기다.'라는 뜻을 내포하고 있어 바로 옆 용담龍潭에서 자주 익사사고나 심지어는 자살사고마저 빈번하게 일어났으리라.

'어떻게 살 것인가?'에 대해 고뇌하고 번민하며 수행정진하는 도량道場 옆에서 '어떻게 죽을 것인가?'를 상기케 하는 익사나 자살사고는 결코 용납될 수 없었을 것이다. 그래서 부처님의 영생을 의미하는 '수타사壽陁寺'로 한자를 바꾸었다는 이야기가 전해진다. 지금도 피서객들이 물놀이를 많이 하는 여름철에는 수상안전요원이 상주하면서 익사사고를 예방하고 있다. 용담 가에 앉아본다. 자살이나 익사사고가 많은 것은 이름 때문이 아니고, 과연 용담이 얼마나 깊을까? 하는 호기심에 물속을 들여다보다 미끄러져 헤어 나오지 못하기 때문이 아니었을까. 아니

명주실 한 타래를 풀어 넣어도 물 깊이를 헤아릴 수 없는 용담 용담에 관한 전설을 알리는 안내판에는 이곳에서 옆의 박쥐굴로 통하여 용이 승천했다는 이야기를 들려준다.

면 아름다운 물소리와 산새 울음에 넋이 빠져 불귀객不歸客이 되었을까. 이름의 한자 표기만을 '아미타무량수불(阿彌陀無量壽佛 ; 수명이 한없는 부처)'에서 집자集字해서 바꾼 것인지는 확실치 않으나 이후 변고가 그쳤다고 한다. 이곳에서 용이 승천했다는 전설에 대한 감회를 시상詩想으로 하는 옛 문인의 시 한 수를 보기로 한다. 영조대왕英祖大王 조 강문팔학사江門八學士의 한 사람인 남당 한원진(南塘韓元震, 1682~1751년)이 46세 때 이곳에 들러 〈유수타사－관조담용연(遊水墮寺－觀槽潭龍淵)〉 3수를 짓는데, 이중 둘째 수인 〈용연(龍淵)〉을 음미해보자.

兩岸盤陀勢欲傾(양안반타세욕경)　양쪽 언덕 울퉁불퉁한 바위는 기울듯한데
中間百尺小潭平(중간백척소담평)　그 가운데 백 척 작은 연못은 편평하네.
風霆舊跡巖崖折(풍정구적암애석)　바람 천둥의 오랜 흔적은 절벽으로 자르고
雲雨餘滋卉木生(운우여자훼목생)　구름과 비는 넉넉하여 풀과 나무를 키우네.
未信神鱗今在否(미신신린금재부)　신룡(神龍)을 믿지 않았더니 지금은 있는가 없는가?
相傳異聞古來驚(상전이문고래경)　전해오는 기이한 소문은 예부터 사람들을 놀래키네.
起亭故事無人會(기정고사무인회)　정자 세웠다는 옛 고사는 있건만 모인 사람들은 없고
日暮踟躕獨愴情(일모지주독창정)　저물녘 머뭇거리는 나그네만 홀로 슬퍼하네.

『남당집(南塘集)』 卷1.

　수타사 용연을 그려내는 기법이 참으로 신묘하다. 먼저 1, 2구 수연首聯은 바위 절벽의 '넘어질 듯한 형세의 바위' 아래 있는 '편평한 연못'을 동중정動中靜으로 대비시키니, '바위 ↔ 물'은 부동不動과 유동流動이요, '넘어질 듯(불안감) ↔ 평평함(안정감)'이요. 3, 4구 함연頷聯은 '바람과 천둥'의 항구한 세월과 '구름과 비'의 찰나적 시간을 다시 대비시키니, '절벽 ↔ 풀과 나무'는 무생물과 생명체로 대비시킨다. 겉으로 보면 자연 경치에 대한 묘사이지만, 우리 인간은 이렇게 대비되는 자연현상 중에 '어떤 면을 보고 살 것인가?'를 묻는 것이다. 그리하여, 일찍이 중국 북송北宋의 소식蘇軾은 〈(전)적벽부(前赤壁賦)〉에서 노래하기를,

「客亦知夫水與月乎 逝者如斯 而未嘗往也 盈虛者如彼 而卒莫消長也 蓋將自其變者而
觀之 則天地曾不能以一瞬 自其不變者而觀之 則物與我皆無盡也 而又羨乎」

(객역지부수여월호 서자여사 이미상왕야 영허자여피 이졸막소장야 개장자기변자이관
지 칙천지증부능이일순 자기불변자이관지 칙물여아개무진야 이우선호)

객은 또한 저 물과 달을 아는가? 강물은 (흘러)가기를 쉬지 않고 흐르나 일찍이 다하지 않으
며, 달은 찼다가 기울었다 하기를 저처럼 하나 끝내 사라져 없어지거나 자라서 커지지 않느다.
그 변하는 입장에서 본다면 천지도 일찍이 한순간도 가만히 있지 못하고, 변하지 않는 입장에
서 본다면 물건과 우리 인간이 모두 무궁무진한 것이니, 또 어찌 부러워할 것이 있겠는가?

이어 5, 6구 경련頸聯에서 용담의 전설 신룡의 승천에 대해서 말한다. 전설을 쉽
사리 믿는 사람은 드물다. 하물며 작가 남당 선생은 도학자이니 기이한 전설을 믿
으려 하지 않은 것은 뻔한 일이나, 예부터 사람들이 놀란 것도 또한 사실이라고 한
다. 마지막 7, 8구 미련尾聯에서, 이런 곳에 정자 하나 없었을 손가. '물 좋고 정자 좋
은 곳은 없다.' 했으나, 지금은 정자도 없어지고 모였던 사람들도 가고 없으니, 자연
은 유구悠久하고 인사는 유한有限이라 했다. 크게 보면 전반부는 수타사 불변의 아
름다운 자연을 노래했고, 후반부는 이런 아름다운 자연을 즐기고 떠나간 인생사를
노래했다. 작가 자신 또한 날 저무는 줄 모르고 자연을 즐기다 불현듯 홀로 있음에
대해 옷자락에 황혼처럼 스며드는 감상感傷과 인생무상은 주체할 수 없었으리라.

그렇다면 작가는 자연과 인생사를 변화의 입장에서 바라본 것인가 불변의 모
습으로 바라본 것인가. 눈에 보이는 대로 그려내는 수법이 평이한 듯하면서도 인
생살이의 심오한 물음을 던져주며, 작가 자신도 그런 물음 속에 우울해졌으리
라. 아니면 스님들도 법당에서 불법의 심오한 경지를 궁구窮究하면서 깊은 참선
에 침잠沈潛했다가 바람을 쐬러 용담 가에 앉았다가 소동파蘇東坡 같은 번뇌와 의
문이 불길처럼 일어나 인생무상을 느끼면서 용담에 몸을 던지고 싶어졌을까.

남당 한원진과 비슷한 시기의 삽교 안석경(霅橋安錫儆, 1718~1774년)도 〈공
작산수타사(孔雀山水墮寺)〉라는 시에서 다음과 같이 노래하고 있다.

依然孔雀碧千尋(의연공작벽천심) 공작산 깊고 깊은 푸르름은 옛 모습 그대로이니
遊子重來感慨深(유자중래감개심) 다시 찾은 유랑객의 감회 또한 깊어라
老石淸泉鳴古寺(노석청천명고사) 오래된 바위 틈 맑은 샘물은 옛 절을 울리고
飛雲落月動寒林(비운낙월동한림) 나는 구름 지는 달은 가을 숲을 흔드네
那堪白首談前事(나감백수담전사) 늙은이의 예전 이야기를 어찌 듣겠소마는
獨有靑山見素心(독유청산견소심) 오로지 푸른 산에 있으니 순결한 마음만은 보겠네
鍾磬聲沈香細起(종경성침향세기) 쇠북소리 풍경소리 잠기고 가느란 향 피어오르는데
秋風靜夜自呻吟(추풍정야자신음) 가을바람 부는 고요한 밤이면 스스로 한숨짓는다네.

작가 안석경은 당파 싸움이 극심했던 시절이라 아버지가 죽을 때까지 아버지 임소任所를 따라 이곳저곳 다니면서, 벼슬길로는 자신의 꿈을 실현할 수 없다는 절망감을 느낀다. 출세지향만을 쫓지 않겠다고 마음먹었다가 아버지가 돌아가시자, 이곳 홍천 부근 횡성 삽교審橋에 정착하여 자신의 호를 삽교라 하고 은둔처사隱遁處士의 길로 접어든 시기에 쓴 것으로 보인다. 절 분위기가 물씬 느껴지는 작품이다.

전반부에서는 절 안팎의 풍경을 그려내고, 이어 법당 안에서 불도에 정진하는 스님들의 내면을 그려내고 있다. 스님도 인간인지라 깊어가는 가을밤 천지사방이 고요하고 모든 것이 정지하여 움직임이라고는 눈앞에 가느다랗게 피어올라 코끝을 스치는 향 연기뿐이다. 우리네 삶도 저렇게 잠시 피어올랐다가 스러지는 향 연기만도 못한 것이리라. 결국 무로 돌아가는 것이라면 삶도 불법도 하염없다고 무와 공을 말하는데, 진공묘유(眞空妙有 ; 일절一切를 공空이라 하여 부정했을 때, 모든 사물事物은 그대로 긍정되어 묘유妙有라고 생각되는 경지)는 과연 있기나 한 것일까. 현실에서 답을 찾지 못하면 어디 가서 찾을까. 그래서 시 속의 스님은 한숨으로 법당을 밀고 나와 용담 가에 앉았으리라.

용담 가로 슬슬 다가가는데 접근금지를 알리는 노란 띠가 둘러져 있고, 저쪽 바위 절벽 아래 노인 한 분이 호루라기를 불며 뒤로 물러나라고 손을 내저었다. 한여름 철이라 홍천 읍내를 비롯하여 많은 곳에서 피서객들이 찾아오는 곳인데,

용담의 익사 위험 때문에 군청에서 지정한 인근마을 노인들이 구조용품들을 준비하고 번갈아 지키고 있었다.

노란 띠 밖에서 깊이를 알 수 없는, 잉크를 풀어놓은 듯 시퍼런 용담을 내려다보았다. 장마통에 한 차례 세찬 물줄기가 훑고 지나간 듯 못가의 닳고 닳은 하얀 암반이 유난히 매끄럽게 느껴졌다. 도대체 얼마나 깊을까. 호기심에 용담 물속을 들여다보고 싶었다. 아하! 그랬구나. 나도 어렸을 적 동네 우물이 하도 깊다 하기에, 뒤꿈치를 세우고 우물가 물통을 붙잡고 우물 속을 들여다보다가 동네어른들한테 빠지면 죽는다고 혼난 적이 있었다. 나는 왜 이곳에서 많은 사람들이 익사사고로 목숨을 잃는지 알 수 있을 것 같았다. 용담 주위는 온통 반질반질한 바위여서 한 번 물에 빠지면 붙잡고 나올 수 있는 것이 아무 것도 없었다. 내 추

수타사 옆 덕치천 용담 용이 살아 용담인가. 흐르다 고여 있으니 동중정(動中靜)인가, 뒤따라오는 물에 자리를 내어주고 앞 물을 따라가야 하니 정중동(靜中動)인가. 여기에 오랜 세월 수많은 달들이 뜨고 졌으리라. 그 달을 바라보는 사람들 마음속의 달(月印)도 제각각이었으리라.

측이 맞는다면, 호기심 때문에 들여다보다가 미끄러지고 빠져 나오지 못한 것이 분명했다. 수행정진하는 스님들이 자살할 리는 만무하기도 하지만 ….

용담 가에서 땀을 식히며 잠시 이런저런 생각에 잠겼다가, 다시 상류에 있다는 굉소(조담槽潭)를 찾아 자리에서 일어섰다. 군데군데 나무그늘이 있지만 더운 여름철이라 걷기가 쉽지 않을 성 싶다. 신혼부부에게 덕담으로 '꽃길만 걸으소서.'라고 한다. 그러나 어디 인생살이가 꽃길만 있던가. 꽃길은 언감생심이고 햇빛 피할 그늘길이라도 길었으면 좋겠다. 그러나 바윗길에 오르막의 연속이다. 소금보다 짠 땀을 흘려야 할 것 같았다. 혼자 걸으니 호젓해서 좋다. 내리막길보다는 오르막길이 힘은 들지만 더 좋다. 천천히 걸어야하니 주위를 두리번거리며 이름 모를 꽃이며 풀과 나무들에 눈길을 줄 수 있고, 나름대로 상념에 젖을 수도 있다. 계곡에 흘러내리는 물은 웅덩이를 만나면 고였다가, 웅덩이가 차면 또 흘러내려 다음 도랑을 따라 흘러간다. 이것을 달達이라 했으니 순리順理를 따른다는 이야기일 것이다. 물은 순리를 따르는 여유가 있다. 우리네 인생살이도 이랬으면 좋겠다. 서두르지 않아도 좋다. 아직 마음의 웅덩이가 차고 넘치지도 않았는데 글을 써보겠다고 애써 무슨 별다른 느낌을 가지려고 끙끙거린다.

맹자孟子가 말하기를, '물을 구경하는 데에 방법이 있으니, 반드시 그 여울목[물결, 瀾(란)]을 보아야 한다.(觀水有術 必觀其瀾)'고 했다. 물의 여울목을 보면 그 수원水源에서 근본을 보아야 한다는 뜻이다. 오늘 일정에 덕치천 수원까지는 갈 수 없고 굉소가 목적지이다. '굉소'라는 이름이 지역 방언이라 해도 생소하다. '굉'은 이곳 강원도 지방 방언으로 소여물통을 뜻한다. 길고 큰 둥근 통나무에 홈을 깊게 파내서 소 먹이 여물을 넣어주는 통처럼 생긴 소沼라고 해서 붙여진 이름이며, 경상도에서는 이와 비슷한 음인 '굉'이라고 하고, 전라도에서는 '구유' 또는 '구시'라고 한다. 이곳을 노래한 남당 선생의 시에서는 한자어로 '조담槽潭'이라 했다. 장마 끝이고 상류라 그런지 수량이 적어 굉소는 용담보다 크기와 깊이가 작았다.

덕치천 상류에 있는 궝소[槽潭(조담)] '궝소'는 소여물통을 닮았다 하여 붙여진 이름이다. 물이 바위를 깎아내는 것은 부딪힘이 아니라 젖어듦으로써 라고 하는데⋯. 웅덩이를 만들어 쉬어 가고 도랑을 내어 흘러가는 것 모두가 자연의 순리라는데⋯.

궝을 닮은 소沼는 물이 반나마 차 있어 소여물통 모습이라는 궝을 정확하게 카메라에 담을 수 없었다. 조물주가 수천 년 아니 수만 년 물을 흘려 만들어냈고, 다시 그만큼의 시간이 흐르면 어떤 모습으로 변할까. 수영금지를 알리는 현수막이 걸려 있는 걸로 보아서 깊이도 상당한 모양이다.

지금으로부터 300여 년 전, 앞서 말한 맹자의 '관수유술觀水有術'에서 따온 듯 관수재觀水齋를 호로 삼은 홍계영(洪啓英, 1687~1706년)은 이곳 궝소를 처음보고 천하에 제일가는 명소라 하여 시 〈조담폭포(槽潭瀑布)〉를 남겼다.

未認槽潭亂瀑淸(미인조담난폭청)　궝소의 어지러운 폭포가 맑은 줄 미처 모르고
只遊龍瀨隔岡行(지유용뢰격강행)　다만 산골로 흘러가는 용담 여울에서만 놀았더니
忽從僧向崎嶇去(홀종승향기구거)　문득 스님이 향하는 구불구불 산길을 따라가서야
始覺天敎造化成(시각천교조화성)　비로소 하늘의 조화가 이뤄진 것을 깨달았네.

固識日晴疑雹落(고식일청의박락) 한결같이 갠 날에도 우박이 떨어지는가 싶더니
翻驚雨至怵雷鳴(번경우지겁뇌명) 다시 비 내려 놀라게 하고 우레 울어 겁나게 하네.
朴淵奇狀寒溪勝(박연기상한계승) 박연폭포 기이한 형상과 한계령보다 나으니
於此宜推第一名(어차의추제일명) 마땅히 천하제일 명소라 추천하겠네.

당시 용담은 깊이와 여울물로, 귕소는 폭포로 절경을 이룬 듯하다. 남당 한원진도 시 〈조담(槽潭)〉에서 '허공에 울리는 폭포는 갠 날의 천둥인 듯 진동하네(響空飛瀑 震晴雷, 향공비폭진청뢰)'라고 노래했다. 8살 때 〈연적명(硯滴銘)〉이라는 글을 써서 일찍이 문명을 떨치고 천리지구千里之駒라 하여 기대를 한몸에 받았으나, 아깝게도 19세에 요절한 홍계영은 위 시말고도 5편의 수타사와 인근의 경치를 노래한 시를 남 겼다. 그 가운데 특히 〈여지유수타야(余之遊水墮也)〉는 전문 112구의 장문 기행시 를 남겼는데, 수타사와 인근 경치에 작가의 애정이 특별한 곳이었음을 알 수 있다.

어림지지의 흔적을 『세조실록』에서 묻다

용담과 귕소를 보고 내려오는 발걸음이 가볍지만은 않다. 자연 속을 거닐어도 호연지기가 없는 까닭이다. 네 번째 수타사를 찾았어도 '왜『월인석보』가 수타사 에 있게 되었을까?'에 대한, 즉 어림지지御臨之地였음을 확증할 증거를 찾지 못했 기 때문이다. 이제 수타사와 덕치천을 중심으로 한 어림지지 흔적 찾기는 끝난 셈이다. 지금까지 살펴본 하마비, 사천왕상과『월인석보』, 대적광전 용마루의 청 기와, 정희왕후 태실 등 몇 가지를 물증物證으로 삼고자해도, 어디까지나 추측이 고 방증傍證일 뿐이어서 심증心證에 그친다 하겠다. 이제 세조世祖와 이곳에서 태 어나 태실이 있(었)던 정희왕후貞熹王后의 거둥을 통해서 추정해 보아야만 한다.

먼저 가질 수 있는 합리적인 추측 중 하나는 건너편 우적산 일월사日月寺에서 덕 치천 건너 현 공작산 수타사水墮寺로 이건한 것에 대한 추측을 해본다. 일월사에서 현 수타사로 이건한 해는 1457년(세조 3)이다. 세조가 즉위하고, 세조 즉위에 결정

적 내조를 한 정희왕후가 왕비가 되었고, 그 왕비의 태실이 이곳 일월사 뒤편에 있으니, 이곳을 다스리던 홍천현감(군수)은 태실을 보호하는 원찰로서 일월사를 특별히 관리할 수밖에 없었을 것이다. 즉 태실을 수호하는 일월사를 소홀히 해서는 안 될 일이었으리라. 그런데 무엇보다도 일월사가 우적산 발치와 덕치천 사이에 있어 절을 크게 흥륭興隆시키기에는 터가 너무 좁다는 것이 문제였을 것이다.

따라서 조정에는 불교를 배척하는 도학파 관료들로 언로言路가 막혀있으니, 왕실이나 내명부內命婦 쯤에 상주문上奏文을 올렸을 것이다. 그 내용은 일월사가 정희왕후 태실을 보호하는 원찰로는 터가 너무 좁으니, 터가 넓은 현 공작산 발치로옮길 수 있게 도와달라고 했을 것이다. 풍수지리상으로도 공작산의 산세가 현 수타사로 내리쏟아 모아지는 형국이라 하니 안성맞춤이었을 것이다. 그러나 1861년

(철종 12)에 간행된 『수타사사적(水墮寺事蹟)』에도 이러한 구체적 내용은 보이지 않으니, 어디까지나 추정일 뿐인 것이 안타깝기만 하다. 그리고 일월사에서 수타사로 옮긴 2년 후인 1459년(세조 5)에 『월인석보』가발간되므로, 이때 사실 수타사의 이건(1457년)과 『월인석보』보장과는 관계없다 하겠다.

『세조실록』에 의하면, 세조는 재위 14년(1455~1468년, 52세) 동안 지방 행행(行幸 ; 제왕이 궁궐 밖으로 거둥함)을 모두

수타사에 보관 중인 『월인석보』 표지 이 책은 수타사 성보박물관 보장각(寶藏閣)에 보관 중인 『월인석보』를 판본으로 2009년에 다시 목판으로 복원하여 장판각에 보관 중인 경판을 인출한 것이다. 표지에 '월인천강지곡 17·18보석'이라 하였다.

8차례 한다. 이 8차례에 걸친 거둥은 재위 8년차이고 46세 때(1462년)부터 붕어(崩御 ; 임금이 세상을 떠남)할 때인 재위 14년 동안(1468년, 52세) 6년간에 해당한다. 그리고 거둥한 지역은 대부분 강원도 지역 3차례와 충청도 온양이 5차례다. 다른 임금에 비해 많은 횟수다. 이렇게 지방 거둥이 많은 이유는 항간에 알려진 바대로 창병(瘡病, 피부병) 치료차 온천욕을 위한 것이 대부분이다. 기간은 짧게는 10여 일에서 길게는 50여 일간 머무르다 환궁한다. 그리고 이러한 지방 거둥 중에서 홍천 수타사를 다녀갔을 만한 강원도 지역 거둥은 3차례다. 이중 재위 8년차인 1462년(46세)에 두 번 거둥한다. 첫 번째는 9월 말에서 10월 초에 한양 동북방인 철원-영평현-왕방산에 거둥하여 환궁한다.(『세조실록』 1462년 9월 28일~10월 3일 기사 참조). 그러나 이쪽 방면은 홍천과 거리와 방향이 달라 수타사에 들르기 어려웠을 것으로 여겨진다. 실록에 의하면 강무(講武 ; 임금의 주관 아래 사냥하며 무예를 닦던 행사)가 주를 이룬다.

두 번째는 같은 해 10월 27일 한양을 출발하여 상원사-용문사-풍양이궁(豐壤離宮, 현 경기도 남양주시 진접면 내각리)을 거쳐 환궁한다.(『세조실록』 1462년 10월 29일~11월 4일 기사 참조). 그리고 강원도 지역 세 번째 거둥은 이로부터 4년이 지난 재위 12년차인 1466년(50세) 3월 15일 한양을 출발하여 금강산을 중심으로 장안사-표훈사-회양-통천-고성-유점사-낙산-오대산 상원사-횡성-원주-양근-평구역을 거쳐 3월 24일 환궁한다.(『세조실록』 1466년 3월 15일~3월 24일 기사 참조). 여정으로 따지면 이 세 번째 강원도 거둥에서 홍천 수타사에 들렀을 가능성이 있다 하겠으나, 원주 지역으로 남한강을 따라 남쪽 방향 귀경길을 택한다.

호위무사 고양이와 등을 밀어준 문수동자, 정2품송의 전설

그러나 세 번째 오대산 상원사上院寺 거둥에서 눈여겨볼 점은 세조가 상원사에서 사리분신舍利分身의 기이함을 두 번이나 경험한다는 것이다. 첫 번째 기이함은 당시 오대산 상원사에는 절친切親이나 다름없는 신미信眉 스님이 있었으며, 신미 스님 권유로 직접 법당에 들어가 예불과 기도를 한다. 그런데 예불을 드리러 법당으로 오르는데, 갑자기 두 마리 고양이가 나타나 세조의 옷자락을 물어 당기며 한사코 못 들어가게 말리는 시늉을 한다. 이상하게 여긴 세조가 호위병들을 시켜 법당을 수색케 하니, 자객 두 명이 불단 밑에 숨어 있다가 잡혔다. 고양이의 도움이 없었다면 용체龍體에 해를 입을 뻔한 상황이었다. 세조는 두 마리 고양이의 신이新異함을 감탄해 고양이석상을 새겨 법당 앞에 세우도록 하였다고 전해지며, 지금도 오대산 상원사 대웅전인 문수전文殊殿 앞에는 두 마리 고양이석상이 있다. 불교에서는 이 두 마리 고양이를 문수보살의 화현(化現 ; 신불神佛 등이 그 모습을 바꾸어 세상에 모습을 나타내는 일)이라고 해석한다.

두 번째 세조가 겪은 사리분신의 기이함은, 세조가 상원사에 머물면서 부스럼증 때문에 계곡물에 목욕을 하고 있는데, 지나가던 한 동자가 '제가 등을 밀어드릴까요?'라고 했다. 주위에 호위병들이 지키고 있는데 어떻게 동자가 세조대왕 앞까지 올 수 있었는지는 알 수 없지만, 동자가 기특해서 그렇게 하라고 하니, 동자는 세조의 등을 밀어주었다. 등밀이가 끝나자 세조가 동자에게 '어디 가서 임금의 옥체를 보았다고 말하지 말라.'고 하니, 동자도 '임금님께서도 문수동자가 등을 밀어주었다는 말씀을 하지 마세요.'라고 했다고 한다. 그런 후 신기하게도 세조의 몸에 난 부스럼기가 씻은 듯이 없어지고 피부병도 나았다는 것이다. 세조는 그 신이함에 감탄하여 자기가 본 동자의 모습을 화가에게 이야기하여 그림으로 그리도록 하고, 그 모습을 목조로 새겨 불당에 모시도록 하니, 이것이 오늘날 오대산 상원사 문수전文殊殿의 유래라고 한다. 사찰에서 대웅전을 문수전으로 하고 주불로 문수동자상을 모시는 경우는 흔치 않다. 문수동자는 대체로 여래 왼쪽에 있는 협시보살脇侍菩薩로 더러움을 없애고 지혜를 밝히는 상징인데, 상원사 대웅전에는 이러한 전설로 지금도 금당에 목조문수보살을 모신다고 한다.

상원사 문수전과 문수전을 지키는 고양이석상 문수보살을 주불로
모신 상원사 문수전의 전경과 자객의 침입을 경고해 왕을 지킨
두마리의 고양이 모습이다.

상원사에서 세조가 겪은 이러한 불교 신이체험에 대해서는 종교적, 정치적으로 여러 가지 해석이 분분하나 오늘날까지 실제 증거물과 함께 입에서 입으로 면면히 구전되어 오는 것을 보면 전혀 근거 없는 전설은 아닐 듯하다.

세조의 창병, 일명 부스럼병이 깊어진 것은 등극 8년 만인 1462년(46세)인 듯하다. 그 해 8월에 '풍양(豐壤 ; 현 경기도 남양주시 진건면, 광릉 지역)에 가서 장지葬地를 상지(相地 : 풍수지리에서 지세地勢를 살피고 길흉을 판단하는 일)케 하다.'(『세조실록』 1462년 8월 1일 기사) 등의 기록을 통해서 알 수 있다. 이후 세조는 불교를 더욱 신봉하여 『능엄경언해(楞嚴經諺解)』(1461년), 『법화경언해(法華經諺解)』(1463년), 『원각경언해(圓覺經諺解)』(1465년) 등을 발간한다. 병이 악화될수록 수많은 사람들을 죽인 자신의 과오를 회개하고자 함인지는 알 수 없다. 그러나 '하늘에 죄를 지으면 빌 곳이 없다(子曰, 獲罪於天 無所禱也 / 자왈, 획죄어천 무소도야)'라고 하였다. 하늘이 따로 있는가? 사람이 곧 하늘인 것을. 새도 죽을 때가 되면 가장 아름다운 소리로 운다고 하였던가. 세조는 부왕 세종에 이어 불교신자였다. 그러나 과유불급過猶不及의 교훈을 남기고자 했을까, 자신의 불교 신봉을 보고 자란 세자[해양대군(海陽大君), 예종(睿宗), 재위 1468~1469 년]가 왕이 된 다음 지나친 불교 신봉으로 제왕으로서 그릇됨이 있을까 하여 불교를 섬기는 문제에 대해서 어떤 자세로 임해야 하는 지에 대해 다음과 같이 훈시하기도 한다.(『세조실록』 1463년 10월 11일 기사)

내용을 요약하면 이른바 불교에 대해 경이원지(敬而遠之 ; 공경하되 멀리함)의 자세를 함축하고 있다 하겠다. 그리고 옷을 보거든 베 짜는 여자들의 공력을, 음식을 보거든 농부들의 어려움을 생각할 것이며, 사치를 경계하고 검소해야 하며, 태만하지 말고 절약하며, 백성을 제때에 부리고, 대신들을 공경하라고 한다. 최고 지도자의 덕목은 이념이나 종교·철학에 치우치지 말고 백성만 늘 생각하라는 뜻일 것이다. 백성이 곧 제왕의 종교이며, 백성의 행복이 임금의 행복이라는 뜻일 것이니, 요즘 우리시대의 정치인들에게도 합당한 덕목일 것이다. 거추장스럽고 궁색한 논리로 정치에 임하는 자들에게는 영원히 귀감이 되는 말일 것이다.

앞서 언급했듯이 세조는 자신의 병을 고치기 위해 온천 거둥을 자주한다. 지금도 온천으로 유명한 온양온천에는 모두 네 번 거둥한다. 첫 번째 거둥할 때(세조 10년 2월, 1464)는 여정을 일부러 죽산-충북 진천-청주-회인-보은(법주사 복천암)-문의 방면으로 돌아서 충남 전의-온양온천으로 거둥해서 온양행궁에 머문다. 거둥을 보은 속리산으로 돌아간 이유는 당시 신미 스님이 법주사 복천암福泉庵에 머물고 있었기 때문으로 알려져 있다. 신미 스님은 세조가 거둥하여 병풍송(屏風松 ; 현 정이품송으로 추정)에 머물자, 뵙고 떡 1백 50동이를 바쳤는데, 호종하는 군사들에게 나누어준다.(『세조실록』 1464년 2월 27일 기사)

이때 세조의 법주사 복천암 거둥에 유래한 많은 전설들, 세조가 탄 연(輦 ; 임금이 거둥할 때 타는 가마)이 병풍송에 걸릴 뻔했는데 소나무가 가지를 들어 올

세조가 직접 벼슬까지 하사한 정이품송 세조가 탄 연이 걸리지 않게 나뭇가지를 들어올리고, 비까지 피할 수 있도록 했다고 전해지는 보은 속리정이품송(병풍송으로 추청)

렸으며, 돌아갈 때는 마침 비가 내려 다시 그 소나무 밑에서 비를 피했다는 데서, 세조가 직접 소나무에게 벼슬을 내렸다는 '정이품송', 세조가 목욕하여 피부병이 나았다는 '목욕소', 바위 밑에서 생각에 잠겼다는 '눈썹바위' 등이 있으며, 무엇보다도 마시면 만병이 낫는다는 '복천암약수' 등이 있다. 지금도 이 길을 '세조길'이라 하여 당시를 나그네들에게 회고하게 만든다.

그리고 세조는 온천에 다녀온 후 자신의 경험을 토대로 온천욕을 효과적으로 하는 절목節目에 대해 쓴 어찰御札을 의원에게 내려 양방(良方 ; 효험이 좋은 약방문)으로 삼도록 한다. 지금도 온천욕을 건강에 좋다고 여기며 온천을 찾는 사람들이 많으니, 참고삼아 세조가 권했던 온천욕 방법을 소개해본다.

「온천욕에는 정설(定說)이 없으니 세간에 큰 폐단이다. 내가 지금 이를 시험하여 보니, 그 효력이 신통(神通)한 것 같아서 풍습(風濕 ; 습기로 인하여 뼈마디가 저리고 아픈 병)의 병(病)이 낫지 않는 것이 없었다. 다만 내가 출입(出入)할 즈음에 감풍(感風, 감기)이 실로 많아서 전의 병(病)이 없어지지 아니하고 뒤의 병(病)이 바야흐로 시작되는데, 지나치면 어지럽고 정도에 미치지 못하면 효험이 없으니 마땅히 기(氣)를 가지고 스스로 조절하고 사람의 힘으로 어떻게 할 수가 없는 것이다. 대저 늦봄의 초기에 해가 높이 떠오르고 날씨가 바람기가 없으며, 마침 뱃속이 오히려 부족한 듯하면서 많이 먹고 싶지 않을 때를 틈타 나가서 목욕하되, 그때 먼저 단의(單衣, 홑옷)를 따뜻하게 하였다가 뒤따라 내다가 등위에 덧걸치며, 즉시 마르고 따뜻한 단의(單衣)·겹의(袷衣, 겹으로 된 옷)·유의(襦衣, 속옷)를 입는데, 자기 마음대로 그 숫자를 더하고 줄이며, 모름지기 탕죽(湯粥)을 마시고 만약 술로써 땀을 내는 데 도움을 받으면서 물에 있으면 냉수(冷水)라도 무방(無妨)하다. 이 절목(節目)을 가지고 길이 양방(良方)으로 삼도록 하라.」(『세조실록』 1464년 4월 16일 기사)

요약하면 이렇다. 첫째 온천욕을 잘 하는 방법에는 정설이 없다. 둘째 세조자신이 경험한 바로 풍습병(관절통증)은 거의 낫는다. 셋째 다만 온탕에 들고 날 때 감기에 각별히 유의하라. 넷째 온천을 심하게 하면 어지럽고 덜 하면 효과가 없으니 각자의 기력에 알맞게 하라. 다섯째 계절로는 늦봄에 바람이 불지 않을 때가 좋다. 여섯째 뱃속이 부를 때보다 약간 시장기를 느끼거나 아직 식욕이 일지 않을 때가 좋다. 일곱째 온천욕이 끝나면 즉시 홑옷이나 겹옷 또는 속옷 등을 입어 체온을 유지하라. 여덟째 온천이 끝나면 죽을 먹는 것이 좋으며 차가운 물도 무방하다고 한다. 요즘 사람들이 온천욕을 하면서 대체로 하는 것들과 대동소이하다 하겠다. 그러나 당시만 해도 온천욕이 일반화되지 않았을 때이고, 특히 병치료를 목적으로 하는 사람들에게는 좋은 지침이 되었으리라 여겨진다. 비록 요즘처럼 온천수의 성분을 과학적으로 분석하지는 못했지만 효과적인 온천욕을 위한 최초의 언급으로 여겨진다.

이후 세조는 온천을 찾아 세 번 더 거둥했다고 기록하고 있다.(재위 11년에 온양 2회, 12년에 강원도 고성 온천 1회, 14년에 온양에서 50일간 1회). 그리고 세조의 환후가 심함이 알려져 전국 각처에서 여러 사람이 약효가 좋다는 온천을 발견하면 궁궐로 알린다. 그러면 세조는 바로 그 온천으로 거둥하지 않고 사람을 보내 진짜 온천이며 원맥源脈이 확실한가를 조사하여 보고토록 한다. 이러한 보고자 중에는 계유정난에 피해를 입은 사람 중 생육신生六臣이자 한문소설『금오신화(金鰲新話)』를 쓴 김시습金時習도 설잠雪岑이라는 법명으로 등장하고 있어 이채롭다. 정희왕후 또한 성종成宗 수렴청정(1470~1476년) 후 대왕대비로 자리를 지키다가 온양 행궁에서 졸하니. 정희왕후도 온천의 효험에 마지막 순간까지 의지했던 것으로 여겨진다.

실록(實錄)으로 묻고 추측으로 답하다

수타사『월인석보』보장 경위와 내력을 추적하기 위해 세조世祖의 지방 거둥을 추적하다보니 자연스럽게 세조가 치병차 온천욕을 위해 찾았던 지방 거둥까지 살피지 않을 수 없었다. 이상 실록의 내용을 종합해보면, 두 번째 거둥인 같은 해 1462년 10월 29일~11월 4일까지 7일 간의 상원사-용문사-상원사-풍양이궁의 거둥 중, 홍천 수타사에 들러『월인석보』17·18권을 하사한 것이 아닌가 조심스럽게 추정해 본다. 참고로 두 번째 강원도 지역 거둥 일정을 실록 중심으로 정리해 본다.

[1462년(세조 8) 10월 27일~11월 4일까지 7일 간의 거둥 행적]

월	일	행 적	비 고
10	27	漢陽都城 → 中浪浦 → 楊州 達川	중궁(정희왕후) 동행
10	28	龍津浮橋 → 楊根龍頭 → 저녁 盧多谷	
10	29	龍門山 上元寺 → 李補 農場에 머무름	
11	1	龍門寺 → 鉢山(저녁)	
11	2	政務 3건 판부 / 盧多谷에 머무름	
11	3	楊州 月介田에 머무름	
11	4	豊陽城(講武)	
11	5	楊州 大方洞 → 還宮	上院寺 관음보살현상기

세조가 용문산龍門山 상원사에 거둥한(1462년, 세조 8) 것은 모두 3번이다. 세조가 수양대군으로 잠저시潛邸時(1447년, 세종 29)에 모후인 소헌왕후 심씨昭憲王后 沈氏를 위하여 용문사에 보전寶殿을 짓고, 불상 2구와 보살상 8구를 봉안한 뒤 이듬해 경찬회(慶讚會 ; 불상이나 경전을 받들어 모시거나 절이나 탑 따위를 창건하였을 때 이를 기념하여 여는 법회)를 열었다. 수양대군은 이 법회에 참석하고 기도하던 중 불사리佛舍利의 방광放光을 목격하고 이 절을 원찰로 삼았다. 그리고 이 상원사는 효령대군 보액사찰이었다.

두 번째 거둥은 10년 만인 1457년(세조 3)으로 용문사와 지척에 있는 상원사에 거둥하여 관음보살의 현상現相을 친견하고, 어명을 내려 크게 중수케 하고 최항崔恒에게 그때의 모습을 기록한『관음현상기(觀音現相記)』를 짓게 한다. 그런데 이 해는 홍천의 일월사日月寺에서 수타사水墮寺로 이건한 해와 일치한다는 점이다. 그리고 다시 5년만인 1462년에 정희왕후도 함께 거둥한다는 점 또한 눈여겨 볼만한 점이다. 임금이 지방 거둥에 왕비가 동행하는 경우는 흔치 않기 때문이다. 세조는 수양대군 시절과 재위 시절을 포함하여 모두 3번(1447년, 1457년, 1462년) 용문사와 상원사에 거둥한 것을 기록으로 확인할 수 있다.

여기서 용문사와 상원사 세 번째 거둥 중 마지막 거둥(1462년, 세조 8)에서 몇 가지 주목할 만한 내용, 곧 용문사와 근척에 있는 홍천 수타사 거둥을 유추할 수 있다는 점이다. 첫째는 중궁 정희왕후의 동행이라는 점이다. 물론 중궁의 동행은 대비였던 소헌왕후의 명복을 비는 뜻도 있겠으나, 멀지 않은 거리에 정희왕후의 태실과 이를 보호하기 위한 원찰 수타사가 멀지 않다는 점이다. 둘째, 상원사를 중수했던 1457년(세조 3)은 홍천의 옛 우적산 일월사日月寺에서 현 공작산 수타사水墮寺로 이건移建한 해와 일치한다는 점이다. 셋째, 상기 도표로 정리해본 세 번째 거둥에서 10월 29일과 11월 2일 사이에 하루거리인 홍천 수타사에 거둥했을 가능성이 있다 하겠다. 만약 세조가 거둥하지 않았다면 중궁 정희왕후 혼자라도 거둥했을 가능성이 있다 하겠다. 특히 상기 도표에서 11월 2일에 세조는 특별한 거둥 없이 지방 행행 중 3건의 국사國事를 처리했다고 함으로, 중궁 혼자서 수타사에 갈 수도 있었으리라 추측할 수 있다.

왜냐하면 앞서 설명했듯이, 만약 홍천 우적산 일월사日月寺에서 공작산 수타사水墮寺로 터를 넓혀 크게 이건한 것이 정희왕후의 태실을 보호하는 원찰이기 때문이고, 정희왕후가 태어나고 자라난 고향이라는 점을 감안하고, 왕실 도움(추정)으로 일월사에서 수타사로 이건한 지 5년 만이므로 궁금했을 것이고, 고마움의 뜻도 있기 때문에 들리지 않기는 어려웠을 것이다. 이때 『월인석보』 17·18권 1책 외에 상당량의 토지 등도 하사했을 것으로 추정한다. 실제 오랫동안 수타사 부근에서 나고 자란 주민 제보로는 수타사 소유 논이 최고 108마지기에 달한 적도 있었다고 한다. 평야가 적은 산골에서 108마지기의 논이라면 결코 작은 면적이 아니다. 따라서 수타사에서는 왕이나 왕비가 거둥한 어림지지를 기념해서 하마비를 세우고, 대적광전 용마루에 청기와를 올렸으며, 무엇보다도 『월인석보』 보장에 최선을 다했을 것이다. 그래서 '수타사 주지할래? 홍천현감 할래? 라고 물으면 수타사 주지하겠다.'는 속말이 지금도 지역 주민들에게 전하고 있음도 참고할 수 있다. 곧 왕실의 비호를 받으며 재물도 적지 않았으니, 수타사 주지의 세력을 단적으로 보여주는 예화라 하겠다.

이후 『월인석보』는 수타사의 상징으로 오랫동안 보존되어 오다가, 1672년(현종 13)에 수타사 여담汝湛 스님 등이 사천왕상을 조성하면서 『월인석보』를 영구 보장하고자 동지국천왕東持國天王 복장腹藏에 넣은 것이다. 그러다 오랜 세월이 흐르다보니 사천왕상에 벌들이 구멍을 뚫어 집을 짓는 바람에 보수가 불가피했고, 1956년부터 2년에 걸쳐 수리하는 과정에서 다시 발견되어 세상에 나오게 된 것이라고 한다.

다시 한 번 수타사로 가리라. '왜 『월인석보』가 수타사에 있을까?'라는 궁금증으로 글을 시작하여, 풀지 못한 의문을 가지고 다시 수타사를 찾게 될 것이다.

정희왕후의 태실은 도굴되어 반듯한 받침돌 하나 남아 있지 않았고, 이름 모를 잡초와 하늘 높이 자란 나무들 사이로 새들의 울음소리만 허공을 흔들고 있다. 산집(수타사) 옆구리를 흐르는 덕치천 용담과 쾡소에 고인 달은 알고 있으련만, 달빛은 천 개 만 개 부서지면서 골짜기를 채우고 돌부리를 울리며 영원히 흘러 갈 것이다.

수타사 경내 돌무기 위에 놓인 동자승

Bibliography 참고문헌

* 『世祖實錄』.
* 허림, 『신갈나무 푸른 그림자가 지나간다』, 한국문연
* 金昌翕(김창흡), 『三淵集(삼연집)』, (한국문집총간 165~7, 민족문화추진회)
* 韓元震(한원진), 『南塘集(남당집)』, (한국문집총간 201~2, 민족문화추진회)
* 安錫儆(안석경), 『霅橋集(삽교집)』, (한국문집총간 233, 민족문화추진회)
* 李恒老(이항로), 『華西集(화서집)』, (한국문집총간 304~5, 민족문화추진회)
* 洪啓英(홍계영), 『觀水齋遺稿(관수재유고)』, (한국문집총간 속67, 고전번역원)
* 『新增東國輿地勝覽(신증동국여지승람)』
* 李肯翊(이긍익) 편, 『燃藜室記述(연려실기술)』
* 『양평군 지명유래』, 양평문화원
* 최웅 외, 『강원설화총람 II』홍천군편, ㈜북스힐
* 수타사 소장, 『月印釋譜(월인석보)』
* 조동걸 외, 『한국의 역사가와 역사학』, 창작과비평사, 1995
* 〈양평지역 나루터 역사문화 복원사업 연구용역 보고서〉, (2011.7. 지역문화연구소)
* 〈용문 상원사(上院寺) 관음보살 화현기(觀音現相記)〉, 상원사

▶ 도움 주신 분
* 허림(병직), 홍천문화원 향토문화연구소 연구위원
* 구열회, 양평문화원 학예사
* 안금돌, 홍천군문화해설사
* 수종스님, 상원사 주지스님
* 혜안거사, 상원사 종무소

───────────────────────────────── 조흥욱

CHAPTER

4

한(恨)이면서
흥(興)이어라

한(恨)이면서 흥(興)이어라

정선아라리를 듣고 보다

기다림은 한이 되고, 노래가 되고

"어머이! 근데 아버이는 왜 아즉꺼정도 안 와? 사온다는 내 분홍댕기랑 꽃신은 언제 가져온데?"

"기다려봐, 곧 오실 꺼야."

"근데 동네 사람들이 울 아버이 서울 가서 딴살림 차렸다고 수군대던디, 딴살림이 뭐야?"

"아니, 이년이! 어린 계집애가 못하는 소리가 없네."

이씨네는 부엌에 쭈그리고 앉아 저녁꺼리로 무쇠솥에 강냉이와 감자를 삶다가 어린 것이 부엌을 들여다보며 지껄이는 말에 화가 나, 불붙은 부지깽이로 때리는 시늉을 하자 배도 안고픈지 횅하니 땅거미 내려앉는 골목으로 달음질 쳐 나갔다. 지애비가 뗏목꾼을 자청하며 네 해 전에 산골짜기 등성이를 오르내리며 무명치마가 헤지고 손발이 터지도록 따서 말린 고사리, 두릅, 개똥쑥이며 어성

초, 취나물, 삿갓나물 등의 나물이랑 헛개나무, 벌나무 피, 엄나무, 말채나무(빼빼목), 마가목 피, 옻나무 등 약초더미를 웃짐치기(뗏목 위에 싣고 가는 짐)로 얹고 떠난 것이 4년 전 홍수가 지기 전 초여름 오뉴월이니 벌써 삼 년도 넘었다. 족히 잡아 두세 달이면 돌아올 줄 알았는데 영 감감무소식이었다. 이제 이씨네는 기다리다가 조금씩 지쳐갔다. 동네 사람들이 수군대는 말을 진즉부터 못 들었던 바는 아니었다. 아까 어린 딸년이 한 말도 거짓부렁이는 아니리라. 해가 갈수록 어린 딸과 시에미랑 남은 세 식구가 먹고 살길도 아득했다.

　하늘이 두 쪽 나도 재수 없다는 뗏목꾼 만은 못하게 하려 했는데…, 정선에서는 뗏목을 타면 목숨을 걸어야 하기 때문에 언제 죽을지 모르는 뗏목꾼과 근처 구절리 광산 등에서 일하는 탄광장이하고는 재수 없다고 한마을에 살면서도 인사도 하지 않는 풍습이 있었다고 한다(정선아리랑전수관 전수교수 김남기 옹의 증언). 어떻게 해서라도 뗏목 타는 것은 말려야 했는지도 모를 일이었다. 그러나 한 이태 가뭄이 심해서 밭작물도 거의 말라붙어 수확은커녕 밭고랑에 앉은뱅이가 될 판이었고, 시에미와 이씨네 자신은 몸이 아파도 약 한 첩 먹을 생각은 언감생심이었으니, 중(僧)의 상투라도 뽑아 팔아야 할 형국이 되자 떼돈 번다는 뗏목꾼을 자청한 것이다. 우리가 흔히 일확천금一攫千金의 뜻으로 쓰는 '떼돈'이라는 말은 '졸지에 한꺼번에 많이 생긴 돈'을 의미하나, 정선에서는 이 말의 어원語源을 '뗏목꾼들이 받는 품삯'에서 유래한 것으로 풀이한다. 곧 뗏목꾼들이 남한강 뗏목의 출발지인 정선(아우라지)이나 북한강 춘천에서 서울까지 한 번 왕래하고 받는 돈 30~35원(구한말 기준으로 당시 쌀 한 말 가격은 1원 50전_『민족문화대백과사전』 참조)으로 목숨을 걸고 하는 일이기 때문에 매우 많이 받는 품삯에서 유래한다고 전해진다. 떼돈이란 말을 생각하면서 이씨네는 사그라져 가는 아궁이에 옥수숫대를 쑤셔 넣고는 한숨을 쉬었다. 말이 솥이지 언제 이 무쇠솥에다가 허연 이밥(흰쌀밥) 한 번 제대로 지어본 적이나 있었던가. 솥뚜껑을 밀어 젖히고 젓가락으로 감자를 찔러본다. 잘 익어 그럭저럭 저녁꺼리로 먹을 만했다. 아까부터 시에미는 밭은기침을 하며 부엌문을 열었다 닫았다 하는 양이 저녁밥상이 들어오기만을 기다리고 있는 것이다. 연기 때문인지 눈가에 얼룩지는 눈물을 때에 찌는 핫저고리 옷소매로 훔치고 아궁이의 불을 우두커니 바라보다가, 자신도 모르게 부지깽이로 부뚜막을 두드리니 아라리 한 곡조가 한숨 속에 흘러나왔다.

떼사공이 되며는 가시면 못오나
물우에 흰구름 뜨듯이 둥실둥실 떠가네.

이상은 '정선아리랑센터'에서 정선5일장(끝자리 2일, 7일 오후 2시 공연)마다 무료로 상설공연 되는 뮤지컬 '아리아라리'의 첫머리를 필자가 재구성해 본 것이다. 무대장치며 공연, 특히 배우들의 혼신을 다 하는 연기는 정선아라리의 진수

'아리아라리' 공연 광고 정선5일장(2일, 7일)이 열리는 날이면 아리랑센터에서 무료로 공연한다(4월 2일~11월 27일. 오후 2시). 입장료 5천 원을 내면 5천 원 어치의 지역상품권으로 돌려준다. 지역경제를 살리고자하는 아름다운 배려를 느낄 수 있다.

를 보여주며 관객들을 들었다 났다, 울렸다 웃겼다, 내팽개쳤다 다시 꼭 끌어안
아주며 70여 분을 몰입케 했다.

원작의 줄거리를 요약하면 이렇다. 목수 신기목과 이정선이 한동네에 살다가
서로 사랑하여 결혼하고, 그들 사이에 딸(신아리)을 낳아 홀어머니를 모시고 네
식구가 가난하나마 행복하게 살다가, 한양에서 경복궁景福宮을 중수(1867년)한
다면서 전국의 목수와 목재를 대령하라는 분부를 받고, 정선의 목재와 함께 목
수인 신기목도 뗏목을 타고 한양으로 가서 경복궁 중수에서 큰돈(뗏돈)을 번다.
그러나 도회지로 나간 신기목은 기생들의 유혹을 이기지 못하고 번 돈을 다 날
리고, 그 돈을 다시 채우려고 급기야 투전판에 끼어들었다가 빈털터리가 되어 고
향 정선으로 가지도 못하고 비렁뱅이 신세가 되다시피 하여 한양거리를 떠돈다.
그러는 동안 정선 집에서는 신기목이 죽었다고 제사까지 지내다가 홀어미는 죽

정선읍에서 조양강 건너편에 자리한 '아리랑센터'의 모습 이곳에는 공연장·정선아리랑문화재단·아리랑박물
관·아리랑촌 등이 모여 있어 정선아라리의 모습을 집약적으로 보고 듣고 즐길 수 있는 곳이다. 전국에서 군
단위문화센터로는 가장 크다고 한다.

고, 딸 신아리는 장성한다. 동네 뗏목꾼에게 신기목이 죽지 않고 한양에 살아있다는 소식을 듣고 딸 신아리는 남장男裝을 하고 한양으로 가서 아버지 신기목을 만나 정선으로 돌아와 행복하게 산다는 내용이다. 극중에 신기목이 고향 정선으로 돌아가지 못하고 집에 두고 온 마누라 이정선이 보고 싶어 혼자 '보고싶다, 정선아!'라고 중얼거리는 대사는 지금 정선군을 상징하는 엠블럼이다.

도원(桃源) 정선(旌善)으로 가는 길

정선아라리에 끌려 정선 고을을 찾은 것은 한두 번이 아니다. 처음으로 찾은 것은 1989년이었으니 벌써 30여 년 전이다. 정선아라리를 채록하고자 해서였는데, 지금까지 아리랑 가사를 채록하고 연구하느라 한평생(?)을 보낸 국내외 아리랑 최고 권위자인 김연갑 씨와의 동행이었다. 그 후로도 정선을 찾은 것은 아마도 예닐곱 차례는 되는 것 같다. 어떤 때는 여행을 위해서, 어떤 때는 백봉령을 넘어 동해로 가는 도중에. 그러나 대부분 동행이 있어 차분하게 정선아라리를 느끼지 못한 것이 대부분이었고, 더욱이 최근에는 가보지도 못했다. 따라서 몇 년 전에 시작되었다는 뮤지컬 '아리아라리'를 보지 않고서는 정선아라리에 흠씬 젖을 수 없을 것이라는 생각, 아니 새롭게 재해석된 정선아라리의 새로운 면모를 보고 느낄 수 있을 것이라는 기대감에, 아리아라리 공연을 보기 위해 정선읍에서 하룻밤을 유숙했다.

백 년 만의 폭염이라는 등, 한 달 이상 비 한 방울 내리지 않고 푹푹 찌다가 폭염이 잠시 주춤하고 며칠 전부터 시작한 비가 내리는 중이었다. 그런데 오랜 가뭄 끝에 내리는 비는 태풍을 동반해서인지 내리는 것이 아니라 아예 물동이로 쏟아 붓듯이 내렸다. 날씨도 우리네 인생사와 닮아 넘치지 않으면 모자랐고, 춥지 않으면 더웠고, 시다싶으면 떫었으니, 언젠들 사시장춘四時長春이 따로 있었던가. 칠 년 대한大旱에는 살아도 석 달 장마에는 못산다더니, 가뭄 걱정은 온데간데없고 물난리 소식만 뉴스에 가득하니, 옛말이 틀린 것이 하나도 없을 성싶다.

정선 가는 길을 소개하자는 것은 아니다. 아무리 자세하게 소개해도 관광안내 서나 내비게이션, 또는 스마트폰 길안내 맵을 따라가지 못할 터. 영동고속도로 진부IC에서 내려 정선·영월 방면으로 길을 잡아 오대천을 따라 새로 확장된 59번 국도를 40여km를 가면 된다. 오대천이 골지천과 만나 정선을 감싸 흐르며 조양강으로 이름이 바뀌는 곳쯤에서 나전삼거리가 나온다. 정선선 열차가 지나는 토끼굴을 지나면 나오는 삼거리다. 거기서 왼쪽으로 9km를 가면 여량면 아우라지강 방향이고, 우회전해서 오른쪽으로 10km쯤에 반점재(해발 450m)를 넘어서면 정선읍이 나온다. 외지인이니만큼 작은집(여량면 아우라지)보다는 먼저 큰집(정선읍)을 들리는 것이 순서이리라. 전국 방방곡곡 골골이 길이 좋아졌으니 말이지, 처음 정선을 찾았을 때는 오대천을 따라 난 외길에 군데군데 비포장 길을 따라 한 굽이한 굽이 돌때마다 마음을 졸여야 하는 험한 길이었다. 그러나 지금은 진부면을 빠져 나오면 길은 쭉 뻗어 오대천 이쪽저쪽을 건너다니는 다리와 마평터널—수항터널—막동터널—장전터널 등 대여섯 개의 터널들이 진부와 정선 사이의 시공간적 거리를 좁혀놓았다. 현대판 '아리랑로드'이다.

아리랑로드란 말은 원래 조선 말기의 문신이자 학자인 채원 오횡묵蔭園吳宖默이 정선 군수를 지내면서(재임 1887.3~1888.8) 한양에서 정선까지 왕복했던 길로, 그가 쓴 정무일기政務日記 격인 『정선총쇄록(旌善叢瑣錄)』에 자세하게 기록되어 있어, 이 길을 최근에 정선군청 직원들이 도보로 답습하면서 이른바 '아리랑로드'라고 이름 붙였다. 옛 지명이어서 다소간에 차이는 있을 터이지만, 대략 코스는 정선관아 터—벽파령—평창 대화—방림삼거리—횡성 안흥—원주 강원감영—양평 지평—양주 팔당—서울 망우리—청량리—동대문—세종로—경복궁에 이르는 코스라고 한다.

정선의 산천 형세를 말하고 있기로는 고려조 곽충룡郭翀龍의 시에 '백곡유천천 충절벽(百曲流川千層絕壁 ; 무수히 굽이쳐 흐르는 내와 천층만층의 절벽)'이라고 묘사한 것부터, 조선 후기 실학자 이중환李重煥의 『택리지(擇里志)』 등에서 정선을 가리켜 '이산 저산에 빨랫줄을 걸만 하다.' 또는 '무릇 나흘 동안 걸었는데 도 하늘과 해를 볼 수 없었다.'고 하는데, 처음에는 좀 과장된 표현이 아닌가하는 생각이 들기도 했다. 그도 그럴 것이 진부—정선간 확장된 도로를 제한속도 60 여km로 빠르게 달리고 있는 차 안에서, 고개를 돌려 이산 저산을 본다면 '과장 이 좀 심하다'는 생각이 드는 것도 당연하다. 그러나 막상 차에서 내려 저쪽 오대 천 강가로 난 굽이지고 휘돌아가는 벼랑길을 오르내려야 한다고 생각해보자. 고 개를 들면 우거진 나무숲과 금방이라도 쏟아져 덮칠 것 같은 암벽, 발 한 번 헛디 디면 천 길 낭떠러지, 험악한 산굽이를 머리 위로 느끼고 발아래 두고 걷는다면, 옛 유랑객들의 표현이 결코 과장된 것이 아니라는 것에 공감할 수 있다.

정선의 옛 지명은 『신동국여지승람(新東國輿地勝覽)』에 의하면 잉매(仍買)·삼봉(三鳳)·주진(朱陳)·침봉(沈鳳)·도원(桃源) 등 여러 가지였다. 이 중 최근까 지 많이 쓰이고 있는 도원桃源은 무릉도원武陵桃源을 의미한 바, 이른바 한국의 이 상향임을 강조하고 있다. 이어 같은 책 〈정선군 풍속(風俗)〉 조에 이르기를 고려 조 곽충룡郭翀龍의 시구를 인용해 '풍순속박(風淳俗朴 ; 풍속이 순후淳厚하고 질 박質朴하다)하여 백성들 간에 소송訴訟이 없다.'라고 하고 있다. 여기서 고려조 문 인 안축安軸이 충혜왕 때 왕명으로 강원도 존무사(存撫使 ; 재난이나 변란 따위 가 있을 때, 백성들을 위무慰撫하기 위하여 지방에 파견하는 임시 벼슬, 또는 그 벼슬아치)로 파견되었을 때 정선에 대해서 읊은 시 한 수를 옮겨본다.

〈次旌善板上韻(차정선판상운) ; 정선 현판의 시에 차운하다〉

雨餘江漲滯殘鄉(우여강창체잔향) 비온 뒤 강물이 불어 작은 향촌에 머물며
民事民情問細詳(민사민정문세상) 백성들의 사정을 자세히 묻네.
隱士耦耕疑桀溺(은사우경의걸익) 은사들 나란히 밭을 가니 걸익(桀溺, 隱者)인 듯하고
散仙來過是庚桑(산선래과시경상) 산선(散仙)이 오고간 것은 경상초(庚桑楚)로구나.
地高霜早秋禾短(지고상조추화단) 지대 높아 이른 서리에 가을 수확은 모자라도

洞密陰深夏木長(동밀음심하목장)　촘촘한 동네는 으슥한데 버드나무가 자라는구나.
一代後生多俊秀(일대후생다준수)　한 세대 후손들은 준수한 이들 많기도 하고
百年遺俗尙循良(백년유속상순량)　오랫동안 전하는 풍속은 아직도 선량하고 착하다네.
山村豚飽非晨飮(산촌돈포비신음)　산촌돼지가 배부른 것은 새벽 물 먹인 것이 아니며
隣舍鷄肥無日攘(인사계비무일양)　이웃집 살찐 닭 훔치는 자가 없다네.
太守不須開宴樂(태수불수개연락)　태수가 잔치를 열 필요가 없는 것은
我因慵病眩臨觴(아인용병현임상)　게으른 병 있어 술잔 들고도 눈이 어지럽기 때문
이라오.

　전문 7언 12구의 고시古詩이다. 처음 1, 2구에서는 필자가 정선에 머물게 된 연유, 즉 비가 와 강물이 불어나서 건널 수 없기 때문이고, 그런 사이에 정선 고을 백성들의 사정을 자세하게 물었다고 한다. 이어 3, 4구에서는 들녘에서 논밭을 가는 농부들을 보고 춘추시대의 은자隱者 걸익桀溺 같다고 한다거나 경상초(庚桑楚 ; 노자의 제자) 같은 신선이라고 하며 순후순박한 정선 사람들을 묘사하고, 5, 6구에서는 지대가 높아 농작물은 많지 않고 옹기종기 모여 사는 농촌에 버드나무(夏木) 높게 자라 하늘을 덮고 있다고 묘사한다. 7, 8구에서는 후생들로 준수한 사람들이 많으며 전대부터 전해 내려오는 선량한 풍속이 아직도 지켜지고 있음이다. 9, 10구에서는 농가마다 살찐 돼지와 닭이 있어도 훔쳐가는 사람이 없는 순후질박한 고장이라고 한다. 곧 돈포비신음豚飽非晨飮이란 뜻은 '돼지에게 물을 먹여 값을 높여 받으려고 속이려는 것이 아니라'는 뜻으로, 『공자가어(孔子家語)』에 나오는 전고典故에서 '양(羊)'을 '돼지(豚)'로 바꿔 표현한 것으로, 남을 속이지 않는 정선 백성들의 순수한 품성을 강조해 표현한 것이고, '인사계비무일양(隣舍鷄肥無日攘)'은 '도둑이 없는 의로운 고장'이라는 뜻으로, 『맹자, 등문공장구하(孟子, 滕文公章句下)』에 「맹자께서 말씀하시기를, "이제 어떤 사람이 날마다 이웃집 닭을 훔치는 자가 있거늘, 혹자가 그에게 '이는 군자의 도리가 아니다.'라고 하자, 대답하기를 '그 수를 줄여서 달마다 닭 한 마리를 훔쳐 먹다가 내년을 기다린 뒤에 그만

두겠다.'고 하는 것이다. 만일 의義가 아님을 안다면 속히 그만 두어야 할 것이니, 어찌 내년을 기다리겠는가?"(孟子曰, 今有人 日攘其鄰之鷄者 或告之曰 是非君子之道 日請損之 月攘一鷄 以待來年然後已 如知其非義 斯速已矣 何待來年)라는 구절을 인용하였으니, 얼마 전까지 만해도 정육점에서 '물 먹인 소'로 소비자를 속였던 악습이 어제오늘의 일만은 아닌 성 싶어 굳이 인용해 본 것이다.

마지막 11, 12구에서는 그런 가운데 고을 태수가 존무사存撫使로 내려 온 자신에게 잔치를 베풀 필요가 없었던 이유는 자신이 게으르고 병이 있어 술을 먹지 못하기 때문이라고 한다. 전문의 내용에서 정선 사람들의 순후질박한 아름다운 인심과 품성을 칭송하고 있다.

또한 함승경咸承慶은 시에 정선을 일러 '자고인언효제향(自古人言孝弟鄕 ; 예로부터 사람들이 이르기를 어버이에게 효도하고 형님에게 공손한 고을)이라 일컬

정선아리리촌에서 바라본 아침 정경 누군들 저 산자락 속에 들면 은자(隱者)가 아니리. 산비탈에 수수 심고 골짜기로 들어가 산초, 약초 캐고 밤이면 사랑방에 호롱불 켜고 새끼 꼬며 살겠다는 노래가 생각난다.

었다.'고 쓰고 있으니, 오늘날 정선旌善의 지명이 천 년도 넘은 오래전부터 '선함을 드날리는 곳'이라는 뜻으로 붙여졌고 오늘날도 그 아름다운 뜻을 간직하고 있는 고을임을 알겠다.

지난밤 내리던 비가 좀 그치는 기색이 있어 숙소를 나와 새벽 공기를 마시며 정선아라리촌(옛 정선공설운동장)을 걸었다. 비가 개이자 피어오르는 운무 속 조양강 풍경은 가히 한 폭의 동양화이다. 그 속을 걷고 있는 나도 마치 은사隱士나 되는 양 몸과 마음이 상쾌하고 가벼웠다. 하룻밤 유숙하기를 잘했다는 생각이 들었다. 그런데 뚝방길을 걷다보니 눈에 띄는 조형물이 있다. 하나는 어린아이 둘이 앉아 옥수수를 구워 먹는 모습이고, 다른 하나는 감자를 구워 먹는 모습이다. 이곳 정선의 주식主食이자 특산물인 옥수수와 감자를 홍보하려는 것으로 보였지만, 이네 그 생각이 틀렸음을 알았다. 옛 정선고을은 쌀보리를 키울 논밭이 부족하다보

아라리공원 옆 제방에 설치된 조형물 두 어린아이가 행복한 모습으로 감자를 구워 먹고 있다. 자연도 삶도 멀리 보면 희극이고 가까이 보면 비극이라던가. 눈을 들어 보니 한 폭의 산수화였는데, 가까이 보니 배고픈 일상이 무릎 아래 있었다. 남 이야기는 웃음으로 듣고 내 이야기는 울면서 말해야 하는가. 요즘 피자와 햄버거에 배부른 어린이나 관광객이 보면 건강식(健康食) 정도의 간식으로 보일까?

니 쌀밥, 보리밥은 언감생심이었으리라. 조형물은 이곳 정선의 삶을 과감 없이 보여주는 것이었다. 옥수수와 감자라도 배불리 먹을 수 있다면 곧 행복이었으리라.

정선고을 옛이야기를 곁들여 했으니 하나만 더 하고 싶다. 아라리공원이 끝나가는 곳 제방에서 내려오면 '삼구팔학(三龜八鶴)'이라는 표지석과 세 마리의 거북 석상이 보인다. 처음에는 그냥 지나치려 했는데 거북석상들의 모습이 예사롭지가 않다. 모두 입을 크게 벌리고 무엇인가를 잡아먹으려는 듯한 공격적인 형상이다. 이어 표지석 안내문을 읽어보니 거북석상의 유래담이 쓰여 있다. 순간 앞서 말한 정선의 옛 지명 중에는 삼봉·침봉三鳳·沈鳳처럼 '봉(鳳)'자가 들어가는 지명이 2개라는 사실이 떠올랐고, 정선읍 소재지 역시 봉양리鳳陽里라는 점과 정선을 안고 있는 진산鎭山의 이름이 비봉산飛鳳山이라는 점에서, 유달리 많은 '봉(鳳)'자와 학(鶴)이 무관치 않으리라는 생각이 들었다. 표지석 안내문의 내용은 이렇다.

삼구팔학(三龜八鶴)의 유래는 정선군 소재지를 정섭읍 봉양리로 정할 때, 정선도읍의 지형이 마치 제비가 새끼에게 먹이를 먹여 키우는 연소육추형(燕巢育雛形)이고, 동면에

삼구팔학(三龜八鶴)의 유래비와 세 마리 돌거북 거북의 모습이 모두 입을 벌리고 무엇인가를 잡아먹으려는 형상이다. 삼구팔학을 돌로 조각하고 땅에 묻어 삼재팔난(三災八難)으로부터 벗어났다는 전설이 있는데, 지난 1985년 홍수 때 흙이 쓸려가면서 천여 년 동안 묻혔던 돌거북 하나가 지상으로 나타나 사실임이 입증되었다고 한다.

서 정선으로 흘러들어오는 동천(東川)의 형상이 마치 뱀의 형상으로 본 데서 비롯한다. 뱀이 제비를 집어삼키는 형국이라 정선읍에서는 인재가 나지 않고, 동면에서만 인재가 난다는 지형 풍수설이 있어 왔다. 그래서인지 고려 공민왕 때 이황군수 재임하던 시절 신성시하던 세 마리의 거북이와 여덟 마리의 학을 돌조각으로 만들어서 거북이는 인근 상동과 중동 하동 근처에, 학은 비봉산과 조양산에 묻어 군민의 재해예방과 태평성대를 기원하였다고 한다. 이 내용은 구전으로만 전해오다가 1985년 수해 때 거북이 한 마리가 그 형상을 드러냄에 따라 새로이 입증되었고, 현재는 삼구팔학 놀이로 발전하여 정선아리랑축제 때 민속놀이의 한 종목으로 채택되어 구연되고 있다. 이에 구전하는 전설을 바탕삼아 삼구팔학을 재현 건립하고 오늘 기념비를 세워 정선읍의 태평성대를 기원하노라.

백성이 재난을 피하고 잘 먹고 잘 살 수만 있다면 목민관牧民官으로서 못할 일이 무엇이겠는가? 기꺼이 정선고을을 재난으로부터 막고 싶어 거북을 만들고 학을 새겨 땅에 묻었던 천여 년 전의 군수 이황의 마음씨를 오늘날의 목민관들도 배웠으면 하는 생각에 마음이 무거워진다.

정선아라리 1번지 비봉산(飛鳳山) 아리랑비를 찾아

'정선아라리 1번지'라고 했지만, 정선 땅에 아라리 1번지가 어디 따로 있으랴? 이 밭두렁 저 산골짜기가 다 아라리가 생겨난 곳이고 부른 곳이고 들을 수 있는 곳인데. '아라리'는 '알리오?', '누가 이 마음을 알리오?'라는 뜻의 정선 토박이말이다. 그러니 누가 정선에서 어디가 정선아라리의 1번지라고 함부로 말할 수 있으리오.

정선읍이 자리하고 있는 봉양리에서 정선교육지원청 옆길을 따라 뒷산 쪽으로 가면 비봉산 입구 오르막 산책로가 시작된다. 초입에는 나무판과 목책으로 길을 닦아놓았지만 조금 더 올라가면 급경사와 완만한 오르막 산길이 이어진다. 등에 땀이 배이고 숨이 차오를 때까지 걸어올라 4~5백 미터 쯤 가면 정자가 보이고 약간 떨어진 소나무 숲에 정선아리랑기념탑이 보인다. 정자에서 읍내를 내

정선아리랑비 정선읍의 진산인 비봉산 중턱에 자리하고 있으며, 1977년 세워져 정선아라리의 보존과 전수를
위한 본격적인 운동이 일기 시작한 계기가 된다.

려다보면 정선읍을 휘돌아 감싸 흐르는 조양강과 읍내 전경이 한눈에 보이고 강

건너편으로는 조양산이 보인다. 전형적인 배산임수背山臨水 지형이다. 이 정선아

리랑비는 1977년 '정선아리랑'을 보존하기 위해 세운 기념비로 이곳이 특별히 아

라리와 연관이 있는 것은 아니며, 정선주민들이 많이 오르내리는 등산로라 세운

듯하다. 전면에는 정선아라리의 대표적인 3수의 가사가 후렴과 함께 새겨져 있

고, 후면에는 정선 자연경관의 아름다움과 순후한 민심, 정선아리랑의 연유 그

리고 비를 세우게 된 경위를 새겨놓았다. 필자가 1989년에 정선아라리 가사 채

집을 위해 이곳을 왔을 때도 맨 처음 찾았던 곳이다.

　달랑 정선아리랑비 하나만을 보고 몇 장의 사진을 찍고 내려오기에는 무언가

허전하다면, 길섶 바위에 앉아 잠시 쉬면서 정선고을의 산세山勢, 수세水勢, 지세

地勢를 유심히 살펴보는 것도 좋으리라. 사람이 살려면 우선 농사지을 땅이 있어

야 하는데 온통 산으로 둘러싸여 산에서 시작하여 산에서 끝나고, 비탈에서 시작하여 비탈로 끝나니 참으로 좁구나 하는 생각이 든다. '쌀독에서 인심 나고 뒤주에서 인심 난다'는데, 이런 척박한 곳에서 순후한 인심을 가꾸고 온정을 나누며 살아왔다니 참으로 장하다는 생각이 든다. 외지外地와의 연락과 물자 유통은 물길이 가장 쉬웠을 터인데, 풍수학(?)상으로 더 좋은 상지(相地 ; 풍수에서 땅의 생김새를 보고 길흉을 판단하는 일)를 할 수 없음이 안타까웠다.

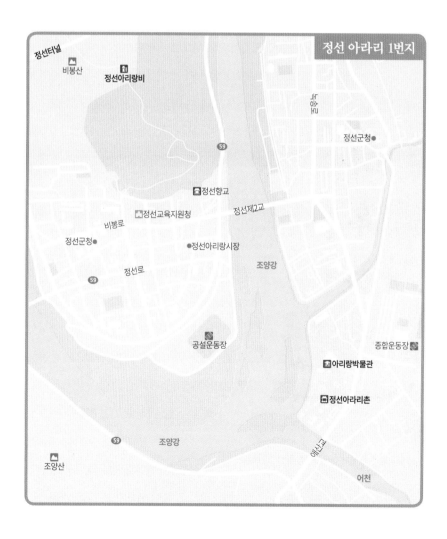

정선아라리 2번지 여량(餘粮)의 아우라지 처녀총각를 찾아

정선아라리는 노래이니 만큼 찾아보는 것이 아니라 부르고 듣는 것이리라. 그러니 1번지, 2번지가 따로 있지는 않을 터이고 발상지 또한 따로 있을 리 만무하다. 이 밭두렁 저 산비탈이 아라리의 발상지이고, 지게작대기건 호밋자루건 두드려 나는 소리가 모두 장단이고 악기이리라. 정선고을 사람들은 따로 배운 적은 없어도 아라리 한가락쯤은 할 수 있다. 그런데 소위 음치라는 필자가 감히 정선아라리를 들어보고 느껴보겠다고, 아니 그 속에 배인 민초들의 정과 한을 제대로 느끼지는 못하더라도 관련 유적지라도 찾아보겠다고 나선 참이다.

진부에서 정선 가는 길목 나전삼거리에서 좌회전하여 9km 쯤 가면 여량면으로 들어선다. 초입에는 '정선아리랑 발상지 여량면입니다.'라고 쓰인 설치광고물이 눈에 들어온다. 여기서 다시 5백 미터 쯤 가면 '정선아리랑의 유적지 아우라지'라는 안내 입석이 서있다.

약간 가슴이 설렌다. '아우라지 처녀' 이야기는 이미 오래전에 들어서 알고 있고, '30여 년 전 산자락 끝 강가에 우두커니 서 있던 그 처녀는 지금쯤 중년의 여인 또는 초로의 아지매가 되었을까?' 라는 짓궂은 상상도 하며 아우라지로 접근했다. 동상만 있던 곳이지만 오랜 시간이 흘렀으니 이제는 제법 아라리 유적지로 잘 가꾸어 놓지 않았을까 하는 궁금증도 있었다. 아우라지로 접근하는 길은 두 길이 있다. 하나는 여량면 입구에서 직진하여 안내석 화살표 방향인 아우라지 강가로 바로 가는 길과 우회전하

정선아리랑의 유적지 아우라지를 알리는 표석
발상지인지 유적지인지는 그리 중요하지 않으니,
'아라리, 곧 그 누가 이 마음을 알리오?'의 뜻으로
여겨도 좋다.

여 서동로를 따라 아우라지교를 건너 회전교차로에서 여량면 행정복지센터 방면으로 들어서 아우라지역과 연결되는 아우라지 강변유원지 주차장으로 가면 된다.

　예상했던 대로 아우라지는 아라리의 유적지답게 많은 변화 속에 관광지로 잘 정비되어 있었다. 나는 변화된 모습을 한눈에 보기 위해 여량면행정복지센터를 지나 아우라지 강변유원지 주차장으로 들어섰다. 눈에 띤 것은 아우라지 처녀상이 있던 곳으로 두 개의 예쁜 다리가 새로 놓여 있었다. 30여 년 전 왔을 때는 나룻배를 타고 강을 건너야만 처녀상이 있는 곳으로 갈 수 있었는데. 주차장 뚝방에 서서 처녀상을 건너다보면 송천과 골지천이 이곳에서 합류됨을 알 수 있다. 오른쪽에서 흘러내려오는 강이 골지천이고, 왼쪽이 송천이다. 이곳 토박이말로 '어울린다. 어우러진다'라는 뜻의 '아우라지'라는 말에서 지명이 유래되었으며, 삼일운동의 함성이 울린 '아우내(幷川, 병천)'나 남한강과 북한강이 만나는 '두물머리(兩水里, 양수리)' 모두 아우라지와 같은 뜻을 지닌 이름이다. 이 강을 건너는 두 다리 중 골지천을 가로지르는 다리는 오작교라 부르는데 가운데 초승달 형상물을 올려놓아 아우라지 처녀총각의 애틋한 사연을 상징하고 있으며, 송천을 건너는 다리는 특별히 이름을 정하지 않고 '구름다리'라고만 부른다.

골지천을 건너는 오작교(좌)와 송천을 건너는 구름다리(우) 모두 아우라지 처녀상과 여송정 정자로 연결된다. 골지천을 음수(陰水) 송천을 양수(陽水)라 하는데, 여름 장마철에 양수가 많으면 대홍수가 나고, 음수가 많으면 장마가 그친다는 전설이 있다. 두 다리를 한 컷에 담을 수 없는 것이 안타까웠다.

오작교를 건너기 전 제방 산책로에 '아우라지 총각상'을 새로 세워놓은 것이 보인다. 아하! 그렇지. 처녀총각의 애틋한 사연이 깃든 곳이니 총각상이 없으면 안 되는 거였으리라.

아우라지총각상 오작교를 건너기 전 여량리 강가에 세워져 있다. 기반석은 뗏목을 의미한다. 물불 안 가리고 사랑하는 임에게 가려고 하는 열정이거나 애타는 마음을 손짓으로나마 전하려는 듯 역동적이다. 문득 총각상이 가리키는 곳이 궁금해졌다. 뒤꿈치를 들고 셀카봉에 카메라를 달아 총각상의 눈높이만큼 올렸더니 손끝과 눈길이 향하는 곳은 아우라지 강 건너 처녀상이 있는 곳이었다. 아우라지 강 건너로 아스라이 처녀상과 여송정이 보인다.

설레는 마음으로 오작교烏鵲橋를 건넜다. 옛날에 '아우라지 처녀총각이 사랑을 속삭일 때도 이 오작교가 있었다면 아우라지 처녀총각, 지상의 견우와 직녀의 비련은 없었을 텐데' 라는 생각을 해본다. 지금에라도 비록 오작교와 이름만 같은 인작교人作橋가 놓인 거지만, 이승에서 못 다한 사랑을 이 다리를 오가며 속삭이고 있을까?

최근 아우라지를 두 번 찾았다. 첫 번째는 지난 7월말 '아우라지 뗏목축제'가 열리던 기간(7월 27~30일)인데, 계속되는 가뭄과 폭염으로 전국이 땀을 흘리며 허덕일 때다. 이때는 축제 첫날이고 개막식 후 '전통뗏목시연'이 있어 그 모습을 직접 보고 사진도 찍고 싶어서였다. 그리고 두 번째로 찾은 것은 혹서가 끝나고 태풍과 함께 폭우가 내릴 때였는데, 참으로 행운(?)처럼 송천(양수)과 골지천(음수)이 합류되는 극명한 장면을 볼 수 있었다. 오작교를 건너니 예전에 없었던 여송정餘松亭이 처녀상 오른쪽 뒤에 새로 세워져 있고, 아우라지 노래비가 예전처럼 서있다.

아우라지 처녀총각의 러브스토리는 이렇다. 처녀상이 서 있는 강 건너는 여량면 유천리고, 총각상이 서 있는 곳은 여량면 여량리다. 두 사람은 우연히 눈이 맞아 한눈에 연정을 느껴 사랑을 하게 된다. 산나물을 뜯으러 간다는 핑계로, 산에 나무하러 간다는 핑계로 만나면서 사랑은 무르익었을 터이다. 그런데 어느 여름 큰 비가 내려 아우라지강에 물이 불어나 건널 수 없게 되고, 사람들을 건너 주던 나룻배마저 뜰 수 없게 되었다. 처녀를 만나고픈 총각의 애타는 마음을 아는지 모르는지 비는 그치지 않았고 강물은 더 불어나기만 했다. 하루 이틀 처녀를 만나고픈 마음을 억누르던 총각은 더 이상 참을 수 없어 홍수가 굽이치는 아우라지강을 헤엄쳐 건너다가 영영 '돌아올 수 없는 강'이 되어버렸다.

아우라지 처녀상(좌)과 여송정에서 바라본 풍경(우) 자신을 만나려고 강을 건너다 물에 빠져 죽은 사랑하는 임을 애타게 그리워하는 형상인가? 문득 안도현의 시 '연탄재'를 패러디 해봤다. 「장작불에 함부로 물 붇지 마라. / 너는 / 누구에게 한 번이라도 뜨거운 불꽃이었느냐.」 두 청춘남녀의 사랑이 비극으로 막을 내릴 당시의 사람들도 두 남녀의 사랑을 통해 자신들의 사랑을 돌아보지 않았을까? 폭우로 황톳빛 송천(양수)과 맑은 물 골지천(음수)이 합류되는 모습이다. 전설처럼 양수인 송천의 상류에서 골지천 상류보다 더 강한 폭우가 내려 홍수가 졌으니 큰 비가 더 내릴 것이다.

그러자 자신을 만나러 오다 죽은 총각의 애타는 마음을 저버릴 수 없었던 처녀도 아우라지강에 몸을 던지니, 두 사람 사이의 비련의 러브스토리는 정선아라리의 곡조를 타고 세상에 퍼져나간 것이다. 지금까지 채록된 정선아라리는 5천여 수에 이른다. 이 중 대표곡 3수가 가장 많이 불리는데, 그 중 두 번째에 해당하는 아라리가 이 두 청춘남녀의 슬프면서 아름답고 한 맺힌 사랑을 담고 있다. 가사는 다음과 같다.

> 아우라지 뱃사공아 배 좀 건너주게
> 싸리골 올동박이 다 떨어진다.(『정선아리랑 가사사전』 2895번 가사)

> 떨어진 동박은 낙엽에나 쌓이지
> 잠시잠깐 님그리워 나는 못살겠네.(『정선아리랑 가사사전』 1262번 가사)

가사 번호는 따로인 듯하나 기실 두 노래는 한 짝을 이뤄 부르는 노래다. 두 사람은 '동박(冬柏, 동백)'이 까맣게 익어갈 때 만나자고 약속했음이 분명하다. 그러나 동박은 익어 가는데 큰비는 그치지 않고 불어난 아우라지 강물은 줄어들 줄 모르고, 초조한 마음속 동박은 벌써 다 익어 떨어져간다고 생각했으리라. 잊으려 해도 잊히지 않는 임 생각은 '잠시잠깐 임 그리워'라고 하면서 가라앉은 듯하면 다시 욱신거리며 쑤셔대는 사랑니의 치통 같은 것이리라. 임과 함께하는 행복한 시간은 아무리 길어도 짧게 느껴지고, 임과 헤어져 있는 불행한 시간은 아무리 짧아도 길게 느껴지는 것이 연정戀情을 안고 도는 고장 난(?) 시계의 시간 개념이리라. 그러니 오죽하면 조선시대 최고의 기생이자 여류시인 황진이黃眞伊는 시조를 지어 '동짓달 기나긴 밤 한 허리를 버혀내어 ~ 어론님 오신 날 밤이어든 굽이굽이 펴리라.'라고 하지 않았던가. 행복한 시간(어론님 오신 날 밤)은 길게 만들고, 불행한 시간(동짓달 기나긴 밤)은 짧게 하겠다는, 시간을 인위적으로 조작해버리고야 말겠다는 황진이식(式) '특수 상대성원리(?)'가 녹아들어 있다 하겠다. 한국판 '로미오와 줄리엣'인가. 아쉽기만 하다.

그러나 마음먹은 대로 안 되는 것이 또한 인간사가 아니던가. 이 이야기는 처녀상 뒤편 여송정 천장에 여덟 폭 그림으로 그려져 있다. 천장의 그림을 올려다보려면 목이 아프려니와 두 남녀의 스토리와 연관하여 감상한다면 목이 아픈 줄도 모를 터.

사실 정선아라리는 아무나 쉽게 배우거나 부를 수 있는 노래는 아니다. 그리고 국악방송이나 TV 음악프로에서도 흔하게 들을 수 있는 노래도 아니다. 그러나 이 노래가 우리 가슴을 울리는 것은 아우라지 처녀총각의 러브스토리가 배경으로 함께 전하기 때문에 선율이 더욱 애달프고 애잔하며 잔잔한 감동을 준다고 할 수 있으리라. 그리고 이 두 남녀의 러브스토리를 아라리 곡조에 담아 널리 퍼뜨린 사람이 있으니 다름 아닌 아우라지강에서 40여 년간 뱃사공을 한 '지장구'라는 사람이다. 본명은 지유성이니 지(池)는 성이고 '장구'라는 별칭은 장구를 잘 치고 정선아라리를 잘 해서 붙여진 이름이라고 한다. 20살부터 63살까지 아우라지강에서 뱃사공을 하며 손님들을 건네주었다는데, 힘든 노를 저으면서 아라리에 비련의 스토리를 붙여 불러주었다고 한다. 요즘말로 손님들을 위한 서비스였을까? 아니면 뱃사공의 고달픈 삶 속에 자신도 모르게 울려나오는 흥얼거림이었을까. 아무튼 아라리에 두 남녀의 러브스토리를 얹어 불렀고, 다시 후인들은 아라리에 뱃사공 지장구가 부른 스토리를 얹어 부르니 아라리가사에 뱃사공 지장구가 등장한다. 가사는 이렇다.

아우라지 지장구 아저씨 배 좀 건네주게
싸리골 동백이 다 떨어진다.(『정선아리랑 가사사전』 2902번 가사)

지장구 아저씨는 명창으로서 정선아라리를 발전시키고 유포시킨 큰 공이 있는 뱃사공이었다. 정작 자신은 명창이 무언지, 예술이 무언지도 모르며 불렀겠지만 뱃사공의 한과 흥이 날줄씨줄처럼 엉켜내는 노랫가락의 여운만은 저 유유히 흐르는 아우라지강은 알고 있을 터이다. 정선아라리는 아우라지강물이 마르지 않는 한 이 시간에도 살아 있는 생명체로 변화 발전하면서 영원하리라.

여랑리에서 바라본 오작교와 건너편 여송정 모습(좌), 여송정 천장에 그려진 아우라지 처녀총각의 러브스토리 8폭 중 한 폭(우) – 배를 타고 총각을 만나러 가는 처녀의 모습. 아마도 이 뱃사공은 지장구 아저씨가 아닐까?

이쯤에서 시계를 잠시 뒤로 돌려본다. 지금으로부터 30여 년 전인 1989년에 정선아라리 가사를 채록하고자 이곳을 처음 찾았었다. 당시 정선문화원의 도움으로 정선여자고등학교(지금은 학생 수 감소로 정선고등학교와 통합됨) 합창단과 나룻배 두 척에 나누어 타고 아우라지 처녀상을 향해 강을 건넜다. 학생들은 정선아라리와 가곡 '아우라지(처녀)'를 아리따운 목소리로 불렀다. 분에 넘치는 호사를 누렸으니 '선상船上의 아리아' 쯤이었다. 삐걱이는 노 젓는 소리를 장단 삼아 애잔하고 서글프게 강물 위로 흩어지던 가곡, 아우라지의 여운은 두고두고 내 마음에서 잊혀지지 않는다. 소녀들의 맑고 청아한 노래는 지금까지 내가 들었던 노래 중 가장 아름다운 노래로, 아우라지강의 출렁이는 잔물결소리로 남아있다. 일요일임에도 나와서 노래를 불러주었던 학생들에게 지금이라도 다시 한 번 감사를 드리고 싶다.

당시 강원도 무형문화재 제1호 정선아라리 전수자였던 故김병하 님도 흔쾌히 나와서 학생들의 뒤를 이어 정선아라리를 불러주셨고, 또 다른 정선아라리의 발상지인 남면南面 거칠현동居七賢洞까지 따라와서 정선아라리를 불러주셨다. 지금

도 그때 녹음했던 테이프를 소중하게 간직하고 가끔 틀어보며 옛 추억에 잠기곤
한다. 아라리가 아닌 가곡 '아우라지'의 노랫말을 옮겨본다.

> (1절) 아우라지 강가에 수줍은 처녀
> 그리움에 설레어 오늘도 서 있네.
> 뗏목타고 떠난 님 언제 오시나
> 물길 따라 긴 세월 흘러갔는데
>
> (2절) 아우라지 정선에 애닯은 처녀
> 해가 지고 달 떠도 떠날 줄 모르네
> 뗏사공 되신 님 가면 안 오나
> 바람 따라 흰 구름 둥실둥실 떴는데.
>
> (후렴) 아우라지 처녀가 애태우다가
> 아름다운 올동백 꽃이 되었네.

시인 정공채 님이 노랫말을 짓고 변훈 님이 작곡했다. 후에 안 사실이지만 가
수 나미 씨도 이 노래를 불러 음반으로 제작 발매했다고 한다.

1989년 정선여자고등학교 합창단 학생들과 아우라지처녀상 앞에서

그런데 앞에 제시한 현재의 아우라지처녀상과 비교해보면 처녀상이 바뀌었 음을 알 수 있다. 현재 처녀 상은 한 손을 가슴에 올려 자 신을 만나러 오다가 강물에 빠져 죽은 임을 향해 그립고 애타는 모습이 강조된 모습인데, 옆에 있는 비기(碑記)에 1999년에 세 운 것으로 쓰여 있다. 사진 속 소 녀들도 지금은 중년의 여인이 되었 을 것이나 아름다운 목소리 잃지 않고 어디 선가 아름답게 살고 있으리.

정선 아우라지

떼꾼들의 흥(興)과 한(恨), 떼돈과 떼죽음 사이

아우라지에 간다면 예사로이 보지 말아야 할 것이 하나 더 있다. 바로 아우라 지강에서 즐기는 뗏목타기다. 지금이야 관광객을 상대로 하는 이색 체험이지만, 아우라지강이 남한강 뗏목의 발상지이자 출발지였다는 사실을 아는 사람은 별 로 많지 않으며, 정선사람들에게 뗏목은 목숨을 건 도박(?)이었다는 것을 아는 사람은 더욱 드물 것이다. 우리나라에서 뗏목의 유래는 북쪽으로 압록강과 두만 강이 있고, 남쪽에는 춘천에서 시작하는 북한강 뗏목과 이곳 정선 여량 아우라지강에서 출발하는 남한강 뗏목이 있다. 과거 춘천보다는 질 좋은 소나무(황양목)가 많이 생산되던 관계로 정선 뗏목을 한양에서는 더 알아주었다고 한다. 흔히 '황양목'보다는 '춘양목'으로 더 잘 알려진 나무인데, 춘양목이라는 이름은 중앙선 열차가 개통되고, 황양목의 집산지가 경상북도 봉화군 춘양역이어서, 역이름에서 따온 것으로 알려졌다. 그러나 열차가 개통되기 전에는 한양으로 황양목을 보내려면 거의 유일했던 방법이 이곳 여량 아우라지에서 황양목을 떼로 묶고 강물에 띄워 남한강을 따라 한양으로 가는 것이었다. 이는 육로 운송보다 시간과 품삯 면에서 훨씬 수월했기 때문이었다.

그러나 기실 뗏목의 원출발지는 이곳 아우라지가 아닌 송천 상류의 '배나드리 마을'이라고도 한다. 도암댐 상류 10여km에 있는 마을로, 한자로는 선도리船渡里라고 하는데, 행정구역상으로는 강원 강릉시 왕산면 대기리 배나드리(선도리)라고 한다. 이름만으로는 강원도 산골짜기에 배가 드나들었단 말이냐고 의아해 하겠지만, 이곳에서 작은 배를 타거나 뗏목을 띄워 아우라지를 지나 한강을 거쳐 한양까지 갔다고 하니, 마을 이름에 얽힌 이야기와 함께 다소간의 의문이 풀렸다.

정선 뗏목은 흥선대원군興宣大院君이 경복궁 중수에 필요한 대부분의 목재를 이곳 여량과 정선에서 가져오도록 명령하면서라고 알려져 있으나, 경복궁 중수 이전부터 이곳 황양목은 한양 고관대작들의 저택이나 관槨 또는 사찰을 짓는 데 최고의 목재로 꼽혔다고 한다. 더구나 생산량이나 목질木質에서도 최고로 평가받으며 수요가 끊이지 않았다고 한다. 물론 지금은 곳곳에 보洑나 댐이 만들어져 물길은 끊어진 상태다. 잠깐이라도 뗏목을 한 번 타보고 싶기도 했고, 흘러가는 강을 따라 뗏목꾼들의 여정을 한 번 쯤 따라 가보고 싶었다.

특히 뗏목과 정선아리리의 관계는 매우 밀접한데, 첫째는 정선아리리 가사 중 뗏목꾼들의 흥과 한을 담아낸 가사가 많다는 점이고, 둘째는 뗏목이 이동했던 물길을 따라 정선아리리가 남한강 수계水系라 할 수 있는 강원도, 충청도, 경기도는 물론, 전국적으로 유포될 수 있는 전파자 역할을 톡톡히 담당했다는 점이다. 또한 좋은 목재가 많이 나는 곳에는 좋은 목수도 많이 있기 마련이니, 경복궁 중수 때 한양으로 징집되어 간 정선의 목수들이 부르던 정선아라리가 전국에서 모인 타지방의 목수들에게도 애송되어, 중수 공사가 끝난 후 목수들은 각자의 고향으로 돌아가 불렀을 것이니, 목수들의 역할 또한 무시할 수 없을 것이다.

골지천과 송천은 아우라지에서 합수된 채 10여km 정도를 흘러내리다 나전삼거리 쯤에서 평창에서 흘러오는 오대천과 만나 정선읍을 감싸고 흐르는 조양강이 된다. 이 조양강은 다시 흐르고 흘러 가수리 방면에서 흘러들어오는 지장천과 합류하면 동강이 되고, 이 동강은 다시 60여km를 흐르다가 영월읍에서 서강과 합수되어 남한강이 된다. 이 남한강은 충주호를 지나 다시 두물머리(양수리)에서 북한강과 합류되어 비로소 한강이 된다. 아우라지강 뗏목 운송은 봄부터 가을까지 계속되었다고 한다.

'아우라지뗏목축제' 때의 뗏목 시연 중간에 움막을 지어 비바람을 피하면서 밥을 해먹기도 하고 쉬거나 잠을 자기도 한다. 아우라지에서 팔당까지는 열흘에서 보름 내외가 걸린다고 한다. 걸리는 시간은 물살의 빠르기와 상관있으니, 물살이 빠르면 빨리 갈 수는 있으나 위험이 따르기 마련이니, 빠르기와 위험의 비례는 물위에서나 땅위에서나 마찬가지인 셈이다.(사진을 협조해준 정선군청 관계자와 여량면사무소 박해인 님께 감사드린다)

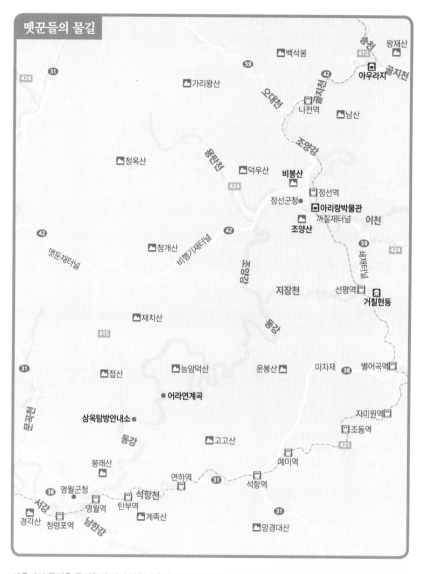

뗏꾼들의 물길

아우라지 물길은 굽이굽이 여러 하천과 합수되며 한강까지 흐른다 골지천과 송천은 아우라지에서 합수된 채 10여km 정도를 흐르다 평창에서 흘러오는 오대천과 만나 정선읍을 감싸 흐르는 조양강이 된다. 이 조양강에 동으로 어천과 서쪽으로 용탄천이 합수되어 수량을 풍족하게 불려가며 계속 흐르고 흘러 가수리 방면에서 흘러들어오는 지장천과 합류하여 동강이 된다. 이 동강은 다시 60여km를 흐르다가 영월읍에서 서강과 합수되어 남한강이 된다. 이 남한강은 충주호를 지나 다시 두물머리(양수리)에서 북한강과 합류되어 비로소 한강이 된다.

떼목은 보통 곧게 자란 황양목을 길이별로 12자(3.6m) 또는 9자(2.7m)로 자르고, 10개 정도를 가로목을 대서 나무껍질이나 칡덩굴 등으로 한데 묶는다. 이를 '한 동'이라 하고, 이렇게 묶은 7~15동을 앞뒤로 연결한 것을 '한 바닥'이라고 한다. 그리고 뱃머리가 되는 맨 앞 동은 개수를 줄여 좁게 해야 물길이 좁은 곳을 빠져 나가거나 앞에서 방향을 조정하기가 수월하다고 한다. 그러니 한 바닥으로 운반되는 나무의 개수는 70에서 150개가 되는 셈이다. 엮는 방법은 나무에 구멍을 뚫어 연결하기도 하고, 그냥 나무껍질 등을 이용해 묶기도 했다. 떼목을 운반하는 일은 앞서도 언급했듯이 물살과 목숨을 건 사투死鬪였다. 그러니 받는 품삯은 일반 품삯의 열배 정도였으니, 이른바 '떼돈'이라 칭할 만했다. 우리가 보통 말하는 '떼돈 번다'라는 말은 떼목꾼들이 받는 품삯에서 유래했음이다. 그러나 떼꾼들은 곧 목숨을 걸고 하는, 이른바 죽을사(死)자를 붙이고 다닌다고 해서 일반인들이 '재수 없는 사람들'이라고 하면서 함부로 상대도 잘 안 해주었다고 한다.

아우라지를 출발한 떼목은 하루 이틀이면 영월 동강의 어라연계곡에 당도한다. 특히 어라연계곡의 '된꼬까리'는 물살이 빠르고 물굽이가 회돌이 하는 곳으로 커다란 바위까지 있어 자칫 떼목이 걸려 앞뒤바닥이 끊어지거나 심지어는 나무들이 뿔뿔이 낱개로 흩어지기 일쑤여서 떼목꾼들에게는 그야말로 저승길이나 다름없었다. 필자는 정선아라리 가사에 자주 등장하는 '떼목꾼들의 저승길'이었다고 하는 어라연 된꼬까리를 사진에 담고 싶어 폭우 속에서도 답사를 강행했다. 어라연 답사 출발지는 영월읍 거운리 삼옥탐방안내소였다. 폭우가 내리는 관계로 어라연과 된꼬까리는 출입금지였고 안내원들도 모두 철수한 상태였다. 그러나 아직 홍수가 본격적으로 밀려오기 전이니 가능할 수도 있겠다는 생각이 들어 비가 잠깐 가늘어진 틈을 핑계로 안내원을 설득하여 답사를 강행했다. 그 부근에는 아라리가사에 등장하는 어라연 된꼬까리 외에 '만지나루터'와 '전산옥 터' 두 곳이 더 있었다.

비온 뒤라 어라연으로 가는 길은 군데군데 폭우로 깎이고 쓸려나가 물길만큼 산길도 험했다. 산자락 하나를 넘어서자 내리막길로 접어들어 길은 점점 동강의 붉은 물살과 함께 어라연 쪽으로 나있었다. 물이 불으면 금방이라도 길이 물에 잠길 것 같았다. 상류 쪽에 비가 얼마나 내렸는지 알 수 없으니 걷는 걸음이 편치 않았다. 3km 정도를 가다보니 '만지관리소'가 나왔는데, 명칭으로 보아 '만지나루터' 부근임을 짐작할 수 있었다. 이 만지나루터는 된꼬까리에서 몰아치던 급물살이 완만하게 흐르면서 연못[池]처럼 고여 흐르는 곳으로 된꼬까리에서 사투를 벌인 뗏목꾼들이 뗏목을 묶어놓고 흩어지고 끊어진 뗏목밧줄을 다시 묶기도 하면서 쉬어가던 곳이다. 다시 십여 미터를 가니 왼쪽 풀숲 빈터에 '전산옥(全山玉) 주막 터'라는 표지판이 보였다. 동강을 옆에 끼고 거슬러 어라연의 된꼬까리를 보러 가는 길목에 있다.

만지관광안내소 옆 풀숲 공터에 있는 '전산옥 주막 터' 안내 표지판 주막의 실존 인물이었던 주모 전산옥(1909~1987년)에 대해 자세하게 적혀 있다. 정선군 신동읍 고성리에서 태어나 빼어난 미모에 구수한 입담이 좋았고, 특히 정선아라리를 구성지게 잘 불러 떼꾼들 사이에 최고의 인기를 누렸으며 서울까지도 소문이 자자했다고 한다. 주막은 온데간데 없고 흙먼지 가득한 표지판과 떼꾼들을 울리고 웃겼을 여인의 한 많은 삶의 이야기가 굴곡진 동강을 내려다보고 있다.

비는 그치지 않고 강물은 계속 불어나고 있어 어라연으로 더 이상 진행은 불가능하다고 여겨졌고, 은근히 돌아가는 길도 물에 잠길까 겁도 났다. 결국 '전산옥 주막 터'를 조금 지난 곳에서 발길을 돌려야 했다. 내리는 비와 붉게 불어나 요동치는 황토빛 물길에도 래프팅과 카약을 즐기는 사람들을 태운 보트는 연이어 흘러내려 오고 있었다. '현대판 떼꾼'들이라고나 할까. 그러나 그들이 즐기는 스릴은 떼꾼들이 사선死線을 넘나들며 급류와 벌였던 한판 싸움과는 비교도 아니 될 터이다.

하늘에서 본 어라연계곡 된꼬끼리 정경 S자보다 더한 U자형 계곡에 솟아있는 고깔모양의 바위가 뚜렷하다.
홍수로 불어난 급류에 휩쓸려 내려가는 뗏목이 통제 불능이 되어 된꼬끼리에 걸리거나 양쪽 바위벽에 부딪치기라도
할양이면 뗏목은 산산조각이 나 물살에 흩어질 것이고, 떼꾼들은 자칫 떼돈은커녕 떼죽음 당하기 일쑤였을 것이다.
'된꼬끼리'라는 말은 '센 고깔모양의 바위'라는 뜻이다.(사진은 영월군청에서 보내준 항공사진이다.)

    혹여 사진을 보고 잘 찍은 어라연계곡의 아름다운 정경으로만 여길까 싶어 큰

비로 불어난 어라연 하류 '둥근바위'의 모습을 다시 올린다. 성난 용처럼 꿈틀거

리며 흐르는 황톳빛 홍수 속에 웅크리고 있는 바위의 모습이 위태롭게 보인다.

성난 용이 꿈틀거리듯 S자 급류로 흐르는 황톳빛 홍수 속에 웅크리고 있는 '둥근바위' 급류에 휘말린 뗏목이
방향을 잡지 못하고 저 둥근바위에 걸치기라도 하는 날이면 떼꾼들은 떼돈은커녕 떼죽음 당하기 일쑤였다.

만지나루터 전산옥아! 텁텁한 막걸리 한 잔 넘치게 따라 노시게

오백 리 한강 뱃길 중 어느 굽이라고 쉬운 물길이랴마는 그 중에서도 영월읍 문산리 북쪽 황새여울과 거운리 된꼬까리는 물 한가운데 바위가 고깔모양으로 솟아 있어 '죽음의 뱃길'로 떼꾼들 사이에 정평이 나 있다. 수량이 적을 때는 물살이 빠르지 않아 뗏목 앞머리와 꼬리에서 장대를 박아가며 방향과 속도를 조절할 수 있지만, 홍수가 지면 물살이 빨라지고, 더구나 강물이 휘돌아가는 곳에서는 삐죽하게 솟은 바위 사이를 지나야 하니, 언제 방향을 바꾸고 속도까지 조절할 겨를이 있겠는가. 열두 자 길이 나무를 다시 열두 동으로 묶은 것을 한 바닥으로 친다면, 뗏목 한바닥 길이는 족히 40~50m가 넘는다. 앞머리가 무사히 좁은 급류 속을 헤쳐 나가더라도 허리나 꼬리가 바위에 걸리면 약한 칡덩굴로 묶은 뗏목은 끝장인 것이다.

어제던가 그제던가. 아우라지에서 출발하여 골지천을 지나 조양강 너울거리는 물위에 뗏목을 맡기고 이 골짜기 저 골짜기 산골을 바라보기도 하며, 나물이며 약초를 캐는 동네 아낙들도 보고, 정선아라리를 주고받기도 한다. 떼돈 벌면 집에 두고 온 어린 딸년 곱분이 연분홍 댕기며 꽃신, 마누라 얼레빗이며 참빗 한 쌍과 바늘 몇 쌈은 넉넉히 사주리라는 생각에 뗏목 위 움집에 누워 온갖 상상에 잠겼을 때는 어디 갔는가? 떼돈 생각은 어디 갔는가? 죽음을 눈앞에 두고 이제는 황톳빛 물살과 사투를 해야 한다. 하늘이 도와 다행으로 된꼬까리를 빠져나와 만지나루터에 이르면 목숨이야 건졌지만 끊어진 뗏목 줄도 다시 이어야 하고, 여기저기 제멋대로 흩어진 나무둥치들을 헤엄쳐 가서 다시 끌어 모아 뗏목을 지어 떠내려가지 못하게 나루터에 매어두어야 한다. 그러고서야 가슴을 쓸어내리고 가쁜 숨을 몰아쉬며 만지나루터 전산옥 주막으로 향하는 것이었다. 모든 생각 다 털어버리고 컬컬한 목에 막걸리 한 잔은 보약보다 나은 것이었으리. 술상을 앞에 두고 젓가락 장단에 아라리 한 곡조를 흥얼거리지 않을까보냐. 만지나루터와 전산옥을 노래한 아라리 한 구절을 들어본다.

황새여울 된꼬까리에 떼를 지어 놓았네
만지산(滿池山) 전산옥(全山玉)이야 술상 차려 놓게(『정선아리랑 가사사전』, 4899번 가사)

긴장도 풀리고 배도 출출하고 막걸리 생각 간절하던 참에 몇 순배 들이키자 술병은 금세 비고, 기다렸다는 듯이 다시 술병을 들고 나오는 주모 전산옥全山玉도 한 곡조 부르며 맞장구를 치는 것이었다.

놀다가세요 자다가세요 잠자다 가세요
그믐 초성 반달 뜨도록 놀다가만 가세요.(『정선아리랑 가사사전』, 0808번 가사)

아무리 무식한 떼꾼이지만 이런 주모의 타령을 걸쭉하게 맞받아치지 못하면 사내구실하기 어려우리.

산옥이의 팔은야 객주집 베게요
붉은 입술이야 놀이터의 술잔일세(『정선아리랑 가사사전』, 1977번 가사)

떼꾼들과 주모 전산옥이 술잔을 주고받고 노래도 주고받고 풋정도 주고받는 사이 밤은 깊어 소쩍새 울음소리도 그치고 철썩철썩 만지나루터 물결치는 소리만이 아스라이 귓전을 때릴 때쯤 전산옥이 신세타령 섞어 마지막으로 한 곡조 했을 법한 노래를 필자가 대신 해본다.

퇴화된 더듬이와 무딘 촉각으로는
답할 수 없는 이승의 의문들을 안고
밤마다 얄파막한 카시미롱 이불 속
밤을 뒤척이며 당신밖에는 아무에게도
유혹받지 못하는 고목으로 눕는다오.

이제는 아우라지강의 뱃사공 지장구는 노를 저으며, 만지나루터 주막의 주모는 술을 따르고 젓가락 장단 두드리며 정선아라리를 부르다가 흐르는 강물 흐르는 세월과 함께 저 세상으로 갔으나, 그들이 불렀던 정선아라리만큼은 또 다른 전설이 되었네.

일곱 현인들이 부른 지조와 절개의 정선아라리, 남면 거칠현동 아라리

정선아라리의 흔적을 찾는 여정은 아직 끝나지 않았다. 정선읍에서 조양강을 건너 좌회전하여 59번 국도를 타고 사북·고한 방면으로 구불구불 산길을 20km쯤 가다보면 까칠재터널과 쇄재터널을 지나 정선군 남면임을 알리는 표석을 만난다. 표석에는 '거칠현의 숨결 충절의 고장 남면입니다.'라는 문구와 함께 기단석에는 〈도원가곡(桃源歌曲)〉의 시구가 새겨져 있다. 계속 59번 도로를 달려 지장천이 나오는 부근에서 좌회전하면 거칠현동 공원에 이르게 된다. 입구에는 '旌善(정선) 아리랑 發祥地(발상지)'임을 알리는 상징물이 서 있다.

거칠현동 공원 입구에 세워져 있는 '정선아리랑 발상지' 표석 600여 년 전 이성계의 조선왕조 개국의 칼날을 피해 깊고 깊은 정선 골짜기까지 쫓겨 들어와 지조와 절개를 지키다가 죽어간 일곱 현인들의 삶에서 오늘의 우리에게 어떻게 살 것인가를 생각하게 한다.

이성계의 역성혁명易姓革命에 반대하며 불사이군不事二君의 지조와 절개를 지키기 위해 이곳 거칠현동에 은거하며 고사리를 꺾어 연명했던 일곱 현인들의 신념을 한시漢詩로 쓴 것이 정선아라리의 시원이라는 것이다. 이 일곱 현인들을 배향하기 위해 지은 칠현사七賢祠 앞에 있는 안내판의 내용을 요약하면 이렇다.

「고려 유신들이 개성 근처인 개풍군 광덕면 두문동으로 들어가 두문불출하며 망국의 한을 삭였다고 한다. 조선 개국 공신들은 유신들에게 회유와 협박으로 출사(出仕)할 것을 종용하였으나 충성을 맹세한 이들은 정선으로 향했다. 소마평(小馬坪 ; 지금의 남면 소재지)을 지나 이곳에 들어 온 전오륜(全五倫)·신안(申晏)·김충한(金沖漢)·고천우(高天祐)·이수생(李遂生)·변귀수(邊貴壽)·김위(金瑋) 일곱 충신은 산나물을 뜯어먹으며 살아갔다.」

이상은 안내문의 내용을 간략히 요약한 것이다. 정선군민들은 칠현들이 보여준 높은 충절을 기리고자 칠현사七賢祠를 세우고 매년 10월 초 정선아리랑제에 맞춰 제향을 올리고 있다. 그리고 그들이 살던 산 이름도 중국 은殷나라 때 충절을 지키며 수양산首陽山에 들어가 고사리를 뜯어 먹던 충신 백이伯夷의 이름을 따 백이산伯夷山이라고 고쳐 불렀다고 한다. 먼저 일곱 현인들이 지었다는 〈도원가곡〉을 살펴본다. 노래비에 새겨진 전면의 한문 가사에 음을 달고 후면의 해설문을 옮겨본다.

〈도원가곡(桃源歌曲)〉
我羅理啞囉肆(아라리아라이) / 餓悷彛要(아라요)
哦義朗古稽露(아의랑고계로) / 攋慕艱多(뢰모간다)

(후면 해설)
「本歌曲(본가곡)은 高麗遺臣七賢(고려유신칠현)이 杜門洞(두문동)에서 이곳 南面居七賢洞(남면거칠현동)으로 隱居地(은거지)를 옮겨 亡國(망국)의 恨(한)을 품고 七字橋(칠자탑)에 모여서 이 桃源歌曲(도원가곡)을 同吟(동음)한 것인 바 그 歌詞內容(가사내용)을 풀이하면 '우리는 말을 삼가자 배고픔을 견디자 忠義(충의)는 꼭 밝히자 옛 聖人(성인)과 前王朝(전왕조)를 꼭 思慕(사모)하는 것만이 우리 同志(동지)들의 歸依(귀의)'

강원도 정선군 남면 낙동리 거칠현동 공원에 세워진 〈도원가곡(桃源歌曲)〉 노래비 후면에 해설이 있다. 문득 굴원(屈原)이 〈어부사(漁父辭)〉에서 어부와 주고받은 이야기가 생각났다. 시류와 야합하며 살 것인가 소신대로 살다가 생을 마칠 것인가?

　라는 굳은 決議(결의)가 담겨져 있는 것으로서 이 분들의 忠節(충절)은 靑史(청사)에 永久(영구)히 빛나리라.」

　원문에 대한 후면의 해석을 다시 강호의 제현諸賢들은 다양하게 풀이하기도 한다. 이에 대해 필자는 다시 옥상옥屋上屋의 사족蛇足을 붙이지 않으려 한다. 이 도원가곡이 지금으로부터 600여 년 전이라는 구체적인 역사적 배경이 있는 노래라 해서 최초의 정선아리랑인가 아닌가 등의 논의도 중요하지 않다고 여긴다. 다만 도원가곡 노래비에 새겨진 내용은 정선아라리의 구체적인 노래 가사가 아니라 후렴구라는 점에 주목하고 싶다. 긴 아라리의 경우 보편적으로는 선후창先後唱으로 불려졌고, 교환창이거나 돌림노래로 선창의 가사를 미처 노래할 수 없을 경우에는 이 후창을 반복하기도 했기 때문에 후렴구로 볼 수 없다는 주장도 있고, 후렴과는 다소 차이가 있다고 주장하는 연구자들도 있지만, '아라리 아라리 / 아라리요 / 아리랑고개로 / 넘어간다.'는 구절은 후렴이 확실하고 음악(민

270 - 271

요)에서의 기능 또한 정선아라리에서 가장 중요한 구실을 한다는 점은 간과할 수 없다. 곧 '아라리'는 '아리랑'의 정선지방 토속적인 표현이며 '(누가)알리요?'라는 뜻을 가졌다고 서두에서 언급한 바이다. 그리고 진도아리랑의 후렴 '아리아리랑 쓰리쓰리랑 아라리가 났네 / 아리랑 음음음 아라리가 났네.'와 밀양아리랑의 후렴 '아리아리랑 스리스리랑 아라리가 났네 / 아리랑 고래로 날 넘겨주소' 등과 음악적 효과나 민요로서의 기능 면에서 큰 차이가 없다 하겠다.

여기에 하나의 추측을 더하다면, 개성의 두문동杜門洞에서 이곳 거칠현동으로 은거지를 옮겨온 일곱 명의 현인들은 이곳의 토착민요인 정선아라리를 익히 들었을 것이다. 그래서 그들은 반복되는 후렴 부분의 음과 가사를 손상하지 않는 범위에서, 자신들의 처지와 심정을 반영하여 한문에 능통한 학자답게 후렴구를 한역漢譯하였을 것이다. 그러나 한역이 불가능한 부분, 곧 훈訓과 음音이 일치하지 않는 가사는 한자의 뜻과는 거리가 멀더라도 음音만 끌어와 음차(音借 ; 향찰식鄕札式 표기의 하나)하여 자신들의 심정을 한역하였을 것이다. 대표적으로 '이(肄/彝) ↔ 리', '아나(餓懊) ↔ 아라', '아의랑(哦義朗) ↔ 아리랑', '고계(古稽) ↔ 고개', '뢰모(攋慕) ↔ 너머(넘어)' 등의 표현에서 이를 알 수 있다. 그리고 이러한 한자음이 지금 우리가 알고 있는 한자음과는 거리가 있어 상관관계를 규명하기 어려

정선군 남면 낙동리 거칠현동 공원에 있는 '고려유신칠현비' 1985년에 입비(立碑)하였는데 비신은 팔각으로 일곱 현인들의 한시가 한 수씩 새겨 있다. 일곱 수 모두 운자(韻字)를 신(身)-건(巾)-진(塵)으로 하고 있어, 한날한시에 시제(詩題)를 내어 지어진 듯하다. 〈도원가곡〉 노래비에 '칠자탑(七字搭)에 모여'라는 문구와 관련이 있는 것으로 여겨지나 확인하지 못했다. 600여 년이 지난 오늘날에도 지나가는 길손, 비겁한 사람 비겁한 시대를 향해 어떻게 살 것인가를 계시(啓示)함인가.

우나, 당시 한자음을 가장 근접하게 살펴볼 수 있는 『동국정운(東國正韻, 1448년)』 등을 통해 통용通用관계 등을 고찰할 수 있지만 본고에서는 생략한다.

그리고 기실 이들의 백절불굴百折不屈의 처절한 속사정은 칠현사七賢祠 우측 산 발치에 세워져 있는 '고려유신칠현비(高麗遺臣七賢碑)'의 각 면에 새겨진 한시를 통해서 살필 수 있다. 이 가운데 대표적 현인으로 꼽히는 채미헌 전오륜採薇軒全五倫의 시를 살펴본다.

東來朝服在臣身(동래조복재신신) 동(東, 旌善)으로 올 때 가져온 조복 몸에 걸치고
遙望松京哭滿巾(요망송경곡만건) 아득히 송도를 바라보며 울어 수건을 적시네.
唐虞世遠吾安適(당우세원오안적) 태평성대는 멀어졌으니 이내 몸은 어디로 가리
矯首西山繼絶塵(교수서산계절진) 머리 들어 서산을 향하며 속세와는 인연 끊으리.

역사의 굽이에서 만나게 되는 망국의 비통을 읊은 노래는 한두 편이 아니다. 사람은 시간과 공간 속에 존재하다 가는 것이라면, 이는 곧 시공간이 부여한 존재의 당위성 속에 살아가는 것이다. 그런데 어느 날 갑자기 다가온 시공간 속에 존재의 당위성을 상실했을 때 우리는 어떤 선택을 하며 살아가야 하는가? 마음은 고려(태평성대)에 있는데 몸(현실, 李氏朝鮮)은 그렇지 않으니 몸 둘 곳이 없고, 할 수 있는 것이라곤 흐르는 눈물을 수건으로 닦을 수밖에. 애써 살아남을 수 있는 방법은 깊은 산속에 들어가 고사리 꺾어 먹고 세상 변화의 추이에 몸을 맡기거나 야합野合하는 무리들과 절연絶緣하는 수밖에. 손가락을 깨물어 붉은 피로 써 내려 갔어도 풀리지 않는 한이었으리라.

그래서 일찍이 초楚나라 굴원屈原은 〈어부사(漁父辭)〉에서 "내가 들으니, '새로 머리를 감은 자는 반드시 갓을 털어서 쓰고, 새로 목욕한 자는 반드시 옷을 털어서 입는다.'한다. 어찌 깨끗한 몸으로 남의 더러운 것을 받는단 말인가. 내 차라리 소상강瀟湘江 강물에 달려들어 고기의 뱃속에 장사지낼지언정 어찌 희디 흰 결

백한 몸으로 세속의 먼지를 뒤집어쓴단 말인가.(吾聞之 新沐者必彈冠 新浴者必振衣 安能以身之察察 受物之汶汶者乎 寧赴湘流 葬於江魚之腹中 安能以皓皓之白 而夢世俗之塵埃乎)"라고 하였던가? '세월이 추워진 다음에라야 송백松柏이 늦게 시듦을 안다(歲寒然後 知松柏之後凋)'고 했던가? 살갗을 파고드는 칼날의 협박에도 억만금의 영화를 주겠다는 유혹에도 지조와 절개를 굽히지 않겠다는 서릿발 같은 단호함이, 구구절절 묻어나는 시구들로 차가운 빗돌을 빙 둘러 채우며 서있다. 부귀영화에 목매는 비겁한 시대의 비굴한 사람들이여! 어찌 살 것인가?

그러나 정선아라리에서는 이러한 처절함을 비유와 은유로 유장悠長하면서도 아름다운 노랫가락으로 녹여내고 있으니, 5천여 수 아라리 중 첫 번째 대표곡으로 꼽히는 노랫말은 다음과 같다.

> 눈이 올라나 비가 올라나 억수장마 질라나
> 만수산(萬壽山) 검은 구름이 막 모여든다.(『정선아리랑 가사사전』, 0847번 가사)

만수산萬壽山은 개성 송악산松嶽山의 별칭으로 문맥상 고려왕조를 상징하므로 '~에'자를 붙이면 이해가 쉽다. '검은 구름'은 조선 이씨왕조 건국에 동참하는 일파를 의미하고, '눈·비·억수장마'는 닥쳐오는 왕조 교체와 그들에 대한 불안감을 비유한다. 정선은 산과 골짜기로 이루어진 곳이다. 장마가 지면 골짜기는 금세 몰려드는 핏빛 황톳물로 가득하기 마련이고, 힘없는 민초들은 며칠간인지도 모를 황톳물 속에서 숨을 죽여야 한다. 앞서 일곱 현인들이 같은 운자韻字로 망국의 한과 불사이군의 지조를 노래했다면, 이 노래는 민중의 집단의식 속에 녹아든 망국의 한이 반영된 것이다. 죽음을 피해 정선에 몰려든 일곱 현인들은 땅 파고 산나물 뜯어 먹고 살던 순박한 무릉도원 사람들의 눈에 어떤 모습으로 보였을까?

필자가 처음 이 노래를 강원도 무형문화재 제1호 정선아리랑 전수자 故김병하 님으로 부터 들었을 때는 이 가사에 별다른 의미를 부여하지 못했다. 그러나 조

1989년 봄 정선군 남면 거칠현동 '도원가곡' 노래비 앞에서 정선아라리 '눈이 올라나~'를 부르는 故김병하 님과 녹음하는 김연갑(현 한민족아리랑연합회 이사장) 님의 모습. 故김병하 님은 최초의 강원도 무형문화재 제1호로 정선아라리의 전파에 앞장선 분이셨고, 김연갑 님은 아리랑가사 채집과 연구에 평생을 바친 분이다. 그리고 당시 여고 2학년이던 따님 김길자씨도 지금 정선아리랑전수관 전수교수로 아버님의 뒤를 잇고 있다.

금씩 아라리가사 속에 반영된 민초들의 의식에 눈이 떠지고, 왜 이 노래가 정선 아라리의 대표곡이 되었을까에 생각이 미치자, 의미가 다른 모습으로 가슴에 다가오기 시작했다. '아는 만큼 보인다'더니 '아는 만큼 들리는 것'인가. 아니 민초들마저 무상한 세월을 한탄하며 일곱 현인들의 불사이군의 충절을 노래에 담았는데. 지금으로부터 600여 년 전 어두워 가는 산골짜기에서 일곱 현인들은 고사리며 쑥부쟁이를 캐서 개울에 씻고 마루방 호롱불 밑에 둘러앉아서 세월을 아파했을 것을 상상해 본다. 참깨는 으깨어지는 아픔을 겪어야 고소한 참기름 내음을 풍긴다더니, 청사靑史에 사라지지 않는 향내 나는 이름들이여!

구름도 쉬어 가는 몰운대(沒雲臺) 아리랑

위치는 정선군 화암면 몰운2리다. 많이 알려진 화암약수 쪽에서 넘어가는 것이 제일 무난한 코스다. 정선은 정선읍만을 기준으로 하더라도 높고 험한 고개로 둘러싸여 있어 면面에서 면으로 이동하려면 고개 두세 개 쯤은 넘어야 한다. 진부에서 정선으로 들어가려면 오대천을 따라 굽이굽이 숙향계곡−장전계곡−숙암계곡을 지나야 하고, 영월 방면으로는 날아가는 비행기도 잡을 만하다는 비행기재며 솔치재−멧둔재를 넘어야 하고, 남면을 거쳐 태백이나 제천으로 가려면 까칠재−쇄재−마차재를 올라야 한다. 그리고 동으로 태백산을 넘어 동해시로 가려면 백봉령을 넘어야 한다. 고개가 많으면 계곡도 많은 법. 오르막길 아니면 내리막길이니 건너거나 넘어야 했던 곳, 우리네 인생살이의 축소판이다. 그러니 봉우리마다 골짜기마다 고이고 맺힌 한 많은 사연이며 정 깃든 이야기들은 또 얼마나 많을 것인가. 지금은 고갯마루를 깎고 터널을 뚫고 징검다리 대신 육중한 다리가 놓여 최소 시속 60km로 달릴 수 있으니 보지 못하고 듣지 못하며 빠르게 지나칠 뿐이다.

지금 우리네 인생살이의 또 다른 축소판이다.

높고 험해 늘 구름에 잠겨 있는 날이 많으니, 사람들은 몰운대를 '구름도 쉬어가는 곳'이라 했다. 몰운재 정상 몰운대 입구 큼직한 돌에는 우직하고 힘 있는 글씨로 '몰운대'라고 새겨놓았다.

이곳 몰운대를 노래한 아라리가 있다. 입구 노래비에는 이곳을 노래한 한 편의 한시와 아라리 가사가 새겨져 있다. 먼저 아라리 가사의 내용은 이렇다.

몰운대 입구 표지석 '구름도 쉬어가는 곳'이라 했으니 사람도 물론 쉬어야 했다. 몰운대 정상에 올라 가끔은 멀리 내려다보이는 풍광 속에 내 자신의 삶도 되비쳐보며 흰 구름 속 아스라이 영원한 시간 속 아득한 것들 중의 하나일 뿐이라고 크게 한 번 웃어볼 일이다.

춘삼월에 피는 꽃은 할미꽃이 아니요

동면산천(東面山川) 돌산바위에 진달래 핀다.(『정선아리랑 가사사전』 제4556수)

『정선아리랑 가사사전』에서는 동면산천東面山川이 '정선산천'으로 되어 있는바 의미상 차이는 없다. 다만 면 이름 동면東面이 지금의 화암면畵岩面으로 바뀐 것은 2009년 5월부터라고 한다. 그리고 '돌산바위'는 몰운대를 의미한다. 내용은 진달래꽃이 핀 봄날의 몰운대 풍경이 절경이라는 것이다. 입구에서 몰운대까지는 불과 2~3백 미터이다. 천심단애 절벽 위 몰운대에 이르는 길에는 곳곳에 몰운대 절경을 노래한 노래비가 세워져 있고, 왼편으로 몰운정沒雲亭이 위태롭게 바위를 의지하고 있다.

이곳을 노래한 대표적인 한시로는 조선 말기 고종황제의 지극한 사랑과 신임을 받아 정선군수를 지낸 채원 오횡묵(茝園吳宖默, 1834~?)의 한시가 있다. 오횡묵은 이곳 정선군수를 지내면서 재임(1887년 3월~1888년 8월) 중 근무 상황을 일기형식의 『정선총쇄록(旌善叢瑣錄)』으로 자세하게 기록해 놓았다. 그 일기 속에는 다수의 한시를 함께 수록했는데(총 236수), 몰운대를 읊은 7언 율시 한 편이 있다(169번째 시). 내용을 옮겨보면 다음과 같다.

沒雲高臺出半天(몰운고대출반천) 몰운의 높은 대가 허공중천에 솟았으니
飛筇一上絶風烟(비공일상절풍연) 지팡이 바삐 짚고 올라보니 속세를 끊었구나.
盤陀俯瞰臨流歇(반타부감임류헐) 굽어보니 울퉁불퉁한 바위는 흐르는 물에서 끝나고
危角回瞻倚斗懸(위각회첨의두현) 돌아보니 위태로운 바위는 북두성에 매달려 있네.
此地居人眞脫俗(차지거인진탈속) 이곳에 사는 사람은 참으로 속세를 벗어났으려니
今來太守似成仙(금래태수사성선) 지금 온 태수도 흡사 신선인 듯하다 하겠구려.
留名欲倩劉郞手(유명욕청유랑수) 이름을 새기려 유랑(劉郞)의 손을 빌리고자 하니
若比龜趺較似賢(약비귀부교사현) 만약 견준다면 비석(龜趺)을 세운 것보다 낫겠구려.

1, 2구에서 몰운대 이야기를 예전에 듣고 궁금하던 참에 바삐 오르는 자신의 모습을 제시한다. 올라본 소감은 한 마디로 '속세를 끊었다'고 한다. 3, 4구에서는 몰운대 정상 높은 곳에서 내려다보고, 올려다보는 풍경을 사실적으로 그리고 있다.

발아래로 흐르는 강물은 몰운대 절벽 아래서 쉬어가고, 올려보니 하늘의 북두성에 몰운대가 의지하고 있는 듯하다고 한다. 5, 6구에서는 이런 곳에서 사는 사람들은 모두 신선일 것이며, 여기에 온 자신도 거의 신선에 가까울 것이라고 한다. 그리고 7, 8구에서 이런 곳의 바위라면 군수인 자신의 이름 석 자 정도는 새겨두어도 좋을 것 같아 유종택에게 부탁하였노라고 한다. 그렇지 않아도 군민들이 자꾸 자기의 선정비善政碑를 세우겠다거나 수산(繡傘 ; 선정을 칭송하는 글을 수놓은 양산)을 바치겠다는 것을 한사코 말리던 참이니. 이러한 오횡묵의 의도를 알 수 있는 내용이 이 시보다 앞서 몰운대를 찾게 된 경위를 쓰고 있는 가운데 볼 수 있다.

「집강(執綱 ; 조선시대 면이나 동의 일을 맡아보던 직임) 유종택(劉宗澤)이 찾아왔기에 함께 몰운대로 갔다. 강만(岡巒 ; 죽 이어진 산)이 물에 다달아서 우뚝 그쳐 마치 서책을 쌓아올린 듯하고 물은 활 모양처럼 굽어 멀리서 보면 흡사 뭉게구름이 피어오르는 듯하기에 붙여진 이름이다. 그 위로 올라가보니 모두가 반석이고 높고 가파르니 무서워서 더 머무를 수 없었다. 석면(石面)에는 이전에 지군(知郡 ; 知郡事. 郡을 맡아 다스리던 長官)을 지냈던 사람들의 이름이 수북하게 새겨져 있어 실로 하나의 선생안(先生案 ; 조선시대 각 관아에서 前任官員의 성명·관명·생년월일을 기록하던 책)이라 하겠다. 나도 유종택에게 부탁하여 새기도록 하고 인하여 시를 지었다.」(『정선총쇄록』, 1888년 5월 10일자)

몇 개의 기록과 전하는 말에 의하면, 정선군수로 임명받은 군수들은 정선이 너무 깊은 산골짜기여서 부임도 하지 않고 한양과 연락이 편한 인근의 평창군 등에 머물면서 정선군 업무를 아전이나 서리 등을 통해서 보고받거나, 심지어 한양에 있으면서 평창군수 등에게 겸임兼任을 부탁하는 경우도 있었다고 한다. 그러나 오횡묵은 정선군에 부임하여 모든 정사를 직접 관장하면서 보고와 감찰을 꼼꼼히 하고 학문과 물산을 장려하며 억울한 백성들의 소송을 슬기롭게 처리하고, 조정에 고하여 백성들의 진상과 부역을 감해주니, 부임한 지 몇 달도 되지 않아서 백성들이 존경하고 따르면서 선정을 칭송하는 소리가 자자했다고 한다.

『정선총쇄록』을 읽으면서 가장 감명 깊었던 것은, 정선군이 산이 많아 쌀농사 지을 논은 물론이고 보리조차 지을 땅이 없으며, 땅이 박토이다 보니 오로지 감자나 옥수수 밖에는 식량으로 삼을 것이 없다는 것을 알게 된다. 오횡묵은 비록 이러한 땅이지만 백성들이 농사를 게을리 하면 또 환곡還穀에 의지하게 되고, 이것이 악순환이 되어 결국 유민流民이 되는 등 가산이 파탄의 지경에 이르게 된다는 것을 알고, 백성들로 하여금 아침 일찍 산이나 밭으로 나가 농사짓는 일을 게을리 하지 말 것을 엄명한다. 그리고 자신이 직접 새벽이면 고을을 순행하여 아직 논밭으로 나가지 않고 게으름을 피우는 백성은 야단을 치거나 벌을 주고, 부지런한 백성들에게는 늘 품속에 바늘을 넣고 다니면서 한 쌈(바늘 20개를 세는 단위)씩 상賞대신 주었다는 내용이다. 이러한 오횡묵은 정선군 내 모든 마을을 순행한 최초의 군수였다고 한다.

오횡묵이 몰운대를 찾게 되고 거기에 자신의 이름을 새기도록 부탁하게 된 것도

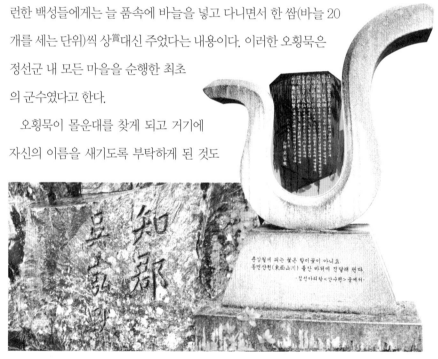

몰운대 바위에 새겨진 '知郡 吳宖默(지군 오횡묵)' 글자(좌) 아래 붙여놓은 표석에는 '지군 오횡묵이 1888년 5월 10일 몰운대를 방문하고 집강 유종택에게 새기도록 함'이라는 설명문이 새겨져 있다. 석질이 단단하여 천년은 더 갈 듯한데, 진정 선정 목민관이었다 하니 만년은 더 가도 좋을 듯하다.
몰운대 입구에 있는 노래비(우) 상단에는 채원 오횡묵(茝園吳宖默)의 몰운대를 노래한 한시가 새겨져 있고, 하단에는 정선아라리 가사가 새겨져 있다. 몰운대를 찾아가 신선이 되거나 바위틈에 핀 진달래를 보는 이름 없는 백성이거나 이승에 살면서 걱정근심 없다면 이승저승이 따로 있으리오.

순행하다가 들른 것이지 경치 좋은 곳을 찾아 즐기려고 했던 것은 아닌 참이었다. 또한 군민들은 자신이 이임하기도 전에 선정비善政碑를 세우고, 심지어 수산繡傘을 바치겠다고 하자, 극구 물리치면서 못하도록 하던 참이었다. 그것이 생각나 오횡묵은 몰운대 바위에 자기 이름 석 자 새기는 것쯤은 괜찮다고 여겨 유종택에게 새겨달라고 부탁한 것이 내용의 전말이다. 『정선총쇄록』을 읽어가다가 필자는 '이런 목민관牧民官이라면 내 비록 일개 책상머리 서생書生이지만, 백성을 위한 일이니만치 한 번 쯤 동네 통장統長은 해보고 싶구나.' 하는 망상에 젖어 다음 글 한 편을 낙서하였다.

> 우리의 이름을 어디에 새길까. / 나무에 돌에 아니 차가운 쇠에.
> 나무는 썩어 바스러질 것이고 / 돌에도 이끼가 끼고
> 쇠에도 녹이 스는 것을. / 차라리 서로의 마음에 새겨
> 슬플 때나 기쁠 때 생각이 나서 / 소주잔 맞대는 것보단 못하리.

대부분 지방 목민관들은 이임하여 돌아갈 때 그곳 백성들이 자신의 선정비를 세워주기를 은근히 바라기도 하고, 또는 강제로 세우라고 압력을 넣기도 한다. 백성들은 재임 중에는 가렴주구에 시달리다가 떠날 때까지 억지로 없는 돈을 갹출하여 선정비를 세우다보니 마지막까지 학정에 시달려야 했다. 심한 경우에는 철비鐵碑를 세우기도 했다. 대부분 이런 목민관 치고 선정을 베푼 사람을 보지 못했다. 나는 정선읍 아리랑센터 뜰에 모아놓은 18개의 선정비군善政碑群에서 오횡묵의 선정비가 없음을 확인하고, 그가 참으로 선정관善政官이 되려 노력했던 사람이라고 단정해보았다.

몰운대 꼭대기의 너럭바위에 다다랐다. 사방 주위가 한눈에 들어오니 가슴을 크게 펴고 심호흡 한 번으로 저 아래 세상의 티끌들을 내뿜을 만했다. 가히 옛글처럼 신선이나 된 듯. 천심단애 꼭대기에 백여 명은 족히 앉을 수 있는 평평한 바위들이 높낮이가 다르게 널려 있다. 조금씩 조심스레 발을 옮겨 바위 끝으로 가다가 움찔하며 걸음을 멈추었다. 아래를 내려다보니 천길만길 낭떠러지가 눈앞에 들어오고

발끝은 금방이라도 미끄러져 내릴 것 같아 오금이 저려 하마터면 주저앉을 뻔했다. 그리고 눈에 들어온 것은 바위 끝에 천수天壽를 다한 채 저립佇立한 고사목 한 그루. 보는 이로 하여금 감탄을 자아내기에 충분했다. 만약 저 노송이 천심절벽 바위 끝이 아니라면 천수를 다 할 수 있었을까. 어찌하여 기구한 운명으로 태어나 바위틈에 뿌리를 내려 바위를 붙잡고 폭풍한설을 견뎌내며 그토록 오랜 세월을 오연傲然히 버텨왔을까. 지나는 길손으로 하여금 숙연한 마음까지 들게 한다.

몰운대 천심절벽 바위 끝 노송 스님은 조용히 법문(法文)을 했다. '칼날 위에 서 있는 기분으로 세상을 살아가시오.' 오만과 방종을 경계하라는 말씀이시오. 저 소나무가 저곳에 살지 않았더라면 목수의 톱날과 나무꾼의 도끼를 면할 수 없었으리니. 감히 어느 누가 범접할 수 있었으리. 그리하여 천수를 다했을 것이다. 죽어야만 저승길을 안다고? 이승과 저승의 경계점에 서 있는 노송은 먼저 죽어 길손에게 어떻게 살라고 말해주고 있는 듯하다.

몰운대를 내려오면서 다시 한 번 아라리 가사를 읽어본다. 저 무표정한 바위덩어리가 봄이면 진달래를 피워 춘궁기 민초들의 주린 배를 눈요기로나마 채워줬는가? 흙이나 파먹고 살아가는 촌뜨기 무지렁이라 하여 흥이 없고 정이 없을까보냐. 옥수수 막걸리라도 한 잔 들어갈 양이면 어깨춤을 절로 추고 지게목다리를 두드리면서 흥얼거렸을 아라리가 이 비탈 저 골짜기에서 들려오는 듯하였다.

– 우리나라 아리랑 중 가장 넓은 지역에서 불리는 정선아라리

정선아라리의 흔적이 따로 있을 리 없다. 이 산자락 저 골짜기가 흔적이고 그곳에 깃들어 살아가는 사람들 모두가 아라리의 자취인 것을. 그러나 쓸데없는 줄 알면서도 아라리 흔적을 찾는답시고 그동안 몇 군데를 찾아다녔다. 나름대로 마음은 흡족했다. 마지막으로 찾은 곳은 아우라지강 옆 둔치에 세워진 정선아라리전수관으로 정선아라리보존회도 함께 있다. 2013년 완공된 한옥 맞배지붕의 전수관은 2층 건물로 멋스럽게 지어졌으며, 그 외 부속건물도 있고 부지도 비교적 널찍했다. 옛날에는 강변둔치로 자갈강변이었던 곳이다. 안내도에는 '아리랑학교'라고 되어 있다. 사무실로 들어서자 노인 한 분이 맞아주셨다. 김남기(82세) 정선아리랑 전수교수이셨다. 예를 갖추고 정선아라리에 대해 이것저것 여쭙자 자세하고 친절하게 알려주시고 보존회의 활발한 활동 등에 대해서도 답해주셨다. 특히 지금은 세 분의 전수조교들이 일주일에 이틀씩 돌아가며 전국에서 몰려드는 정선아라리를 배우고자 하는 가객들을 교육하고 있다고 했다. 옛날의 뗏목꾼들이 아라리를 전파했다면 요즘은 전수조교님들과 이들에게서 배우고 가는 가객들의 역할이 크다고 했다.

– 아무나 아무것에나 '찍거나 붙이면 되는' 노래

본격적으로 아라리에 대해서 묻기 시작하자 거침없는 답변으로 말씀해 주셨다. 우리나라에 현재 널리 알려진 아리랑은 정선아리랑, 밀양아리랑, 진도아리랑 등이 있고, 지역적 특색이 반영되어 독특한 노랫가락과 가사 그리고 흥이 다르다고 했다. 예를 들어 밀양아리랑은 흥겹고 경쾌하고 발랄함이 특징이라면, 진도아리랑은 장중함 속에 신명이 묻어나고 멋스럽게 꺾어 넘기는 장식음이 제멋이라고 한다. 그러나 강원도아리랑으로도 불리는 정선아리랑은 음역의 폭이 넓지는 않아도 지리적으로 뗏목여정인 남한강이 흘러 서울로 가는 충청남·북도, 경기도 지역 등에 걸쳐 가장 넓은 지역에 분포된 아리랑이 될 수밖에 없었다고 한다. 그리고 옛날에는 이러한 정선아라리의 전파에 가장 큰 공을 세운 사람들은 뗏목꾼들이었다고 한다. 정선아리랑은 1971년 강원도무형문화재 제1호로 지정되었고, 2012년에는 우리나라 모든 아리랑이 유네스코 인류무형문화유산에 등재되기까지 했으니, 각 지역적 특색을 지닌 아리랑은 그만큼 다양성 속에 아리랑을 풍부하게 해주므로 우열을 따져서는 안 된다는 것이었다.

정선아리랑의 음악적 특징은 다른 아리랑에 비해 최고음과 최저음의 폭이 크지 않은 메나리조(또는 메나리토리. '토리'란 각 지방의 민요에 담긴 음악적 특징을 말하며 '조調'라고도 함)라고 불리는 독특한 선율이다. 메나리토리란 강원도·경상도·함경도 지역의 민요와 이 지역의 무가巫歌에서 나타나는 독특한 선율인

여량면 여량리 아우라지강 둔치에 있는 정선아리랑전수관 옛날에는 정선아라리가 주로 뗏목꾼들에 의해 남한강 줄기를 따라 강원, 충청, 경기도 일원으로 전파되었지만, 지금은 전국 각지에서 국악을 하는 사람들이 정선아라리를 배우려고 몰려드니, 자연스레 정선아라리는 전파된다고 한다.

데, '미·솔·라·도·레'의 5음계로 구성된다. 주요 음은 '미·라·도'이고, '라·미' 음으로 마치며, 느리게 부르면 매우 구슬프게 들린다. 그래서 음역이 가장 작고 가락이 단조로워 누구나 가사만 찍어 붙이면 되는 노래가 정선아리랑이라고 한다. 김남기 옹은 내가 이해하지 못하는 표정을 짓자 들고 있던 볼펜으로 책상을 두드리며 직접 노랫가락을 흥얼거린다. 정말 열심히도 가르쳐 주었다.

– 그런데, '아리랑고개는 어디 있는 고갭니까?'

자신도 젊었을 때 경험삼아 뗏목꾼도 해보았다고 하셨다. 그러다가 갑자기 하시는 말씀이, "그런데 말입니다. 선생께서는 공부를 많이 하셨을 것이고 나는 학교 문턱도 못 갔습니다만, 아리랑고개는 어디 있는 고갭니까?"

"네? 어디 있는 고개라니요? 그냥 아리랑에 들어 있는 가사 아닙니까?"

"아니, 가사라도 고개라고 했으니 어디엔가 있어야 할 거 아닙니까?"

정선아리랑전수관의 김남기 선생님 생면부지의 필자에게 정선아리랑을 이해시켜주려고 2시간 남짓 무던 애를 쓰셨다. '아리랑고개'를 넘지 않을 사람이 없다는 말씀으로 인생살이의 보편적 진리를 담아내셨다. 지면을 빌려 감사의 말씀을 드린다.

순간 나는 할 말이 없었다. 그냥 흥얼거리기는 했어도 '고개'라는 말의 의미에 대해서는 생각조차 안 해보았기 때문이다. 다음은 김남기 선생님의 정선아리랑에 대한 말씀을 요약한 것이다.

"그 고개는 말입니다. 어디 특정한 곳에 있는 고개가 아니고 인생살이 고개이지요. 아리랑고개는 가슴이 아리는 고개고, 쓰리랑고개는 가슴이 쓰린 고개이지요. 사람이 살다보면 누구나 한번쯤은 넘어야 하는 고비가 있지요. 그것은 목까지 숨이 컥컥 막히는 오르막길에서 내쉬는 한숨일 수도 있고, 사방팔방 한 발짝도 움쩍할 수 없는 천 길 낭떠러지를 앞에 두고 자신의 신세를 한탄해야 하는 넋두리일 수도 있지요. 아리고 쓰라리면서도 죽어 널에 들어가 흙덩이를 가슴에 올려놓더라도 끝내 말할 수 없는 사연일 수도 있구요.

아리랑 고개는 웬 고개냐
넘어가고 넘어올 적에 눈물만 나네.(『정선아리랑가사사전』, 2819번)

아리랑 아리랑 아리요
아리랑 고개고개로 날만 넘겨주게.(『정선아리랑가사사전』, 2844번)

그러나 우리네 백성들은 이런 고개쯤을 못 넘겠다고 원망하고 한탄만 하는 백성들이 아니지요. 왜냐하면 아리랑을 부르면서 넘어가면 되니까요. 아리랑을 부르면서 눈물을 웃음으로 닦아내면서 울다가 웃다가보면 한이 흥으로 바뀌고 넋두리로 변하는 것이지요. 그러면서 인생의 고개와 고비를 무사히 넘게 해달라는 기원이 바로 '고개고개로 날 넘겨주게'이지요."

– 아리랑은 민요가 아닌 민족대서사시

김남기 선생님은 계속해서 한 가지만 더 말씀해주겠다고 한다. "정선아리랑의 구성은 '긴 아리랑'과 '엮음 아리랑' 두 가지인데, 사실 긴 아리랑이 삶의 모든 측면을 풀어내고 담아내기는 하지만, 유장한 가락으로 흥을 돋우기에는 부족하지요. 그럴 때에는 '엮음 아리랑'을 불러서 사설을 주워 삼키듯 빠른 템포로 해학적인 가사를 불러재끼면 앉아 있던 사람은 금세 엉덩이를 들썩이고, 서 있는 사람은 자기도 모르게 어깨춤을 덩실덩실 추지요."

엮음 아리랑 중에서 가장 많이 알려진 노랫말 하나를 옮겨본다.

강원도 금강산 일만 이천 봉 팔람 구암자 유점사 법당 뒤에 칠성단을 돋우놓고(도두 모고) 팔자에 없는 아들딸 나달라고 백일정성 석달 열흘 기도 노구메 정성을 말고 타관객리에 난 사람 괄세를 말어라. 아리랑 아리랑 아라리요 아리랑 고개고개로 날 넘겨주소.(『정선아리랑가사사전』, 4917번)

니나 내나 죽어지면 겉매끼 일곱매끼 이칠이십사 열네매끼 소나무 댓가지 노가지나무 연춧대 수물둘에 상두꾼아 여호넘차 발맞추어 북망산천 올라서 석자석치 폭폭파고 홍대칠성 깔고덮고 폭묻어주며는 폭썩어질 인생인데 남듣기 싫은소리 하지를 맙시다.(『정선아리랑가사사전』, 4933번)

요즘 아이돌그룹의 랩 같은 빠른 템포에 가사 내용은 웃음을 자아내면서도, 우리들이 애써 외면하고 살아가는 불편한 진실들을 해학과 풍자의 애리한 송곳으로 후벼 파내고 있다.

"또 하나의 특징은 장단을 맞추는데 악기가 따로 없다는 점입니다. 가장 많이 불리는 '긴 아리랑'은 물론, '엮음 아리랑'처럼 빠른 장단을 할 때는 물 위에 바가지를 엎어 놓고 숟가락으로 두드리면 제일 좋은 소리가 납니다. 지게작대기, 부지깽이면 어떻고 다듬잇돌에 방망이면 어떻습니까? 두드려서 소리 나는 것은 모두가 악기이고 장단이지요. 가수가 따로 없고, 가수가 따로 없으니 따로 배울 일도 없지요."

아리랑 타령을 누가 냈나
심심하고 냠냠하길래 내가 냈지.(『정선아리랑가사사전』, 2851번)

어느 때 어느 곳에서나, 어느 누구나 가릴 것 없이 부르면 되는 노래다. 민요 중에서도 토착민요이고 토속민요란다. 이른바 Anytime, Anywhere, Anyone 의 노래다. 삶의 모든 면을 담아내고 있는 현전 정선아리랑의 가사 수는 5,000 수가 넘는다. 그리고 가사의 내용상 분류도 수심·산수·첫정·조혼·혼사·모녀· 부부·상사·열정·상봉·이별·고부·찬유讚遊·후회·석로惜老·미망·팔자·뗏목 등 20여 가지인 것만 봐도 우리네 인생살이의 모든 면을 담아내고 있는 셈이다. 그러나 구성진 가락을 요구하는 것도 아니고 간드러진 기교를 몰라도 부를 수 있 으니, 기쁠 때나 슬플 때, 일하거나 쉬면서 부르고, 혼자도 좋고 여럿이 함께 부 르면 더 좋고, 심심할 때나 바쁠 때나 부르고, 경사는 물론 흉사凶事가 있을 때도 부르고, 배고플 때나 배부를 때 부르며, 임이 없어 임 생겨 달라 부르고, 임이 있 어 떠나지 말라고 부른다. 또한 추울 때는 춥다고 더울 때는 덥다고 부르며, 비탈 에서 부르고 고랑에서 부르며, 강가에서 부르다가 우물가에서 부르고, 봄에는 씨 뿌리면서 가을에는 추수하며 부르고, 술 생각나니 술 달라고 부르고, 마시고 나니 취해서 부르고, 어른이 부르면 아이가 따라 부르고, 노인이 부르면 젊은이 가 응대하고, 처녀가 부르면 총각이 응하고, 총각이 선창하면 처녀가 후렴하고, 앉아서 부르고 서서 부르는 것이 정선아리랑이다. 특별히 타고난 노래 솜씨 없이 도, 삼베치마 스치는 것처럼 칼칼하거나, 무명 잠방이 툭툭한 촉감에 수수막걸 리 한 잔이면 노래준비는 끝이라고나 할까? 과연 아리랑은 이미 민요가 아닌 민 족대서사시라 할만하다. 언젠가 세계적인 작곡가들이 모여서 인류가 지금까지 만들어낸 음악의 선율 중에서 가장 아름다운 노래로 아리랑을 선정했다는 보도 를 읽은 것이 생각난다.

무엇보다 우리 국민 모두가 알다시피 남북한 공동행사에서 국가國歌를 대신하 는 노래도 바로 아리랑이다. 아니 전 세계에 흩어져 살고 있는 우리 한민족을 하 나로 묶어주는 것 역시 손과 손을 잡고 함께 부르는 아리랑이다. 과거에도 현재에도 미래에도 아리랑은 한민족을 결속시켜 뜨거운 피를 흐르게 해주는 힘이 있으니 강하면서도 영원할 것이다.

유네스코에서는 2012년 아리랑을 인류무형문화유산으로 선정하면서 다음과 같이 말했는데, 아리랑의 우수성을 간단명료하고도 핵심을 꿰뚫는 선정 이유가 아닐 수 없다.

「아리랑은 한국의 대표적 민요로 여러 세대를 거친 한국 국민들의 집단적인 기여로 만들어졌다. 아리랑은 기본적으로 '아리랑 아리랑 아라리요'를 포함한 후렴구와 가사로 이루어진 노래군을 가리키며, 지역마다 독특한 아리랑이 전승된다. 아리랑의 노랫말은 다양한 주제를 다루며, 단순하면서도 문학적인 가사와 음율 덕택에 즉석에서 지어 부르기, 따라 하기, 함께 부르기 등이 쉽고, 다른 장르에도 쉽게 수용된다. ~ (중략) ~ 또 아리랑은 영화, 뮤지컬, 춤, 문학작품 등 다양한 예술분야에 주제로 활용되고 있다. 아리랑은 한국 영토 안팎에 있는 한민족의 대화와 단결을 촉진하는 힘이 있다.」

정선아리랑 공연 장면 강원도 산비탈 밭두렁에 뭉테기뭉테기 쌓여 있는 한 많은 사연들이 아리랑 가락 속에 탑탑한 흥으로 되살아나 컬컬한 목청을 돋울라치면 어느새 중천의 해는 서산마루에 걸리곤 했다.

Bibliography 참고문헌

* 오횡묵 저, 국역『정선총쇄록』, 정선문화원, 경인문화사, 2002.
* 진용선 편저, 『정선아리랑 가사사전』, 정선군·정선아리랑문화재단, 2014.
* 김연갑, 『팔도아리랑기행 1』, 집문당, 1994.
* 강등학, 『정선아라리의 연구』, 집문당, 1993.
* 최웅·김용구·함복희, 『강원설화총람 Ⅳ - 영월군·평창군·정선군』, 북스힐, 2006.
* 『정선아리랑』, 정선아리랑문화재단, 2016.
* 유명희, 『정선아리랑 길라잡이』, 정선아리랑문화재단, 2012.
* 『정선아리랑-악보』, 정선아리랑문화재단, 2010.
* 『정선아리랑』, 정선아리랑문화재단, 2017.

▶ 음원자료(CD)
* '보고싶다, 정선아! - 소리기획.
* 정선아리랑(반주음악) - 정선군·정선아리랑문화재단.
* 정선아리랑 - 삶의 응어리 술술푸는 소리, - 정선군·정선아리랑문화재단.
* 정선아리랑(반주음악) - 정선아리랑문화재단.
* 정선아리랑-세상을 품다. - 정선군·정선아리랑문화재단.

─── 양현승

이 글을 위해 자료 및 사진 도움을 주신 정선군청 문화관광기획과, 영월군청 문화관광기획과, 정선아리랑문화재단 최주찬 님, 정선아리랑전수관 김남기 님, 정선군 여량면사무소 박해인 님께 깊은 감사를 드립니다.

INDEX